LOS MUNDOS DE ALFREDO BRYCE ECHENIQUE
(TEXTOS CRÍTICOS)

Para mi amigo el profesor
Merlin Forster, con mi gratitud
y afecto de los viejos tiempos
en Texas

César

27 - 10 - 94

CÉSAR FERREIRA
University of North Texas

ISMAEL P. MÁRQUEZ
The University of Oklahoma

(Editores)

Los mundos de
Alfredo Bryce Echenique
(Textos críticos)

PONTIFICIA UNIVERSIDAD CATOLICA DEL PERU
FONDO EDITORIAL 1994

Primera edición: setiembre de 1994

Cubierta: Natalia Cabrera «ORCA ADVERTISING»

Los Mundos de Alfredo Bryce Echenique (Textos críticos)

Copyright © 1994 por Fondo Editorial de la Pontificia Universidad Católica del Perú. Av. Universitaria, cuadra 18 San Miguel. Lima, Perú. Telfs. 626390 y 622540 Anexo 220

ISBN 84 - 8390 - 962 - 6

Impreso en el Perú - Printed in Peru

INDICE

VIII. *A vuelo de buen cubero y otras crónicas/Permiso*
para vivir (Antimemorias)

Presentación

Como la de tantos escritores y artistas, la trayectoria literaria de Alfredo Bryce Echenique está llena de azarosas decisiones y felices coincidencias. Nacido en Lima en 1939 en el seno de una vieja familia aristocrática del Perú, Bryce estudió en colegios norteamericanos e ingleses. Más tarde, ingresaría a la Universidad Nacional Mayor de San Marcos donde estudiaría Derecho y Literatura. Su padre se opondrá durante todo este tiempo a su vocación literaria, pero tras recibirse de abogado y ejercer la profesión con poco entusiasmo, Bryce finalmente partirá rumbo a París en octubre de 1964, iniciando así un largo exilio europeo que tiene ya treinta años. Como tantos otros latinoamericanos, Bryce había leído las nostálgicas páginas sobre la capital francesa de Ernest Hemingway, uno de sus primeros maestros literarios, y había creído en aquel viejo mito que decía que había que llegar hasta las orillas del Sena para ser escritor. En efecto, París se convertiría para Bryce en una ciudad de inusitados privilegios para dedicarse al oficio de contar historias y el lugar de muchas páginas de su mundo ficcional.

Tras seguir estudios en La Sorbona y más tarde ejercer la docencia en diversas universidades francesas, «la corta vida feliz del anónimo escritor Alfredo Bryce», como él mismo la ha llamado, termina con la publicación de su primer libro de cuentos, *Huerto cerrado*, premiado con una mención honrosa por la Casa de las Américas de Cuba en 1968 y publicado ese mismo año en La Habana. Sin embargo, es con la publicación de su primera novela, *Un mundo para Julius*, en 1970, que Bryce se convierte, junto con José María Arguedas, Mario Vargas Llosa y Julio Ramón Ribeyro, en uno de los escritores contemporáneos más importantes del Perú. Esta historia de la educación sentimental de un niño de la clase alta peruana tiene un importante impacto en un momento de cambio de la vida republicana del país y, en 1972, se le otorga el Premio Nacional de Literatura «Ricardo Palma». Hoy, a casi veinticinco años de su aparición, *Un mundo para Julius* es, sin lugar a dudas, un clásico de las letras peruanas.

A la publicación de esta primera novela le seguirían los títulos *Tantas veces Pedro* (1977); *La vida exagerada de Martín Romaña* (1981); *El hombre que hablaba de Octavia de Cádiz* (1985); y *La última mudanza de Felipe Carrillo* (1988), novelas en las que Bryce explora el mito de París como capital cultural, y los conflictos del desarraigo y la identidad latinoamericana en el espacio ajeno europeo. Bryce también es autor de dos libros de artículos periodísticos titulados, *A vuelo de buen cubero* (1977) y *Crónicas personales* (1988), respectivamente, así como de una importante obra cuentística que, además de *Huerto cerrado*, incluye los libros *La felicidad, ja, ja* (1974) y *Magdalena peruana y otros cuentos* (1986). En 1990, Bryce también publicó un libro de novelas cortas titulado *Dos señoras conversan*. Su entrega más reciente es *Permiso para vivir*, aparecido en 1993, libro que lleva el subtítulo de «Antimemorias», en el que Bryce hace un balance de su trayectoria como escritor.

La prosa de Bryce se caracteriza por una actitud conversacional e íntima ante la aventura literaria. En ella, el lector pronto se convierte en un privilegiado escucha de antihéroes amistosos y confesionales. Escritor vitalista y aventurero, la palabra de Bryce está llena de una ternura y una nostalgia que nos remiten a la tradición de la picaresca, pasando por los mundos de Cervantes, Rabelais, Stendhal, Sterne y Proust, pero que, en definitiva, nos deja en manos de uno de los cultivadores más finos del humor y la ironía de la literatura latinoamericana contemporánea.

Dueño de una voz narrativa y un universo ficcional propios, la obra de Bryce ha sido objeto de importantes reconocimientos. El presente volumen es un muestrario (incompleto, sobre todo por razones de espacio) de ese interés crítico, tanto en el Perú, como en los

Estados Unidos y Europa. Los textos aquí reunidos (algunos publicados en revistas especializadas y diarios limeños, otros preparados especialmente para este volumen), pretenden dar una visión panorámica de los comentarios hechos en torno a la obra bryceana, e ilustrar el creciente reconocimiento que ésta continúa despertando. Por ello, este libro busca ser una herramienta de consulta para estudiosos de la obra del autor peruano.

Nuestro agradecimiento especial a Alfredo Bryce por facilitarnos los varios textos que aparecen en la primera parte del libro, en los que reflexiona, con la agudeza que lo caracteriza, sobre su vida y su obra, y a todos los autores de los ensayos que aparecen en este volumen. Sin ellos, los verdaderos autores de este libro, este proyecto no habría sido posible. Finalmente, nuestra gratitud a Mark Morton y David Lively de la Universidad de North Texas y a Pedro Koo de la Universidad de Oklahoma por su invalorable ayuda en la preparación del manuscrito.

César Ferreira e Ismael P. Márquez
Lima, julio de 1994.

I

TEXTOS POR ALFREDO BRYCE ECHENIQUE

LA EXAGERADA VIDA DE ALFREDO BRYCE

Alfredo Bryce Echenique

1939

Nací en Lima el día de San Marcelo, me bautizaron Alfredo Marcelo en la iglesia de San Marcelo, y estuve a cargo del reverendo padre español de la familia, Marcelo Serrano. Cuenta siempre mi madre (en fin, siempre que ocasiono algún problema mayúsculo familiar), que ese día hubo revolución, aunque no desfavorable para la familia, creo, porque de acuerdo con la fecha se trataba del mariscal Oscar R. Benavides, gran amigo de mi abuelo, para desesperación de mi abuela que simplemente se moría de pereza de tener que vestirse tanto y tan a menudo para estar muy seria en los banquetes de palacio.

Vivo dos o tres años en la casa que mi abuelo ha construido para que nazcan los hijos de su hija. Esa casa queda al lado de otra casa, para la otra hija, y de otra casa para descendientes notables o amigos de la familia venidos a menos. Todas estas casas quedan al lado del caserón de mi abuelo y, mala suerte, poco tiempo después, el APRA, partido de multitudes populares totalmente opuesto a mi abuelo, por ser éste descendiente de virreyes o presidentes de derechas, funda La Casa del Pueblo al lado de la casa del "último Echenique", como se le solía llamar a mi abuelo en Lima. Nos mudamos todos, menos él, pues decide no moverse jamás de ahí para que el APRA y sus multitudes populares no vayan a pensar que les tiene miedo. Durante años, lo visito y lo admiro los domingos, entre el estruendo de música popular que proviene de La Casa del Pueblo, para joderle los domingos a mi abuelo.

Muere el patriarca, arrasado por un invierno demasiado frío para lo alto y delgado que es, y ahora tiene ochenta años, además. El APRA, correctísimo, suspende sus músicas populares, en sentido homenaje.

Jamás le confesé a mi abuelo que uno de su choferes me había llevado a escondidas a visitar La Casa del Pueblo y que me trataron muy bien. Tampoco le confesé nunca al APRA (el partido evolucionó bastante hacia la derecha, con los años) que, antes de morir, mi abuelo, retirado de la vida pública, leía el *Jesús* de Renan y *El Capital* de Karl Marx, y que a los ochenta años, un domingo por la tarde, me soltó nada menos que el mundo en que habíamos vivido estaba basado en una enorme injusticia y que me fuera a Europa, pero no a radicarme sino a radicalizarme. Jamás le conté esto a mi padre. Ya fue bastante con el horrible disgusto que le causé a ese banquero noble, flemático y bonachón, el día en que le confesé mi vocación de escritor.

A los tres años me enviaron al colegio antes de tiempo.

El hijo de la cocinera, que era más grande y mayor que yo, me pegaba a cada rato, mientras mis hermanos estaban en la escuela. Un día lo sorprendí con un fierro que nadie hasta hoy logra explicarse alzado por un niño tan pequeño, y casi mato al pobre matoncito. Me enviaron al colegio antes de tiempo porque había nacido un día en que hubo revolución. Todo esto sucedió en Chosica, a unos treinta y cinco kilómetros de Lima, lugar al que se habían trasladado mis padres porque hay sol todo el año y porque sus hijos eran bastante frágiles debido muy probablemente a la cantidad de matrimonios entre familiares que hubo desde que la familia tuvo razón de su existencia bastante privilegiada.

A los cinco años estoy de regreso a Lima y creo que ya anda iniciándose mi vocación de escritor. Por más amigos que tengo en los colegios de monjas norteamericanas, primero, y de curas norteamericanos después, a los que me envían mis padres para educarme muy privilegiadamente, vivo una soledad espantosa cuando regreso a casa. Mis actividades predilectas son dos. La primera, yacer sobre mi cama inventando para mis adentros historias y aventuras en las que mis compañeros de clase son los héroes o antihéroes. A veces no logro evitar (por esa ausencia de maniqueísmo que ha habido siempre en todo lo que hago) que maten al amigo que más quiero, y suelto unos llantos espantosos que se escuchan por toda la casa y mi madre las pasa fatal. Minutos después las pasa peor aún, porque suelto la carcajada con algún nuevo episodio de mis aventuras para mis adentros, y la convenzo de que haber nacido un día en que hubo revolución me ha hecho realmente un daño espantoso. Mi otra actividad: incesantemente construyo una casita de cemento en el jardín de mi casa.

Está destinada, en forma por lo demás secreta, a que mi hermana mayor viva conmigo y nada ni nadie nos haga daño en esta vida, como a menudo sucede en las historias que invento mientras yazgo en mi cama. Por esta época, sólo odio tres cosas: los libros infantiles, las tiras cómicas, y todo lo que normalmente les gusta a los chicos de mi edad.

Once años

Nos mudamos a una casa muy linda que mi padre hace construir y que nada tiene que ver con la realidad arquitectónica peruana, de acuerdo con cualquier arquitecto peruano, y si realidad arquitectónica peruana hay. Es una casa del más estricto estilo virginiano. Años más tarde, viajando por Virginia, compruebo asombrado que hasta los muebles y los ceniceros son exactos. Logré entender que mi padre habría preferido mil veces descender de unos famosos escoceses que vinieron a crear La Casa Bryce, en Virginia, y no el Perú. Hasta ahí le dio al pobre en su proceso de adaptamiento a una nueva realidad criolla. Lo veo eternamente sentado ante su chimenea encendida, pensando tal vez en las haciendas de sus hermanas, que son tan dulces, serenas y británicas, con su whisky largo como sus silencios antes y durante la cena, y siento profundo afecto por él y mucha pena de que todos llegáramos siempre atrasados al comedor, corriendo y pensando en cosas tan diferentes. Mi madre pensaba en

Marcel Proust, llamándome yo Marcelo. Mi hermana Clementina, en algún novio prohibido por mis padres y abuelos porque, hijita, *darling* Clementine, no conocemos a sus padres. Mi hermano Eduardo pensaba probablemente en llevarse a una muchacha con bikini dorado a la playa, cosa que hizo un día, para desesperación del quórum familiar, en el que mi hermana Elenita me parece que sólo pensaba en jamás parecerse a sus demás hermanos en nada. Cambiamos de playa, y nuestra ex playa, en la versión familiar, tuvo que convertirse en una playa para gente del APRA (a estas alturas de la historia del Perú, mi familia aún no se ha enterado de que también existe un partido socialista, otro comunista, etc.).

Once años otra vez

Esta mudanza me afectó mucho. Acababa de terminar mi casita de cemento en la casa anterior. Era blanca, de una sola planta, y mi hermana comenzó a salir con muchachos. Llegaron a Lima los Churumbeles de España, y una noche me matan de pena feroz cuando los oí cantar un trocito de canción que decía: *En una casita chiquita y muy blanca/camino del puerto de Santa María...*

No logré escuchar más porque vomité sobre el perro que más quería, el que me consolaba cuando yacía triste en mis historias que son, qué duda cabe, precursoras de mi vocación y también de mi ignorancia total de todo lo que es literatura infantil.

Para colmo de males, sin darse cuenta de lo que me había ocurrido, al escuchar lo de la casita blanca camino del puerto de Santa María, mis padres me enviaron a un colegio llamado Santa María. Los curas eran muy norteamericanos y sumamente vulgares. Me expulsaron a los trece años, acusándome de espíritu maligno, y nuevamente mi madre lo atribuyó todo a que yo hubiese nacido un día de revolución.

Me quedé tan solo de compañeros de colegio para mis historias yacentes, que mi madre tuvo que salir a buscarme un amigo por el barrio. Ese muchacho aceptó ser amigo de un idiota como yo, y fue así el primer amigo que tuve en mi vida. Lástima, a través de él conocí al primer amor de mi vida y justo cuando nos enviaban a los dos a un internado bastante apartado de Lima.

El Colegio de San Pablo era un anacrónico lugar inglés para ovejas descarriadas con antecedentes oligárquicos. Eramos, al principio, once alumnos, y dieciocho profesores ingleses. Se jugaba criquet y hockey, cosa nunca vista en el Perú, todos estábamos enamorados por primera vez y en Lima de una chica maravillosa, y ni fútbol nos daban para aliviar nuestro espíritu tan podridamente poco inglés, a pesar de apellido y/o fortunas.

Poco tiempo antes de entrar al San Pablo, mis padres nos enviaron a jugar con los primos y primas que nosotros, los cuatro hermanos Bryce Echenique, debíamos amar algún día ante un altar. Vomitamos todos (los primos también), y tenemos el orgullo de ser la primera generación en la familia que se ha casado fuera de ella. Sin embargo, no hemos logrado nuestro sueño más ansiado: tener unos hijos que no tengan cara de ser de la familia.

Hemos probado todo tipo de inmigrante y de hijo de sangre nueva (vascos, italianos, andaluces, etc.), pero los chiquitos salen siempre con una impresionante cara de mi bisabuela. Hay que reconocer que algunos son excepcionalmente lindos y sanos, sin embargo, en agradecimiento a las políticas inmigratorias que han sido pocas e incompletas en el país.

Cuando me abandona mi primer amor, decido morir.

Morir siempre y a toda hora del día. Hace muy poco que he regresado del Perú, tras haber vuelto a ver a esa muchacha, al cabo de veintitrés años. He podido comprobar a fondo que ha valido realmente la pena vivir en ese estado siempre. Pero mis padres no lo entendieron, entonces, y para que la olvidara, como si eso fuera posible, me obsequiaron con un poderoso automóvil tipo *american graffiti*. Tres días después aparezco, en pleno desayuno, con *smoking* y una botella de whisky en cada mano, en el comedor de una casa desconocida de un barrio residencial.

Es Alfredito Bryce Echenique, exclama la familia, tostadas en mano y espantada, mientras yo voy bajando del automóvil deshecho y les pido calma y les prometo, con palabras de caballero igual a mi abuelo, que al día siguiente a primera hora tendrán albañil para reparar los daños y perjuicios. Mis padres me quitan el auto y me dejan por fin morir de amor en paz.

Veinte años

Para mi espanto, me enamoro de nuevo, mientras mi familia me obliga a estudiar Derecho y se niega a dejar partir a Europa al escritor que hay en mí. Años después, en 1964, para ser precisos, el abogado que quedó atrás ve partir al escritor que seré a París. Ahí escribo, entre otros libros, *Huerto cerrado* huyendo a menudo de París (me escondo en Italia, Grecia, Alemania, España). Y ahí contraigo matrimonio con la única esposa que puede atribuirse un hombre que ha muerto tanto de amor. Todo eso se va al agua, cuando la gente cree que soy feliz por el éxito que ha tenido *Un mundo para Julius*. Odio ese libro, aunque con el tiempo he llegado a ser el mejor amigo que tiene la ex exposa de Alfredo Bryce Echenique.

1971

Una adolescente se enamora de mí en País y yo no me doy cuenta porque estoy abatidísimo tras la partida de mi esposa. No puedo escribir ni nada, o sea que escribo *La felicidad, ja, ja*. Cuando me doy cuenta de que tengo metido en casa al ser más adorable del mundo (y al más divertido), a mí me mete la policía a la comisaría, primero, y después una tremenda pateadura. Yo sigo sin entender nada porque el amor es ciego hasta la muerte. Vivo así y me suceden demasiadas cosas y la realidad como que se mezcla con la fantasía, y los médicos me dicen que eso es excelente para escribir, pero a mí no me interesa eso sino el porqué tanto lío. Bueno, digamos que la inolvidable muchacha aquella resultó ser algo que, para un extranjero con sólo blasones tercermundistas, de vocación escritor pobre, ex casado además y muy mayor también, se ve pero no se toca. Toqué, y por eso me tocaron tanto a mí. Y perdí la guerra. Vivo desde entonces retirado del mundo y con una cuenta telefónica bastante prudente desde que no tengo que llamarla al país en el cual ella vive también retirada, para mantenerme la moral alta jurándole más amor en vano. Pero nos comunicamos siempre a través de mecanismos de defensa que escapan por completo al control de las autoridades.

1980

Montpellier es una ciudad muy linda y espero ser feliz en ella.

1981

Termino *La vida exagerada de Martín Romaña*, libro que no habría podido escribir sin antes haber escrito *Tantas veces Pedro*. Empiezo un diario íntimo, porque quiero sentirme escritor todo el día. Hace más de quince años que lucho contra vientos, padres, mala suerte, etc., por ser escritor. Pero mi diario íntimo arranca con una frase tan triste, que mejor es empezar otra novela y abandonarlo por completo. Antes, sin embargo, regreso a Lima de donde estoy regresando ahora. Allí, en una noche, recorro veintitrés años con mi primer amor. Llegamos al día de la ruptura y descubrimos que fue un error, un chisme barato, un malentendido, una estupidez de adolescentes-niños, lo que nos separó. Ella tiene varios hijos y es muy feliz y entonces todo me parece absolutamente lógico porque yo también tengo varios libros y precisamente en la dedicatoria de *La vida exagerada de Martín Romaña* repito eso de que uno escribe para que lo quieran más. Creo, pues, haberle sido fiel al escritor, al enamorado, y hasta al errado individuo que redacta sereno estas notas algunas sobre mi vida. Ya es algo. Y también ya es hora de que acabe por eso de que a mí la realidad y la fantasía...

[*El Observador*, Lima, 21 de marzo de 1982: 14-15]

CONFESIONES SOBRE EL ARTE DE VIVIR Y
ESCRIBIR NOVELAS[1]

Alfredo Bryce Echenique

En estas confesiones sobre el arte de vivir y escribir novelas, voy a tratar de confesarme lo más que puedo. Cuáles han sido mis problemas con la literatura; cómo la literatura se ha ido convirtiendo en mi vida, absolutamente, hasta el punto de que muchas veces no he llegado ya a poder discernir ni a establecer una diferencia entre la realidad y la ficción; cómo, incluso, alguna de mis novelas, sobre las cuales se ha dicho que son profundamente autobiográficas, se han convertido, en realidad, en novelas de anticipación, de cosas que me iban a suceder fatalmente, sobre las cuales hay testigos.

Yo soy una persona que no tuvo ningún afecto por la literatura sin saber que tenía un profundo afecto por la literatura. Toda mi infancia, para desesperación de mis padres, transcurrió sin un solo libro. Si alguien me obsequiaba un libro el día de mi cumpleaños, Julio Verne, por ejemplo, o literatura infantil, yo lo ponía en la lista negra, lo odiaba profundamente. En mi yacer eterno en una cama inventaba historias en las cuales los personajes eran mis compañeros de colegio. De pronto estallaba en carcajadas, de pronto estallaba en llantos, mi madre traía al psiquiatra, etc. Eramos tres hombres en

1 Transcripción de la charla de Bryce en el Departamento de Español de la Universidad de Texas en Austin el 30 de noviembre de 1982.

25

la familia, el primero, el gran heredero, había salido sordomudo; el segundo, no había heredado nada; y el tercero, era yo, la esperanza de la familia; debía heredar un duro porvenir brillante, como siempre lo he llamado yo, y había nacido en efecto con un duro porvenir brillante bajo el brazo, mucho más que un pan. Hacia los quince años, después de haber sido educado en un colegio de monjas norteamericanas, ingresé en un internado inglés, absolutamente exclusivo y absurdo, creado por un ministro de Hacienda, un brillante alumno de Oxford que comprendió que sus hijos no podrían repetir sus hazañas en Inglaterra, y entonces compró Inglaterra y la trajo al Perú. En este colegio yo fui el miembro de la primera promoción, éramos once alumnos y dieciocho profesores. Todos los días nos ponían en fila con un uniforme británico, un saco rojo, una corbata con escuditos, un gran escudo de San Jorge con el dragón y en la gorra un letrero que decía *Honore est virtus*, y, claro, cuando nos sacaban a la ciudad de Lima la gente creía que había llegado una orquesta brasileña. Fuimos profundamente incomprendidos. El director era míster Owens, un profesor de Oxford, de éstos que había traído Juan Pablo Heeren, quien desvió el río para acercarlo al colegio, porque sucumbió a su nostalgia y desvió el río Rimac para estar más cerca del colegio, trazó un puente y, finalmente, en una de las más fuertes crisis de inflación que tuvo el Perú en esos años, la famosa época de «la maquinita» de emitir billetes, don Juan Pardo venía y se acostaba en el colegio con nosotros y jamás iba al ministerio. Todas las mañanas nos daba un discurso con un uniforme que le quedaba muy mal, porque era de uno de los niños, diciéndonos que éramos los futuros dirigentes de la patria. Yo miraba a mis lados y veía cómo se le caía la baba a uno, en fin, era una cosa espantosa. Esto se fue convirtiendo en una obsesión en mi vida, pensar que tenía que asumir estas responsabilidades espantosas.

Mi familia había fracasado en su intento de años, en un centro especializado en Pennsylvania, de hacer hablar al mudo, y las responsabilidades se acercaban cada vez más a mí. Hasta que un día en el colegio, alguien a quien le conté aquello de cómo me pasaba yo siempre la vida yaciendo, inventando historias y que ningún libro me entretenía, me dijo que yo era un escritor, que lo contara en casa. Fui expulsado del comedor por mi padre, se armó todo un complot en la familia para que yo jamás fuera escritor, y pagué el tributo con siete años de estudios de Derecho, incluso llegué a creer en ellos en un momento y fundé con los futuros dirigentes de la patria, porque éramos todos muy amigos en la tontería, un estudio de abogados que se llamó Abogados Asociados. Y, desgraciadamente, en las crónicas sociales de Lima le agregaron otra A y nos pusieron Abogados Asociados Aficionados. Nadie creyó tampoco en nosotros. Finalmente, en 1964, después de haber fracasado como abogado asociado, partí en un barco de la Marcona Mining Company, fugado de casa prácticamente, hacia Europa, a ser escritor. Hacía siete años que los profesores del colegio habían decidido que yo era escritor, había encontrado un lugar en la Universidad de Cambridge en Inglaterra, había aprobado los exámenes de ingreso y mi padre me había sacado de todos los aviones y barcos en los cuales había tratado de partir. Nunca llegué a Cambridge, cosa que después me gustó mucho, porque en realidad siempre preferí Oxford. Pero antes de llegar a Europa pasé siete años en Lima desde que mis compañeros de colegio me hicieron una cena de despedida porque me iba a Francia a ser escritor. Durante siete años tuve que sufrir el martirologio de encontrarlos por la calle y escucharlos decirme, «pero si ya te hicimos la cena de despedida, ¿cuándo vas a ser escritor?». Por otro lado, mi madre, que era profundamente francesa, en oposición a mi padre, había empezado a soñar con tener un Proust en la familia, eso decoraba bastante, y me ayudó en la fuga. La fuga de Proust o la del niño Goyito, no sé bien, fue en octubre de 1964. Desembarqué en Dunquerque, donde se me cayó absolutamente todo el equipaje al mar. Llegué a París, me instalé allí, encontré a un viejo compañero de colegio, comenzamos a vivir juntos, y me pasó una cosa espantosa, y es que comprendí que durante siete años se me había hecho dudar sobre mi vocación literaria. En 1965, me escapé de París nuevamente, me instalé en Peruggia, en Italia, y allí empecé a escribir mi primer libro ante un espejo, para que fuera verdad. Me bañé en lágrimas, fue una cosa espantosa, y escribí un libro de cuentos llamado *Huerto cerrado*, pero al que yo le había puesto como título *El camino es así*. Quería dar un mensaje a la humanidad, me imagino, porque todos los escritores cuando jóvenes creo que tenemos algo de carteros, por eso de dar mensajes. A Mario Vargas Llosa y Julio Ramón Ribeyro, que fueron quienes me acogieron en París y tuvieron confianza en mí, les dije, miren, ésta ha sido mi vida, ésta ha sido mi historia, me miraron con infinita misericordia y me dijeron,

«cualquier tema es bueno para la literatura». Volví de Italia feliz
con aquel libro de cuentos que debía mostrarle a Mario Vargas
Llosa, porque cualquier tema era bueno para la literatura, pero de un
coche descapotable me robaron todos los cuentos, me robaron todo
lo que había hecho en Italia durante un verano maravilloso. Fue algo
espantoso, al final yo no sabía si yo era el ladrón o el acusado, porque habían detenido al ladrón, pero el ladrón era otro ladrón que había pasado después y que había encontrado ya el coche vacío, etc.
Finalmente, decidí ir con Mario Vargas Llosa a contarle el drama
que me había ocurrido con estos cuentos, y Mario Vargas Llosa se
bañó en sudor frío, se puso en un estado tan espantoso que le tuve
que decir que todo tema era bueno para la literatura; y empezar nuevamente a escribir ese libro de cuentos al cual Julio Ramón Ribeyro
le puso el título de *Huerto cerrado*, un libro donde pagaba mi tributo de lecturas desordenadas. Había empezado a leer tarde, empecé
con un libro de Unamuno que hasta ahora no he dejado de leer, *La
vida de Don Quijote y Sancho*, fue la primera lectura de mi vida, hecha a los dieciséis años, más o menos, y luego con una tesis sobre
Ernest Hemingway me había graduado en Letras en la universidad,
algo práctico que hice mientras estudié Derecho. Ese libro era una
tentativa de incorporar el personaje de Nick Adams de los primeros
cuentos de Hemingway a la realidad peruana. Fui muy feliz en esa
época en París escribiendo ese libro de cuentos. Desgraciadamente,
un día un poeta peruano, un gran amigo de aquella época, pasó por
París y me dijo que esos cuentos valían la pena y que había que pu-
blicarlos. Recordé el título cuando vi el libro publicado de un cuento
de Hemingway que se llamaba «La corta vida feliz de Frances
Macomber». Sentí al ver mi primer libro publicado que había terminado mi corta vida feliz y que debía asumir la espantosa responsabilidad de ser escritor. El libro fue publicado con una mención honrosa en un concurso literario, entonces muy importante, y empezó para
mí una vida de escritor; e, inmediatamente, copiando a otro de mis
escritores adorados, a Pío Baroja, escribí un cuento que se llamaba
«Las inquietudes de Julius», «Las inquietudes de Shanti Andía»,
«Las inquietudes de Julius». Estaba haciendo, pues, literatura sobre
la literatura, en el fondo. Ese cuento, que no debió pasar las diez páginas y que nunca fue contado, se convirtió en una novela de 600
páginas que se tituló más tarde *Un mundo para Julius*. Se trazaba
un retrato de la oligarquía del mundo en que yo había vivido más o

menos. En esa época se da el golpe militar del general Velasco, de la revolución peruana del 68, la reforma agraria del 70, y me sucede algo totalmente inesperado, y es que se me otorga el Premio Nacional de Literatura en el Perú. Mi madre fue una persona absolutamente feliz, puesto que Proust vivía en París y fue a recibir el premio en mi nombre, feliz de la vida, cuando el ministro de Educación de entonces dijo que entre el general Velasco, presidente de la República, y Alfredo Bryce habían destruido a la oligarquía peruana. Mi madre fue sacada en camilla y me convertí en una especie de vergüenza proustiana.

Empezó la vida de escritor de Alfredo Bryce, al cual tuve que añadirle el apellido de Echenique, porque mi madre sufrió mucho de que no hubiese puesto su nombre en el primer libro que publiqué con sólo Alfredo Bryce; e incluso me sugirió cambiar y poner Echenique Bryce, porque los Bryce habían vivido siempre un poco aplastados por los Echenique. Y, finalmente, tomé este nombre de Bryce Echenique y emprendí la tarea de escribir otro libro, *La felicidad ja, ja,* un libro en el que hablaba con mayor valentía de lo que me había preocupado siempre: la profunda decadencia de una clase social, el mundo absolutamente absurdo en el que yo siempre había vivido, un mundo totalmente anacrónico que se encarnaba en un colegio llamado San Pablo en los primeros cuatro años, después el colegio pasó a ser otra cosa. Yo soy un nostálgico de la primera época del colegio, después se volvió un colegio vulgar. Y en *La felicidad ja, ja,* abordé los temas que más me habían aterrado, el de la locura, la debilidad física, el alcoholismo, el de la destrucción de una clase social a lo largo de una serie de cuentos.

Mientras tanto, curiosamente, la interpretación de *Un mundo para Julius* había ido cambiando. Por un momento fue la novela de la revolución peruana, posteriormente se convirtió en el canto de cisne de una clase social, y las últimas interpretaciones son que se trata del lamento de un oligarca agonizante. Todo esto ha sido siéndome atribuido, hasta llegar yo a no saber muy bien quién era, qué eran mis obras que yo iba dejando por allí. Algunas obsesiones empezaban a imponerse en ellas, como es la obsesión de la oralidad. Me ha obsesionado siempre la oralidad como una cosa absolutamente peruana. Yo creo, sigo creyendo, que los peruanos son maravillosos narradores orales y que son seres que reemplazan la realidad, realmente la reemplazan, por una nueva realidad verbal que transcurre después de los hechos. Mi fascinación y mi imagen para explicar esto ha sido siempre el equipo peruano de fútbol. Durante mucho tiempo, esto pasaba como la preocupación de un escritor, como una cosa literaria, pero creo que me he anticipado a verdades nacionales, puesto que sociólogos tan importantes como Abelardo Sánchez León están codificando las cosas que yo dije en conferencias, en charlas, sobre el equipo peruano de fútbol, y sobre lo que yo vivía en el Perú cuando veía jugar a este equipo, en el cual nadie osaba marcar un gol. El equipo peruano era siempre el equipo más elegante, más perfecto, el ganador moral siempre. Cuando no bien recibía la pelota un jugador la pasaba lateralmente, la perdía entre los pies, le metía el hombro, el taco, la cabeza, etc., pero siempre lateralmente y jamás de frente. Eramos siempre derrotados. Todas estas cosas han sido para mí muestras de que no me equivocaba, de que mi apuesta no era tonta, y que después de aquel partido de fútbol en que habíamos perdido por seis goles a cero, salíamos del estadio, salía la gente, yo era un observador del mundo peruano, era un ser excluido, nunca pude conversar con el pueblo peruano, siempre se reían de mí, había algo que hacía que yo hablara como en otro idioma, pero me iba a los mismos sitios, a los mismos cafés, a los mismos bares, y escuchaba cómo empezaba el maravilloso relato oral: si Valeriano López hubiese tomado la pelota y hubiese pasado la pelota, gol peruano. Todos los partidos se ganaban después. Esto para mí fue una obsesión y quise llevar a mi literatura esa oralidad, esa capacidad de arreglar la realidad, de burlarse de ella finalmente, de recuperarla, de ser el observador que se observa a sí mismo observando, y de añadirle un toque de humor a esto, porque también pienso que el humor en el Perú es un elemento importantísimo para soportar una realidad insoportable. Fue así cómo las primeras características de mi literatura fueron esas. Yo era un escritor que había traído a la literatura peruana la oralidad, que no había existido prácticamente antes que yo. Y por otro lado el humor, a una literatura que siempre era grave, que siempre era triste, que siempre era amarga, como la literatura de Arguedas o la literatura de Vargas Llosa; son unas literaturas muy duras, muy graves y toda la literatura latinoamericana, creo yo, es una literatura en la cual el humor prácticamente no existe o muy poco. En cambio, en el Perú sí había una cierta tradición de escritores como José Díez Canseco, escritores como Ricardo Palma, pero que había desaparecido en los últimos treinta años; en todo caso, eso me importó muchísimo.

Sin embargo, mi vida transcurría en Europa. Recuerdo alguna vez conversando con Vargas Llosa que le dije quisiera escribir una novela sobre París. Y él me dijo, ¿por qué quieres escribir sobre París?. Le dije, porque creo que nunca he descubierto tanto hasta qué punto se es algo como en París. París es una ciudad que no sirve para otra cosa más que para mostrarle a uno hasta qué punto es extranjero, hasta qué punto es peruano, hasta qué punto aquel humor del que hablaba no sirve para nada, aquella oralidad tampoco entretiene, la cortesía es una pérdida de tiempo. Y fue así cómo empezó a nacer en mí la idea de explotar personajes peruanos, un poco nuevamente como Henry James lo hizo con los personajes norteamericanos. La lectura de James me apasionó siempre, bueno, después de los quince años. Y me preocupé mucho de esto en una novela que fue muy mal recibida en América Latina, porque prácticamente todo el mundo esperaba que yo siguiera haciendo eternamente mundos para Julius, que mantuviera a este niño eternamente vivo, que no se acabara su novela, creo que esa es la explicación. Quise hacer una novela inteligente, cosa que no me salió por supuesto, quise hacer una novela astuta, quise hacer una novela caótica, quise hacer una novela sobre un personaje absolutamente loco, que es el personaje que yo más quiero de mis libros, Pedro Balbuena, de *La Pasión según San Pedro Balbuena que fue tantas veces Pedro y nunca pudo negar a nadie*, título tan largo que los editores tuvieron que reducirlo a *Tantas veces Pedro* porque no cabía en la portada. En esa novela me obsesionó eso, precisamente, ver a un peruano que se vuelve loco por insistir en ser peruano. La novela transcurre en los Estados Unidos, en California una parte, otras partes en París, otras partes en otras ciudades de Francia, otras partes en Italia, etc. Y este personaje trata siempre de ser peruano y no lo logra, no es comprendido, su existencia es caótica; yo quise también hacer una novela de estructura caótica, desordenada, y, finalmente, creo que esto no lo estructuré bien, pero de todas maneras esa novela me sirvió enormemente para saber lo que quería hacer y es empezar con lo que había sido el mito de París para América Latina; empezar con la demolición de un mito, el mito de París, que para todos los latinoamericanos es algo enorme. En las primeras páginas de otra novela, *La vida exagerada de Martín Romaña*, llega Martín Romaña a París por primera vez y ve Notre-Dame, y dice «en Lima era mucho más bonita». La cultura francesa desde luego es universal, dice, «en Lima Notre-Dame irradiaba, aquí no irradia, es una iglesia». En fin, empieza así, pero me interesó luego otra cosa y es a qué se debía también el mito de París, a una serie de escritores, y entre los cuales el más importante o el más reciente había sido Ernest Hemingway, que había inventado un París, un París maravilloso, una maravillosa mentira literaria. Hemingway fue un genial mentiroso sofisticado, como diría Cocteau, y había inventado un París como Stendhal inventó un territorio de la pasión que se llamó Italia. Martín Romaña, lector furibundo de Hemingway, adora París y se va a vivir al París de Hemingway, y lógicamente se encontrará con el único París que existe, un París pequeño burgués, repugnante, de porteras, vecinas con perritos detestables que lo acusan a uno, etc., y llegará a un momento de su vida en que sentado después de muchísimos años, en París, en un café, en el mismo café en que Hemingway escribió algunos de sus cuentos, tomando exactamente el mismo vino que Hemingway, comiendo las mismas ostras, sienta un enorme deseo de irse a París. Ha olvidado completamente que vive en París. Hay otro París. Esa ha sido la última búsqueda que he emprendido, la de buscar la quintaesencia de lo peruano a través de los enfrentamien-tos culturales; así como Pedro Balbuena se desplazaba de un país a otro y conocía a una serie de personajes, y descubre a través de los personajes femeninos, por ejemplo, que estamos lejísimos en la época en que más cerca estamos con los aviones, sin embargo, es totalmente imposible dialogar con otra persona de otro país, etc., y ser peruano; él tiene que ser otra cosa, entonces se convierte lógicamente en un mitómano, una persona que inventa historias alrededor de su vida, historias que, como le dice un amigo al final, cuando ya está a punto de ser asesinado por la única persona que lo había comprendido en un instante de la vida, y que él había hecho toda una vida en torno a esta persona, un personaje llamado Sophie, va a ser asesinado y recibe una última carta de un gran amigo de él, un médico peruano que no tenía ningún problema en París, se había instalado peruanísimamente en París y jamás había comprendido nada, y había podido seguir siendo peruano tranquilamente. El doctor Chumpitaz le escribe finalmente una carta en que le dice «jamás te creí nada, ninguna de tus historias, tú nunca engañaste a nadie más que a ti mismo, lo que siempre se te creyó fueron las lágrimas». y le manda fruta. Pero Pedro Balbuena ha entrado ya en la decrepitud y en la locura y ha inventado finalmente una máquina para olvidar, pero se da un día cuenta que incluso después de llegado el olvido se acuerda perfectamente de todo, de demasiadas cosas, y en el instante en que fuerza una última tentativa de olvido es asesinado por la persona que no quería ser olvidada por él. Martín Romaña, en cambio, es un personaje que vive, es más vital probablemente que Pedro Balbuena, es menos loco, porque es más observador y más constatador.

Desgraciadamente, también había tenido que enfrentarme a otro problema, el problema de que la oralidad de mis narraciones hubiesen llevado a la crítica a decir que yo era un hombre que escribía eternamente su biografía. Eso me preocupaba muchísimo porque yo sabía y no quería que me dejaran olvidar mi verdadera vida. Los críticos decían le sucedió esto, le sucedió lo otro. Por ejemplo, el último problema que he tenido ha sido con un crítico italiano, Walter Mauro, que estaba haciendo un trabajo sobre mi obra y que había hecho todo un largo ensayo sobre el complejo de Edipo en *Un mundo para Julius* y luego comenzó a tratar el complejo de Edipo en *La vida exagerada de Martín Romaña*. Estaba tan obsesionado con el complejo de Edipo que incluso cuando presentó en Italia *Un mundo para Julius* decía el señor Echenique, el señor Echenique. Yo le decía, pero no mate usted a mi padre, el problema de Edipo lo tiene usted tan enorme que mata hasta mi padre. Me llamo Bryce. Y él insistía en decir señor Echenique; y descubrió para su profunda angustia que la madre de Julius y la madre de Martín Romaña son dos personajes totalmente diferentes, y vino desesperado a preguntarme qué pasaba, por qué tenía dos madres. Yo le dije que le iba a dar la dirección de mi madre en Lima, para que fuera a ver quién era, cuál era la realidad, y que yo tenía el derecho de fabular como todos los demás escritores. Por eso en *Martín Romaña* hice una tentativa última de desvincularme de la crítica, poniendo en actividad a un personaje llamado Alfredo Bryce Echenique cuya vida se va contando al pie de la letra: en tal año publicó tal novela, en tal año publicó tal libro y Martín Romaña lo detesta y Bryce detesta a Martín Romaña, en fin, es un odio verdadero el que hay entre estos dos personajes, probablemente en el segundo volumen termine en que uno asesina al otro, no sé bien todavía lo que voy a hacer con Martín Romaña. Pero desgraciadamanente José María Castellet al presentar la novela en Barcelona hace menos de un año dijo que no era tal cosa, que no había dos personajes, que era un caso típico de esquizofrenia. Entonces, claro, es una cosa muy difícil para mí ir desvinculando la realidad y la ficción. Sobre todo cuando después de un congreso de escritores en la Universidad de Berkeley me sucedió exactamente ante la vista y presencia de todos los demás escritores un capítulo entero de *Tantas veces Pedro*. Un capítulo entero sucedió en el aeropuerto varios años después, y eso ha sido el motivo por el cual se dice que son novelas de anticipación, que en realidad yo estoy escribiendo las cosas que me van a pasar. No logro escaparme a ser un verdadero escritor, a ser un escritor autor de su obra, puesto que todos estos personajes, que son ya muchos, que si yo los hubiese vivido todos estaría por lo menos decrépito, se han ido convirtiendo en apoderados míos, en alter egos míos, y yo creo que esto no viene más que de la oralidad, del tono profundamente confesional que tiene mi literatura, que es parte de una oralidad, es parte de un estilo literario que yo he creado. Dice Abelardo Oquendo que existe lo que se llama el tono de Bryce, o lo que Wolfgang Luchting llama el tonito bryceano; una manera de hablar irónica, una manera de hablar tierna, una manera de dar constantes vueltas en torno a una misma cosa y verlas de diferentes maneras, seguir interpretando, etc. Y en *La vida exagerada de Martín Romaña* esto se había convertido para mí en un hecho adquirido, la literatura mía se había ido publicando, y quise incluso regresar al Perú, volver a ver a mi madre y decirle que podía estar feliz, que finalmente Proust existía para la familia en Francia, que yo era un elemento más del decorado familiar. Desgraciadamente, cuando regresé, toqué la puerta, porque quise darle una sorpresa, me abrió un mayordomo nuevo que no me conocía, le dije vengo a ver a mi madre, y me dijo la señora no está, señor Proust, para usted porque está leyendo una novela de Alfredo Bryce. Fue una cosa realmente desesperante esta ubicación en el mundo de las letras y creo que también es cierto lo que dicen algunos críticos de mi literatura, sobre todo Carlos Barral, el editor de casi todos los escritores latinoamericanos, quien ha dicho que es una literatura profundamente insular, que no tiene precedentes dentro de la historia de la literatura latinoamericana o muy pocos, y que no producirá ningún seguidor, ningún imitador, que apareció conmigo y que desaparecerá conmigo; por lo cual voy a tratar de escribir lo más posible, incluso tal vez Martín Romaña sea el seguidor de mi estilo, el imitador de mi propia literatura. Le estoy delegando poderes cada vez más, Bryce va publicando su obra y Martín Romaña va viviendo la vida que le atribuyen a Bryce, etc. Lo que he podido ver en esta última novela y constatar es que el mito de la ciudad de París ha quedado, como dice el propio Martín Romaña, «a la Ciudad Luz se le han quemado los plomos», y en largas conversaciones con Julio Ramón Ribeyro hemos llegado a la conclusión de que lo único que habíamos aprendido en París después de tantos años de vida en Francia, es hasta que punto éramos peruanos y nada más. De lo demás no habíamos aprendido nada. Me interesó, eso sí, hacer la crónica también de la vida de los latinoamericanos en París, de cómo viven ese mito, de cómo sueñan con él, y cómo desde los cafés, desde las reuniones de Paris se va cambiando, alternando, mejorando, perfeccionando la realidad peruana, mientras en las noticias de los periódicos ésta es cada vez más catastrófica. Pero en París todo se va solucionando, todo se va arreglando. El tiempo pasa, la marginalidad permite extender la adolescencia hasta que lo sorprende a uno la muerte. Esto ha sido lo que se ha convertido en la obsesión de mi última novela.

Justamente al terminar la novela, donde veo cómo es mirado Martín Romaña por los demás latinoamericanos de París, y cómo en un momento dado es expulsado de todos los grupos políticos, es abandonado por sus mejores amigos, por su esposa, por todo el mundo, tachado de un oligarca podrido que no sirve para nada, absolutamente para nada. Así termina la primera parte de este díptico que se llama «Cuaderno de navegación en un sillón Voltaire»; es un hombre que está rememorando su vida, ya muy mayor, y escribe así su primera novela, aquella que jamás pudo escribir porque no lo dejaron los acontecimientos políticos, etc. La izquierda peruana lo obligó a escribir una novela entera sobre los sindicatos pesqueros del Perú, algo que él confesó que jamás había conocido; escribió una novela pésima que se la rechazaron y sólo antes de morir, probablemente, está escribiendo sus memorias, y de pronto se da cuenta que está alterando, transformando, que los recuerdos son olvidos, etc., y que está escribiendo su única novela. Así termina esa primera parte del «Cuaderno de navegación en un sillón Voltaire», porque está sentado en un sillón Voltaire a lo largo de toda la novela, lo cual ha motivado que muchos fotógrafos, incluso el pintor peruano Herman Braun haya venido a mi casa a hacer el retrato de Alfredo Bryce en un sillón Voltaire y hayan descubierto que yo nunca tuve un sillón Voltaire. Nuevamente había ya la acusación de biografía y me encontraron sentado en un cómodo sillón modernísimo, con botones, como los aviones, desilusión total.

Me interesa ahora para seguir con este enorme fresco de tantos años en París, recoger nuevamente el personaje de Martín Romaña, e introducirlo ya de frente en la realidad francesa, ya integrado totalmente a la realidad francesa, donde será descubierto por la aristocracia francesa, por la nobleza francesa, puesto que lo han convencido que no es más que un oligarca podrido. Pero ahora es tachado de peligroso izquierdista, de tercermundista, de individuo activista y guerrillero, etc., y terminará, finalmente, sin saber quién es. Al haber escrito la historia de su vida habrá dejado de existir, lógicamente. Y de allí creo que volveré a los temas peruanos. También se me ha dicho mucho en unas críticas que mi literatura no era peruana ya, puesto que el espacio regional no existía, la región latinoamericana no estaba en ella. Sin darse cuenta que eso mismo se le había dicho a Henry James, que había sido el menos norteamericano de los escritores. Pero al final se ha visto que es el más norteamericano de todos, porque justamente quiso quintaesencializar al norteamericano al ponerlo en relación con otras culturas. Yo estoy tratando de hacer lo mismo porque creo que en los escritores latinoamericanos que hemos vivido un gran exilio ha habido un profundo egoísmo con la realidad que nos ha albergado. No existe París en la literatura latinoamericana de los últimos años, nadie habla de Francia, nadie habla de Europa. Sin embargo, todos los escritores han vivido ahí, 20, 30 años; pocos son, sólo Ribeyro tal vez, que habla de París en algunos cuentos, Cortázar por supuesto en la maravillosa novela *Rayuela*, también se le acusó de no ser argentino, aunque no hay novela más argentina que *Rayuela*. En mi caso se ha tratado de hacer una literatura peruana que transcurriera en París y que hablara de París, que un peruano pudiese hablar de París y hablar del Perú en París, y de lo que es la peruanidad, y de tratar de recuperar toda una experiencia vivida. Yo creo que en Francia ha habido una serie de acontecimientos sociales, económicos, políticos, que no figuran en la literatura de hombres que han vivido en París y que continúan escribiendo sobre una realidad, sobre una ciudad donde nacieron, en un país, etc. Lo cual quiere decir que han sido profundamente no escritores, creo yo, puesto que el deber de todo escritor es inquietarse absolutamente por el espeso bosque de la realidad, es decir, por todo lo que lo rodea a uno, absolutamente todo. Yo estoy liquidando esa experiencia, tratando de terminar esta novela muy larga. La he comenzado ya, desgraciadamente, este accidente de automóvil me impidió continuar, pero lo haré no bien pueda escribir a máquina, no sé escribir a mano. Y luego volver a los temas ya regionalmente situados en el Perú, puesto que me falta hacer la novela sobre aquel colegio increíble en que me eduqué, la novela de la adolescencia de la clase alta desposeída ya en el Perú por la reforma agraria, decadente totalmente, pero maravillosamente decadente. No se me acuse de reaccionario, por favor, si cuento esta maravillosa anécdota que honra, creo yo, a seres que quedaron de la noche a la mañana sin nada, todos los futuros dirigentes de la patria, se les cae siempre la baba a ellos, a sus hijos, pero son maravillosos: cuando regresé al Perú por primera vez el año '72, me invitaron a jugar un partido de fútbol en que nos enfrentábamos la primera promoción del colegio con la segunda promoción. Nos pusimos los viejos uniformes del colegio, nos vestimos de niños nuevamente, y maravillosamente se disputaba una preciosa copa de plata en la cual habían grabado tres o cuatro días después de que les habían quitado todas las tierras «Hugo Blanco, tierra o muerte venceremos».

Pregunta.- *¿Qué comentarios tiene sobre la crónica que hizo sobre los Estados Unidos?*[2]

Es una crónica que hice para un periódico mexicano. La reuní con otros textos sobre Fitzgerald y escritores que me gustaban en un librito, porque un escritor catalán muy amigo quería tener en su catálogo un libro mío. Fueron muy leídas en periódicos en México sobre todo, y creo que en realidad más que sobre Estados Unidos hablan de América Latina, porque están contadas desde el punto de

2 Léase *A vuelo de buen cubero y otras crónicas* (1977).

vista de los mitos del cine norteamericano que nosotros hemos visto; cuando el personaje se toma por William Holden y no sabe subirse a un tren a la carrera como William Holden, etc. Es un periodismo que yo empecé a hacer y que intento siempre hacer, que me gusta tanto como la literatura misma. Un periodismo un poco literario, en el fondo, muy subjetivo. Yo creo que la única manera de llegar a una objetividad total es a través de una subjetividad muy bien intencionada. Es el periodismo emotivo, que fue en efecto fruto de un viaje de muchos meses por el sur de los Estados Unidos, por el Deep South. Empieza en Virginia y termina en Nueva Orleans, donde fui por encargo de un periódico mexicano. Increíblemente tomaba notas de todo, absolutamente de todo lo que vi, leía todos los periódicos, pero dejaba que el azar interviniera mucho; no iba a buscar el periódico, sino que lo encontraba en el hall de un hotel, entonces leía lo que estaba leyendo la gente, penetraba al comedor y me sentaba cerca de una conversación. Era un espía, en realidad, de la vida cotidiana norteamericana en esa región. Y llené, lo guardo de recuerdo, un enorme cuaderno de notas. Cuando llegué a París y empecé a trabajar en función a las notas no me servían absolutamente para nada. Me di cuenta que era un periodista fracasado. Incluso había grabado algunas cosas pero no entendía lo que había grabado, y tuve que volver a escribir en base al olvido. Son textos inventados, es una ficción lo que hice. Claro, el itinerario está conservado, pero yo creo que hablan mucho también del mito, del mito que fue para los latinoamericanos el cine de mi época.

Pregunta.- *¿Qué conclusiones ha sacado acerca de la responsabilidad social del escritor latinoamericano?*

En una ponencia que hice en Venezuela, en el segundo congreso de escritores de lengua española, el '81, publicada en Caracas en *El Nacional*, que se titula «Una actitud ante el arte y la vida», hice una especie de explicación de lo que es para mí la responsabilidad de un escritor. Voy a tratar de resumirlo brevísimamente. En realidad, si he hablado de la responsabilidad y todo esto es porque muchas veces se ha dicho de mi que soy una persona profundamente irresponsable. Mi entrevista con el general Velasco, por ejemplo, en 1972 fue una cosa absolutamente divertida y delirante. Cuando regresé a España para la presentación de *Un mundo para Julius*, una novela que había tenido mucha acogida, estaba en un estado de nervios y de depresión causado por ser escritor. Entonces la prensa española, ávida de noticias de lo que ocurría, de los fenómenos políticos que estaban ocurriendo en el Perú, me preguntaba y yo hablaba del general Velázquez. Me di cuenta de que me había equivocado de general, dije que se llamaba Velázquez; el periodista empezó a decir que yo evadía la responsabilidad y, en realidad, me equivoqué. Llegué a Lima y conté esto en una entrevista en la revista *Caretas* y dije que Velasco me parecía una persona muy agradable, muy simpática, y que me encantaría conocerlo. Inmediatamente esto fue recogido, y tuve una conversación con Velasco absolutamente delirante: me ofreció una embajada, todo, y a las seis de la mañana seguíamos este trato de que todo hombre tenía un precio, y, finalmente, mi precio que fue aceptado por Velasco, quien era mucho más vivo que yo, fue una embajada en Venecia, donde yo siempre he querido vivir. Esto motivó abrazos, agradecimientos, y en el momento en que abandonaba palacio, Velasco me dijo «jamás el Perú ha tenido embajada en Venecia». Este tipo de anécdotas, de bromas si se quiere, pero que son realidad, hace que muchas veces se me acuse de persona irresponsable; un escritor humorista no es un escritor irresponsable. Yo creo que, como dice Cortázar, el humor es la manera de ver el lado cómicamente serio de la realidad y que es un arma increíblemente sutil, de observación, de penetración de la realidad. Lo que yo nunca he querido es asumir un mundo mesiánico. Mi vida ha estado absolutamente ligada a los afectos privados y nunca he tenido un gran mensaje que dar y la política realmente no me ha interesado. Creo que los escritores estamos obligados a escribir, esa es nuestra responsabilidad, y que los deberes de un escritor están profundamente ligados a las obligaciones también de un público de dejarlo cambiar de un libro para otro totalmente. Allí creo, por ejemplo, que fui profundamente responsable cuando escribí *Tantas veces Pedro*, que era lo que yo necesitaba absolutamente escribir, y no una prolongación de *Un mundo para Julius*. E incluso cuando me presenté donde mi agente literario y el propio Carlos Barral, después de publicar *Un mundo para Julius*, con unos cuentos, cuando todo el mundo esperaba la segunda novela y me dijeron pero estás loco, cómo traes cuentos, está todo el mundo esperando una novela tuya. Pero no me daba la gana de escribir una novela, ahora quiero escribir estos cuentos; creo que así se van dando las responsabilidades y están ligadas a las obligaciones del lector también, que es dejar que un escritor no escriba sobre aquello que no le interesa. Si uno opina sobre algo que no le interesa, por más que haya leído todos los libros que se hayan escrito sobre ese tema, no tendrá interés. Callarse cuando uno no sabe una cosa. Yo creo que esas son responsabilidades de un escritor; y, claro, la realidad latinoamericana es una realidad siempre urgente, siempre volcánica, y cuando llega uno a veces siempre le piden cosas tan enormes, tan diferentes a lo que es el acto solitario de escribir un libro, y uno no sabe decir que no y luego se mezcla en cosas y luego las hace mal; hay gente que sabe hacer esas cosas bien. Claro, yo he dado respuestas a veces bromistas, a veces me he equivocado, como en el caso de Velasco y Velázquez; tal vez sea una falta de saber estar en la realidad, de saber estar en el mundo, creo que eso es lo que hace a un escritor, yo creo que el escritor es simplemente un rebelde a través de la palabra. Camus lo dice en *El hombre rebelde*, libro que me parece a mí escrito ayer, por la actualidad que tiene. Es eso lo que traté de explicar en este artículo, en esta ponencia que hice en Caracas, cuáles eran los deberes y las responsabilidades de un escritor. Yo creo que uno de los grandes defectos de una cierta literatura latinoamericana, maravillosamente superados ya por novelas como *Cien años de soledad*, fue el maniqueísmo que ha habido en la literatura latinoamericana de una escritura de denuncia, que denunciaba lo mal que está un minero en la mina. Pero ¿quién leía el libro?. El dueño de la mina. Pasado ese hecho injusto la obra carecía totalmente de valor. Había que interesarse por el minero, el dueño y el obrero. Yo creo que el escritor es un hombre que tiene que tener ese don o cualidad monstruosa, si se quiere, la palabra pertenece al campo de la psicología anglosajona, *empathy*; interesarse por el bien y el mal, el verdugo y la víctima, poner exactamente la misma cantidad de interés, y estar en todos sus personajes. Yo creo que lo otro es panfleto. Claro, con toda la eficacia de un buen panfleto, con datos estadísticos, etc. Creo que la literatura tiene otra función, no es en absoluto inmediata, en la que el escritor es una persona, nuevamente lo vuelvo a decir, interesada por el enorme, espeso bosque de la realidad. Todo le debe interesar o, si no le interesa, no escribir sobre ello, callarse. Eso ha sido para mí la explicación que di porque justamente, y creo que si mencionaba esta palabra, y agradezco la pregunta, de responsabilidades es porque muchas veces me han tratado de irresponsable, y esta vez me expliqué, porque realmente ya estaba un poco cansado de que me trataran de irresponsable cuando yo estaba escribiendo una obra que se publicaba, que existía. En la Universidad Menéndez y Pelayo un escritor español empezó diciendo que ser escritor era ganar estatus social, y yo le dije perdóname, para mí ser escritor ha sido perder todo mi estatus social; cada día estoy pendiente de un trabajo, de llegarme un cheque, ha sido realmente una lucha heroica para llegar a ser escritor y no podré dejar de serlo nunca, y he aguantado muchas cosas que jamás hubiera tenido que aguantar si me hubiese quedado en el Perú, y me molestaba porque yo en el congreso de escritores aseguraba la nota del humor, siempre quedaba por el irresponsable, por el loco, por el hombre que no enfrenta a la realidad, y creo que siempre la he enfrentado en la medida de mis posibilidades. Tal vez si he aludido a ese problema es porque me queda el eco, la angustia que me produce. Tal vez la única respuesta que puedo dar es que en Caracas fui absuelto.

[*Cuadernos Hispanoamericanos* 417 (marzo 1985): 65-76]

UNA ACTITUD ANTE LA LITERATURA Y EL ARTE

Alfredo Bryce Echenique

Como ante tantas otras preocupaciones de mi vida, creo haber adoptado una actitud dual ante la literatura y el arte. Y ello porque así ha sucedido también en mi vida. En efecto, a veces he sentido que la literatura es una fiesta en mi existencia, un placer, un goce intensamente alegre y hasta una necesidad fisiológica. Y sin embargo a veces he sentido con tristeza que escribimos para poner en nuestros libros aquello que no hemos logrado poner en nuestra vida. Pavese dice en su diario que la poesía nace de una carencia, de una privación, y lo prueba refiriéndose a un hecho muy cierto: la poesía griega sobre los héroes se escribe cuando los epígonos fueron expulsados de la patria que contenía la tumba de los héroes.

Detesto sin embargo aquella posición que afirma que el arte puede o debe nacer de un refugio de la vida en sí, o de una derrota sufrida en manos de la vida. Tales concepciones merecen mi desprecio a dos niveles. En primer lugar me opongo a aquella actitud que pretende utilizar la vida únicamente en función del arte, es decir, a servirse de la experiencia y del vivir entre la gente únicamente para nuestra creación. Para mí, el artista que hace esto es un monstruo, una especie de monstruo viviente. Por otro lado, me opongo también a la concepción «del arte por el arte», y en este sentido mantengo una actitud crítica ante una frase muy reveladora del temperamento de Flaubert. Decía este escritor extraordinario: «Describirás el vino, el amor, a las mujeres y hasta a la gloria con la condición de que nunca seas un borracho, un amante, ni un esposo, ni un héroe», aunque tal vez haya algo de injusticia en esta crítica a la insistencia con que Flaubert se refirió siempre al distanciamiento como elemento necesario de la creación artística. Pero en fin, si nos encerramos en nuestro escritorio, dejamos inmediatamente de ocuparnos de la vida; nos estaremos ocupando únicamente de una imagen, de un fantasma de la vida. Ahora bien, si por un lado me niego a llegar a los extremos de Renan, cuando dijo que «había trabajado demasiado y que no había vivido lo suficiente», por otro me niego también a caer en los extremos de aquellos escritores que algún día se arrepienten de «haber vivido demasiado y de no haber escrito lo suficiente». Mi ideal parece mucho más sencillo, aunque es cierto que en la práctica resulta mucho más difícil: se trata únicamente de vivir una vida intensa que me permita acumular un máximo de vivencias y de escritura.

Pero aquí surge un nuevo problema: el de una relación más general entre el arte y la vida. ¿Cuál es esta relación y cómo debe darse? Creo que aquí surge nuevamente mi predisposición al conflicto y mi sentido de la contradicción. Enfatizo el desorden y la falta de construcción y de estructura de la vida. La vida es como el cuarto de un niño antes de que lo arregle su mamá. Todo está en desorden y algunos juguetes rotos y el niño a veces llorando y a veces riendo sin que se sepa bien por qué. La vida es desordenada, inesperada, infinitamente sorpresiva; en pocas palabras, un desconcertante coctel de oposiciones. Frente a ella, el arte tiende al orden y es casi siempre todo orden, todo organización de materiales de trabajo. Esto da lugar a dos resultados muy diferentes. Cuantitativamente, es imposible que el arte logre dar cuenta detallada de la vida, o sea que sólo logra darnos cuenta de algo que es menos que la vida misma. Sin embargo, cualitativamente, debido a la elección, decantación y concentración que requiere el arte logra reproducir una especie de fibra interior, de fibra íntima de la experiencia humana. El arte puede, en cierta medida, refinar la espesura del desorden de la vida. Creo, pues, que el arte es como una quintaesencia de la vida, que decanta todo lo que en ella hay de excesivo, casi me atrevería a decir de desperdicio, para presentarla en forma purificada.

Pero tampoco esto resulta una solución al problema de la incapacidad del arte para abarcar enteramente la plenitud de la experiencia humana, su descomunal inmensidad. Surge aquí en los escritores la necesidad de utilizar diversas técnicas literarias, pues sólo esas técnicas les permiten dar la impresión de estar reproduciendo genuinamente la experiencia infinitamente renovable de una vida. Y en este sentido, en el sentido de que el artista recurre cada día a más y más técnicas novedosas, pienso que sólo mediante una serie de «trampas y estafas» logra darnos la impresión de haber disecado la vida toda en un libro.

Creo que en esta visión de las cosas y del conflicto inherente que existe entre el arte y la vida, hay algo original, aunque peligroso, en mi posición. Y en particular en mi posición acerca del escritor entre las muchas vocaciones artísticas. Tal vez esto coloree en algo mi obra, pero lo cierto es que a veces me ha llevado a malentendidos con los críticos. Ello se debe a que a los críticos, y a mí cuando hablo con espíritu crítico sobre otras obras literarias, nos interesa encontrar una estructura clara, un orden total, ninguna digresión; en pocas palabras, ningún desorden vital y, en menos palabras, la menor cantidad de vida posible. Y por ello me atrevo a decir ahora que creo que, debido a estos elementos de elección, reducción, orden, estructura, el arte es en cierto sentido una actividad contra natura y, lo que es más, una actividad monstruosa. El escritor resulta para mí un amante del artificio y un monstruo, al mismo tiempo. El escritor es esencialmente un mentiroso sofisticado. Es también una especie de vampiro que viola y chupa la sangre de los seres que va encontrando en su camino, puesto que todo lo que ha observado lo utilizará tarde o temprano en sus libros. El escritor fiel a su vocación llega a ser de esta manera un inmoral. Y cuanto más sofisticado, cuanto más fiel a su profesión más inmoral todavía.

Al igual que Flaubert, se sentirá siempre atraído por el mal, por el sufrimiento, por las cosas despreciables y viles, y todo ello en la medida en que pueda resultarle útil para sus libros, es decir, en la medida en que esas cosas contengan para él posibilidades estéticas aprovechables en sus libros, en la medida en que sean un material utilizable. Además, y esto es algo fundamental, el artista es inevitablemente poseedor de una suerte de «don», de algo que en inglés (el término pertenece al campo de la psicología) se llama *empathy*. Esta cualidad (o defecto monstruoso, da lo mismo en este caso), consiste en atribuirle una emoción a la causa externa que la estimula, y puede resultar esencial para una exitosa labor de creación literaria, ya que empuja al escritor a identificarse con el angel y con el demonio, con la víctima y con el verdugo, es decir, con aquellos personajes de su obra que más admira y que más detesta. Con ello le dará vida a sus libros, con ello romperá con la pobreza de todo maniqueísmo, con ello enriquecerá la vida que late en sus obras.

¿Pero qué pasa con esta manera de ser, con esta facultad tan particular en el artista? Ocurre que debilita sus convicciones morales a fuerza de ser puesta en uso. En este sentido, ya no me cabe la menor duda de que la moral del escritor, en tanto que escritor, coincide pocas veces con la moral pública, o en todo caso con la moral del público. Balzac meditó y escribió mucho sobre este dilema, sobre la dificultad que encuentra todo escritor para lograr un equilibrio entre las exigencias morales de su talento y aquéllas de su carácter en tanto que hombre común y corriente.

Por ello, en cierta medida, el escritor es un solitario inevitablemente mezclado a la vida, pero que tiende siempre a situarse al margen de ella. Vive entre los hombres pero con una actitud sesgada, oblicua, una actitud que lo predispone siempre a salirse de lo inmediato, a huir de ello, para tender hacia lo intemporal. Y en la medida en que la palabra clásico quiere decir algo, creo que todos los grandes artistas presentan un elemento clásico en sus obras.

Dicho esto, creo que nadie se sorprenderá de que ahora, además de solitario, afirme que el escritor es también, y básicamente, un egoísta. No recuerdo cuál fue el escritor que se me asinceró una tarde y me dijo que si no hubiese sido el más grande de los egoístas jamás hubiese escrito sus libros. En fin, sí recuerdo quién era ese escritor, pero no es este el momento para andar traicionando las asinceradas de la gente solitaria y sus confesiones en los gardelianos cafés donde van los que tienen perdida la fe. Me decía aquel tierno y solitario vampiro que el escritor no puede permitirse el lujo del altruísmo y que por ningún motivo del mundo podía verse envuelto en emociones, ni siquiera en amores, es decir en las emociones y los amores que pretendía utilizar luego en la creación de una obra de arte. ¿Y ello por qué? Porque el escritor que hay en un hombre se traga al hombre, porque el escritor se le adelanta al hombre, y nace inmediatamente el egoísta, surge inevitablemente el egoísmo. Debo decir que no es este mi caso, aunque también debo decir que a veces ha sido también mi caso, pero con su variante personal, porque yo siempre he sido dócil, obediente, poco agresivo, y excesivamente sentimental.

Pero volvamos a lo más general. El egoísmo se convierte en algo inevitable, porque el artista serio tiene que creer en la importancia de su arte. Pienso, francamente, que es parte de la dignidad de un escritor el creer que lo que escribe es importante y el escribir como si sus libros estuviesen destinados a perdurar. Y también por esto, por la posibilidad que tiene cualquier artista de convertirse en lo que se llama «un inmortal», es que me he negado a concebir su destino en términos trágicos.

Me he referido anteriormente a mi predisposición al conflicto y a la contradicción. Creo que debo extenderme un poco más sobre este punto pues en pocas palabras no me es posible explicar en qué consiste esa predisposición. Se trata más o menos de lo siguiente: por un lado, he hecho hincapié en aquello de que el arte puede y hasta debe distorsionar la moral pública y, por otro, no puedo negar que, llegado el momento de escribir, me he guiado mayormente o, mejor dicho, he seguido mayormente los requerimientos de mi vida personal, de mi vida privada, y no los de mi escritura. Ello podría explicarse por el interés que pongo siempre en la simbiosis, pero no es así. Creo que lo que logro hacer y lo que explica la forma en que resuelvo esta contradicción es el puente que trazan los elementos profundamente personales que están presentes en tantas páginas de las que he escrito. Y no estoy hablando aquí de una tendencia a lo autobiográfico. Estoy hablando de una estilo que se ha ido adecuando poco a poco, por una necesidad interior, al desorden de la vida, sin que por ello pretenda ser aquel autor que ha logrado meter la vida en un libro, ni mucho menos aquél que ha alcanzado el ideal de Mallarmé de que toda la vida se acabara en un libro que la abarque toda. Más me interesa el ideal de Cortázar de que un libro termine en la vida, ese ideal intuitivo e ilógico de llegar a redactar algún día la vida misma como si se tratara de un libro. He comparado los libros o artículos que he escrito, las charlas que he dado, las clases que he dictado: en el fondo se parecen enormemente, por haber sido trabajadas más con los nervios que con la inteligencia, más por caminos intuitivos e irracionales que por logros culturales. Por eso es que no puedo identificarme profundamente con las obras que son únicamente inteligentes o imaginativas.

No hay, en este sentido, contradicción ni siquiera aparente entre mi oposición al arte puramente intelectual o imaginativo y mi implícita aprobación de una escritura personal. Y así creo que resuelvo día a día las contradicciones anteriormente mencionadas. Es decir, las resuelvo como tantos otros artistas porque me declaro responsable único de mis escritos y, lo que es más, responsable único ante mí mismo como hombre común y corriente. Mis libros no son un obsequio ni un tributo a un público que gusta de lo que escribo. Hay artistas que producen sus obras como quien se quita el saco para ponerlo sobre un charco de agua por el que va a pasar una linda señorita. Yo me quito el saco solamente cuando hace calor. Me refiero a cuando escribo, claro está. En lo demás también soy como los demás. Y peor todavía, porque a veces me gustaría quitarme el saco varias veces al mismo tiempo, con muchísima emoción al mismo tiempo, también. Pero volviendo a la escritura, tras haber recuperado todos mis sacos, debo decir, que prefiero dar un libro como un árbol da su fruto, y ello sobre todo cuando escribir se convierte para mí en una fiesta personal y en una necesidad fisiológica, casi como un sedativo, muy análogo al acto de amor. Escribir me ha salvado de más de una crisis, aunque luego me haya metido en otra peor. Eso qué importa.

Ya sé que esta lealtad a mí mismo y esta aparente falta de interés por las exigencias del público ha motivado que alguna gente me considere un irresponsable. Lo sería, tal vez, si no aceptara las ocasiones, como ésta, de explicarme. ¿Por qué no soy irresponsable? ¿Por qué he dicho que la falta de interés por las exigencias del público es sólo aparente? Porque creo que el escritor, tal como lo he venido describiendo, y en particular el escritor que soy yo, sólo puede serle leal y fiel al público y a la crítica cuando es leal y fiel a su propio temperamento. Esta lealtad y fidelidad a mí mismo, a mis dudas, a mis contradicciones, es para mí la más grande prueba de respeto que puedo mostrarle al público y a la crítica.

Ahora bien, me preguntarán ustedes en qué consiste esta lealtad a sí mismo. Voy a explicarlo muy claramente. Significa, por ejemplo, no tomar partido en asuntos que aún no he estudiado a fondo, en asuntos que he dejado de lado por simple fruto del azar o por la validísima razón de que no le interesan a la persona que soy. Porque nadie podrá jamás hablar de algo que no le interesa, con sinceridad, aunque haya agotado todos los libros que hablan de ese tema. Consiste también esta fidelidad en no dárselas de enterado en asuntos sobre los cuales vacilamos. Consiste también en no intentar guiar a nadie por senderos que aún no hemos recorrido o hacia objetivos que no están todavía claros para uno mismo. Esta lealtad a sí mismo es respeto por el público y abarca, creo, todos los derechos y obligaciones de un escritor ante el público y la crítica.

Y esto me lleva al punto final. Es decir, a las obligaciones que tienen el público y la crítica ante un escritor. ¿Cuáles son? En primer lugar, acordarle el derecho a ignorar aquellos asuntos que no interesan a su yo profundo, que no afectan a su yo profundo. En segundo lugar, no obligarlo a parecerse en un libro nuevo al escritor que fue en un libro anterior, puesto que si ha dejado de sentir y de pensar como antes, y sigue escribiendo igual, será obligatoriamente un escritor y un hombre que miente. En tercer lugar, no hacerlo sentirse impotente para la literatura y no creer tampoco que lo es porque se ha encerrado en sí mismo o porque está disfrutando de la vida en vez de estar escribiendo. En cuarto lugar, no pensar que se ha convertido en un hombre desagradable porque nos sorprende con un libro totalmente diferente al que nos gustó la vez pasada, o porque nos suelta una inesperada puya. En quinto lugar, darle la libertad de guardar silencio cuando ignora un asunto. En resumidas cuentas, darle la libertad de seguir sus propios senderos porque son los únicos viables o correctos para él. Y creo que de esta manera, habiendo cumplido el público y la crítica con sus obligaciones, y también el escritor con las suyas, el vampiro inmoral del que hablé anteriormente se habrá convertido en un hombre honesto, y el sofisticado mentiroso en un mentiroso que sólo dice la verdad, como decía Cocteau, y el escritor, venga de donde venga, en un hombre bueno, en el buen sentido de la palabra, como decía Antonio Machado.

[*Oiga*, Lima, 25 de enero de 1982: 63-64]

EL ESCRITOR LATINOAMERICANO

Alfredo Bryce Echenique

Creo que el escritor latinoamericano es, ante todo, un escritor como cualquier otro, escritor *tout court*: escritor y punto. Me explico. El escritor latinoamericano ha logrado ya reunir en su persona a aquellas características que le son otorgadas por diversos contextos culturales, históricos, demográficos, sociológicos, etc., que son los de su región, de su realidad circundante. Había en ello un enorme desafío por hacer, y que consistía en restituirle a América latina su unidad y su plenitud.

Heidegger decía que la palabra es la morada del ser. Sin embargo, en América latina la palabra, el lenguaje, se había distanciado casi por completo de la realidd del continente, dividido al máximo por fronteras irreales y por los más absurdos nacionalismos. En efecto, la dominación española dejó en América todos los elementos para un destino común, para una literatura y un lenguage comunes, únicos y plenos. Contábamos con tres siglos de historia común, con una religión, un idioma, una cultura.

Sin embargo, al producirse la independencia en los primeros lustros del XIX, nuestros pensadores y, sobre todo, los caudillos militares que llenaron el vacío de poder dejado por la administración española, se dejaron influenciar por el liberalismo y los nacionalismos europeos de ese período, trasladándose a realidades poco o nada aptas para ellos. Se puede, en efecto, comprender a los soldados de Garibaldi o a los rebeldes polacos que luchan por ideales nacionales en lugares donde sí hay etnias, idiomas, religiones y culturas diferentes. Pero el traspaso de estas ideas a nuestro continente resultó absurdo, pues sólo sirvió para alimentar ambiciones personales de poder local, o, cuando más, regional, dando lugar a la creación de fronteras allí donde los españoles habían trazado únicamente límites, líneas de fronteras administrativas. Es lo que Vargas Llosa llama, no sin amargura y cólera, nuestras estúpidas fronteras.

Asistimos, pues, al nacimiento de naciones sin nacionalidades, cuya expresión al nivel del lenguaje va a introducirse en el discurso de nuestros pensadores y hombres políticos, en nuestras leyes, códigos y textos constitucionales. Emanciparse de España fue, para la intelectualidad latinoamericana del siglo XIX, caer bajo la influencia de lo francés, lo inglés, y lo norteamericano, pero no como información sino como calco y copia: o sea una nueva colonización mental que llega acompañada por un nuevo tipo de colonización económica que se desplaza, con el tiempo, de la órbita inglesa a la estadounidense. Llegamos así a un lenguaje que en nada se refería a nuestra realidad. De allí que no falta quienes afirmen que, en América latina, el verdadero surrealismo hay que encontrarlo en nuestras constituciones, en nuestros códigos, o en nuestro sistema parlamentario, pues unos y otros no son más que un calco totalmente inapropiado de leyes e instituciones de los Estados Unidos, Francia, e Inglaterra. Se crea de esta manera -o se pretende crear- un lenguaje que, en vez de referirse a la realidad latinoamericana, a sus variantes regionales, a su unidad y plenitud en un devenir histórico tan cierto como común, da por establecida una serie de falsas e inexistentes diversidades.

Se puede hablar de toda una América imaginaria, producto de la mente y del arte europeos y que puede ser barroca, romántica, neoclásica, etc. Se puede también hablar-y esto es lo grave- de una América latina falsamente francesa o anglosajona. En ella, ya predispuestos como estábamos, caeremos en los falsos influjos de modas y corrientes artísticas que no serán más que trasnochadas versiones de lo europeo mal y tardíamente fabricado en un territorio en el que todo el mundo parecía esmerarse por negar la realidad. Esto -lo hemos visto- ya funcionaba así en nuestros textos políticos. Y sólo la fuerza, la violencia, el golpe de estado o el cuartelazo podían devolvernos una falsa calma europea y volver a alejarnos de ese presente, que, cada vez más, el hombre latinoamericano pretende y merece alcanzar: su propio presente, su propia historia, su propio lenguaje.

Los escritores latinoamericanos fueron los primeros en tomar conciencia de este hecho, cuando desde Darío hasta Lugones, emprendieron la tarea de devolverle a América latina, gracias a sus obras literarias y a su lenguaje, unidad y plenitud. Es ya la misma unidad, la misma plenitud que encontramos en la literatura narrativa contemporánea, cuyos grandes fundadores han sido escritores como Borges, Carpentier, Uslar Pietri, o Miguel Angel Asturias. Los acompañan, en la poesía, Neruda, Vallejo, y Nicolás Guillén, entre otros. Ellos, antes que nadie, empezaron a escribir como latinoamericanos, a poblar de palabras un continente que había sido descrito mas no escrito. A alejarse de los cronistas españoles que se sirvieron de un castellano que a lo más, podía describir la Castilla del siglo XVII. Cuando no, tiempo más tarde o paralelamente, las fórmulas del naturalismo con el que la novela indigenista anterior a Asturias o José María Arguedas, por ejemplo, intentaba acercarse con ojos extraños a un indígena que el escritor «latinoamericano» encontró primero en Europa en las fantasías de Rousseau, Marmontel, Chateaubriand, o Benjamin de Saint Pierre. Era, como se ve, muy largo el camino de regreso hasta el indio que se tenía ahí, al lado...

Pero este retorno, como lo he señalado y brevemente explicado, se ha realizado ya. Deja ahora al verdadero escritor latinoamericano confrontado con ese espíritu de rebelión del que hablaba tan acertadamente Camus en *L'homme revolté*: una rebelión metafísica que se traduce en el plano estético.

Camus se plantea bastante en profundidad todas las formas que puede adquirir la rebelión del hombre contra su destino y, en el caso del escritor, parte de la definición misma de lo que es una obra literaria o, más en particular, una novela. Según, el *Littré* (los demás diccionarios consultados aportan definiciones bastante afines), la novela «es una fabulación escrita en prosa», o, lo que es lo mismo, una «falsa historia escrita en prosa». Por su parte, el crítico católico Stanislas de la Fumet afirmaba que el arte, sea cual sea su finalidad, le hace siempre una competición culpable a Dios, compite culpablemente con Dios. Citemos, por último, a Thibaudet, cuya definición no se alejaba mucho de la de Fumet, al comparar *La comedia humana* de Balzac con «una imitación de Dios Padre». El esfuerzo de la literatura consiste, según estos autores, en crear universos cerrados y personajes o arquetipos acabados. En todo caso, en Occidente -cuya más grande aportación a la cultura universal ha sido, sin duda, la novela- una gran obra literaria no se limita a una reproducción fiel de la vida cotidiana, sino que, por el contrario, propone incesantemente grandes imágenes que la desbordan para lanzarse luego a su captura.

Hay, en efecto, algo insólito tanto en la escritura cuanto en la lectura de una novela. Construir una historia mediante una nueva composición y ordenación de los acontecimientos no tiene nada de inevitable ni de necesario. Aunque, por supuesto, tal empresa podría encontrar su cabal explicación en el placer que siente el autor o el lector. Cabría entonces preguntarse por qué la mayor parte de los hombres le encuentran un placer especial a la escritura o lectura de historias que son falsas. ¿Estamos ante una necesaria evasión de la realidad? Nietzsche parecía explicarlo de esta manera puesto que afirmaba que el artista crea su obra porque encuentra la realidad demasiado aplastante. Sin embargo, éste no parece ser el caso de la novela, porque nadie se evade de nada al leerla. Una persona perfectamente feliz puede leer muchas novelas -o escribirlas-, y, por el contrario, ni la lectura ni la escritura pueden quitarnos un buen dolor de muelas.

El escritor, sea cual sea su nacionalidad, es un hombre que niega el mundo tal como éste se le presenta. Se encuentra confrontado a una realidad que cada acción se le diluye hasta escapársele en otra acción, vuelve luego a él para juzgarlo bajo los más inesperados rostros, y nuevamente se le escapa como un río desconocido cuyo curso lo llevará hacia desembocaduras también desconocidas. La tarea del escritor latinoamericano, como la de cualquier otro escritor, se le presenta cuando nace en él la imperiosa necesidad, transformada al mismo tiempo en nostalgia (*Cien años de soledad* es el resultado de un sapientísimo uso de la nostalgia como método de novelar y, a la vez, como hilo conductor de la acción de todo el relato que pasa, circular y constantemente ante «los ojos» y la memoria del lector) de dominar el curso de aquel río.

De lo que se trata, entonces, es de captar en última instancia la vida como destino, darle la forma que no tiene, que desgraciadamente no puede tener. Allí radican tanto el interés cuanto la seriedad de la escritura y la lectura de esta «fabulación escrita en prosa», de lo que, visto más superficialmente, no sería más que una corrección del mundo conocido, siguiendo el más profundo deseo del hombre. Se trata, en última instancia, del mismo mundo del lector y del escritor. El sufrimiento, el amor, la alegría o la pena no son otros. Los personajes de las novelas hablan nuestro idioma, sus fuerzas y debilidades son también las nuestras. Y su mundo no es ni más bello ni más edificante que el nuestro.

La diferencia está en el conocimiento que esos personajes llegan a tener de su destino. Los héroes más conmovedores de la literatura latinoamericana son tan conmovedores como los más grandes personajes de la literatura de cualquier otro lugar. Y lo son porque van hasta el final de su destino, hasta el último extremo de su pasión. Llegamos a conocer su total medida y nos muestran que ellos, al menos, *terminan*, mientras que nosotros no *rematamos* nunca. La novela latinoamericana, para serlo, tiene que ser, como toda la novela occidental, antes que nada, un ejercicio de la inteligencia al servicio de una sensibilidad nostálgica o rebelde. Es la exigencia «camusiana» sin la cual, me parece, no se puede ir muy lejos en el campo de la literatura. Se trata, una vez más, de escribir, no de describir; de mostrar, no de demostrar.

Resulta interesante señalar, a guisa de conclusión, que los grandes escritores latinoamericanos del siglo XX (a veces bastante descoocidos o mal conocidos en sus propios países), muy a menudo no tienen nada o tienen muy poco en común. Y hay casos en los que una obra se opone violentamente a otra. Pues bien, como señala el escritor argentino Juan José Saer: «Todos poseen, sin embargo, en sus escritos, un elemento que sólo se encuentra en las obras mayores de la literatura moderna: la voluntad de construir una obra personal, un discurso único, incesantemente reproducido en el afán de enriquecerlo, de afinarlo, de individualizarlo en cuanto al estilo, hasta que el hombre que está detrás se convierta en su propio discurso y termine totalmente identificado con éste. Todas las fuerzas de su personalidad, conscientes o inconscientes, se reencuentran en una imagen obstinada del mundo, en un símbolo que tiene a universalizar su experiencia personal.

«Por todas estas razones, creo que un escritor, en nuestra sociedad, sea cual sea su nacionalidad, debe negarse a representar, en tanto escritor, cualquier tipo de interés ideológico, de dogma estético o político... Todo escritor debe fundar su propia estética -los dogmas y las determinaciones previas deben ser excluidas de su imagen del mundo. El escritor debe ser, de acuerdo a las palabras de Musil, un 'hombre sin cualidades', es decir, un hombre que no se contenta con ser un puñado de verdades adquiridas o dictadas por su entorno social, sino que, por el contrario, rechaza *a priori* toda determinación. Esto es válido para todo escritor, sea cual sea su nacionalidad...».[1]

Creo, pues, que, de acuerdo a lo expresado por Juan José Saer, el escritor latinoamericano es un escritor como los demás, un escritor cualquiera, escritor antes que nada: un hombre confrontado, no con la realidad de su premeditada elección, sino con la «espesa selva de lo real».

[*Barcarola* 25 (noviembre 1987): 101-104]

---

1.   Saer, J.J.: *Una literatura sin cualidades* (Arcane 17, París, 1985).

EL NARRADOR ORAL

Alfredo Bryce Echenique

En su monumental *Vida y opiniones del caballero Tristam Shandy*, Laurence Sterne afirma que la escritura no es más que otro nombre para la conversación. Sterne se refiere sin duda a la escritura en sus diversas manifestaciones artísticas, y no creo que nadie pueda decir que no tiene razón. La relación entre lo hablado y lo escrito puede ser muy profunda y puede también estar llena de influencias y de concesiones mutuas. Y la hoja de papel en la que un autor escribe las frases con que avanza su libro es, a la vez, depósito y filtro de sus esfuerzos por contarnos una historia que, de otra manera, podría perderse para siempre. Se escribe para ser leído y la mayor prueba de ello es el libro como resultado de ese esfuerzo. Ni siquiera el hecho de permanecer inédito un libro resulta convincente para probarnos lo contrario. No hay libro gratuito, por consiguiente. O, para decirlo con otras palabras, ninguna historia se escribe con total desinterés, prescindiendo por completo del afán mínimo de saberla leída y recordada.

Flaubert, que de todo esto sabía mucho, describía a los escritores como aves de rapiña o monstruos de egoísmo. Prescindían de todo para escribir un libro y al mismo tiempo se alimentaban de los errores y horrores humanos, aunque sin contaminarse jamás. Y así podíamos llegar a una diferenciación entre la moral pública y la moral del escritor, cuya identificación con la víctima y el verdugo, a diferencia de lo que normalmente debe ocurrir con un ciudadano común, está basada en la misma empática identificación con ambos.

Pero antes que la literatura escrita existió la literatura oral. Según Popper, pocos momentos han sido tan importantes y deslumbrantes para la sociedad ateniense, primero, y el mundo occidental todo, después, como aquel momento en que se mandó «imprimir», es decir, escribir, una Ilíada y una Odisea que andaban por ahí sueltas, en boca de unos cuantos aedas. Hasta aquel momento, por decirlo de alguna manera, aquellos dos tesoros del mundo helénico eran gratis. Eran literatura sin interés por ser recordada en un debido momento de su producción, y eran historias contadas, en cuanto tales, sin interés alguno que fuera más allá del momento de su narración.

A veces pienso que, al igual que la prostitución, la narración hablada puede ser considerada como la actividad más antigua de la humanidad, aunque con la enorme variante de su gratuidad. Puesto que lo que cuenta, al no ser registrado por la escritura, va a ser necesariamente olvidado o alterado hasta convertirse en otro relato, el narrador tiene algo de aquella prostituta que, contradiciendo la esencia misma de su oficio, se acuesta por amor, o, lo que en este caso excepcional viene a ser lo mismo, que realiza gratuitamente el acto sexual. Nada de esto impide, por supuesto, que pueda haber y haya narradores orales y escritores que cobren por hacer el amor.

Pero, sin alejarme mucho de la comparación que acabo de hacer, señalando al mismo tiempo diferencias esenciales, creo que, como ocurre a menudo en el caso de la prostitución, se puede caer en la narración oral por necesidad o por una suerte de atracción fatal. La vida está llena de maravillosos personajes que no pueden evitar contarnos una historia. Y que la cuentan a diestra y siniestra, con el placer y la ansiedad de la auténtica ninfomanía. Y la vida en Grecia está llena, todavía hoy, de descendientes de aedas. De ellos nos habla Henry Miller en uno de sus libros más hermosos: *El coloso de Maurussi*. Son hombres que se sientan de espaldas a un gigantesco o muy hermoso paisaje natural y se lanzan simple y llanamente a contar una historia sin principio ni final y sin importarles que el público haya llegado ya todo o esté empezando a irse.

Se habla de las prostitutas como de «perdidas». También se perdían los bardos y juglares del medioevo en las disgresiones que eran el alma de sus monólogos. Y también se pierden los narradores orales de hoy. Se pierden en salones y tabernas y se pierden para la literatura de su país o de su lengua. Y al caer ellos en la atracción fatal de contar historias en vez de escribirlas, al caer en el goce triste de lanzarlas a los cuatro vientos con el más grande desinterés, también nosotros los perdemos.

Muchos casos he conocido de escritores que han sucumbido totalmente a la fatal atracción de contar hablando. Como las prostitutas, no suelen gozar mientras hacen el amor. Y suelen beber copas y dejan la vida en ello y nada detestan más en el mundo que a la gente que los interrumpe con la misma trágica y estúpida pregunta de siempre: «¿Y por qué no escribes eso, si es genial?». Recuerdo a un inimitable narrador oral mexicano, sin duda, el mejor que he escuchado en mi vida, que antes de regalar a su público con una fabulosa y perfecta improvisación, o con variaciones sobre una anterior improvisación, solía anticiparse a cualquier impertinente interrupción: «Bueno -decía-, tal como tengo ya escrito en el tercer capítulo del libro que preparo...». Y se lanzaba a contar sin fijarse siquiera por dónde se le estaba yendo su historia.

Dos grandes escritores, mexicano uno y venezolano el otro, dejaron de publicar tantos años y se fueron lanzando hasta tal punto por los senderos de la narración oral, que no faltó quien decidiera otorgarles una hora diaria en un canal de televisión. Ahí hablaban. Simplemente contaban historias. Historias que muchas veces habían estado contando desde antes del programa y que seguirían contando después. Uno de ellos era amigo mío y recuerdo cómo lloraba a veces con la belleza de sus palabras o la emoción de sus historias. Se cansaba, se le pasaba la vida, se le iba la vida tan hablando, en este caso.

Y ahora pienso que hombres como él y como todos aquellos que nos cuentan una historia oralmente, sin principio ni final, sin querernos llevar a ninguna parte, son todo lo contrario del monstruo de egoísmo del que hablaba Flaubert. Son, por decirlo de alguna manera, aquella extraña mezcla de esclava de amor y prostituta redimida que conocemos como narrador oral y que algún día ganará el cielo.

[*Oiga*, Lima, 5 de febrero de 1990: 56-57]

II

HUERTO CERRADO, LA FELICIDAD, JA, JA, MAGDALENA PERUANA Y OTROS CUENTOS

BRYCE, UN NUEVO ESCRITOR PERUANO

Abelardo Oquendo

Huerto cerrado, el primer libro que publica Alfredo Bryce, alberga una familia de cuentos. Todos ellos -los doce que lo integran- tienen un personaje central que se llama Manolo. Protagonista o narrador, figura principal siempre, ese Manolo encarna, pese a algunos indicios que lo identifican de una a otra historia, más que un ser individual y vivo, un conjunto de experiencias comunes a adolescentes y jóvenes de la pequeña burguesía limeña, una materia vivida que oscila entre el amor y la orfandad como polos sentimentales del descubrimiento de la realidad que tiene lugar conforme se sobrepasa la infancia. Ordenadas cronológicamente (el autor alude en cada cuento a las edades de Manolo), las anécdotas de este libro sirven para ilustrar, a partir de los trece años, momentos claves de una etapa vital: el deterioro de la imagen del padre, la toma de conciencia de las diferencias de clase social y la aceptación de su injusticia, las heridas iniciales de la incomunicación, el extrañamiento interior respecto a la familia, las dulzuras del amor correspondido y las torturas de la separación, la primera experiencia prostibularia, la posesión inaugural de una mujer, el conocimiento de la mortalidad del amor y de la precariedad miserable de la vida.

Un solo cuento rompe la secuencia cronológica de las vivencias narradas: el que abre el libro. Ese primero también, como el cuento que lo cierra, quiebra la trivialidad general de las historias que protagoniza Manolo. Sin ser excepcional, éste es, en «Dos indios», un personaje singular que contrasta con los otros Manolos, pero que resulta inmediatamente conciliable con el penoso loco de la última historia, de «Extraña diversión». Por cierto, cabría interpretar como un mensaje en clave ese único desorden, y este súbito paso de la normalidad a la singularidad. Sería fácil encontrar en el abúlico Manolo que se limita a mirar desde un café de Roma cómo pasa la vida, un sentido en relación con sus experiencias anteriores; sería fácil interpretar «lo que quiere decir» tanto su brusco regreso al Perú tras hallar esos dos indios esperándolo en el fondo de su borrosa memoria, cuanto la locura que lo posee al volver; pero sería pobre. Está a la vista que hay una red de símbolos tejida intencionadamente en este libro; no parece que su interpretación, sin embargo, guarde riquezas mayores. En cambio, la desubicación del cuento inicial tiene eficacia literaria en cuanto sirve de referencia a los Manolos que van sucesivamente presentándose. Se establece así desde un principio, la unidad del conjunto como una suerte de biografía fragmentada de un sujeto conocido y se induce a buscarle una explicación o una causa en los fragmentos que suceden a su presentación. Ese cuento inicial actúa, pues, como un elemento modificador de los que le suceden. Al provocar interrogantes, ese cuento primero, igual que el último, hacen que el libro cuaje y reviva al final de su lectura y se revele como un todo. De aquí que no quepa, al juzgarlo, poner en distintos platillos los cuentos buenos y los malos. De hacer ese balance, el resultado sería negativo: contra dos buenos logros -»Con Jimmy, en Paracas» y «Yo soy el rey»- diez otros que van de lo mediano para abajo. Pero la apreciación global, contradictoriamente, es favorable: pese a su mediocridad promedio, *Huerto cerrado* es un libro capaz de recordarse, que de alguna manera deja una impresión, una huella; es decir, que de alguna manera accede a la eficacia literaria.

¿Qué tiene, pues, esta biografía parcial de un personaje diverso y uno para que la reunión de sus partes supere las deficiencias que hay en cada una de ellas? Aventurando una respuesta puede decirse que el libro, además de estructurarse con acierto como un conjunto unitario, encierra en él una visión del mundo que fluye interactivamente de una a otra de sus historias y las liga. Manolo, así, no compone a través de esas historias un ser precisable con nitidez; en ninguna de ellas, tampoco, escapa del todo a su condición de figura ilustrativa (los personajes que alternan a su lado acusan aún más este carácter: ellos no hacen la historia, es ésta la que los hace a ellos), pues Manolo existe sólo para convocar una serie de vivencias, para evocar un tiempo ya perdido, para revisar una etapa y efectuar su balance. Manolo es un nombre común que hace de centro en torno al cual un mundo se organiza para poder expresarse.

El mundo de *Huerto cerrado* es un pequeño mundo. El de los cuentos de Bryce es el mundo diario y corriente, chato y vulgar que vive la mayor parte de los hombres. La prosa en que se vierte espeja esa chatura y lo propio hace el tratamiento de los temas narrativos. Todo aquí se impregna de mediocridad, rehuye lo artístico así como el Manolo de Roma, desde que «alguien le dijo que tenía manos de artista», las guardó en sus bolsillos. Reconstruida con historias simples, la realidad no se duplica empero simplemente: se ofrece como una arquitectura de contradicciones que impugnan valores espurios que enajenan a los personajes y determinan para ellos frustración y vencimiento. Las cosas no son como debieran en la realidad de *Huerto cerrado*; hay una defraudación permanente, una continua discordancia: la navidad hace llorar a Manolo, va al burdel y no puede hacer el amor, está en Europa y vegeta, realiza un acto esforzado al vencer su debilidad y pedalear de Lima a Chaclacayo pero debe ocultarlo para no exponerse a la vergüenza, conquista a América y la entrega de su cuerpo que le hace esa muchacha no es un triunfo para él sino para la riqueza que fingió a fin de seducirla. Hay una ecisión entre Manolo y el mundo, una brecha que no trata de salvarse ni por la rebeldía ni por la aceptación de lo dado cabalmente asumidas. Manolo se traiciona, se evade: de niño, enamorado y sin esperanzas, decide matarse, sube al tejado para lanzarse al vacío pero ve que el ómnibus escolar está por partir y baja corriendo para no perderlo; a pesar de estar loco, controla por reloj la hora de volver a casa pues le preocupa que alguien pueda preocuparse por su tardanza. Ni el suicidio ni la plena locura, pues. La banalidad, lo irrisorio gobiernan la vida. Y es con la banalidad, con lo irrisorio con lo que Bryce ha querido hacer este libro de cuentos. Evidentemente, no es la mera anécdota contada lo que interesa al autor. No es el acontecer externo sino el suceso interior lo que tiene para él importancia en este libro. Aunque no se detenga al analizar el alma de sus personajes lo que moldea esa alma es lo que se propone transmitir, comunicar. Ocurre que nada que no sepamos nos dice; que no se coloca, para mostrar lo que importa, en ningún ángulo nuevo. Pero su mundo se siente verdadero, auténtico; es un lugar común donde el lector reconoce cosas y se encuentra. Y esto a pesar de que, generalmente, su tratamiento de la narración es desvitalizador y precario, no siempre libre de impertinencias y comentarios banales.

Como puede observarse, las referencias a los defectos de este libro resultan inseparables de las referencias a sus virtudes. Y es que el estilo coloquial, casi despreocupado, en que está escrito; el sencillo desarrollo de sus temas; la cortedad de sus aspiraciones, que lleva a suponer la deliberación de evitar todo asomo de trascendencia («El hombre, el cinema y el tranvía» expone una poética práctica de esta actitud), conducen a esa trampa. Para evitarla hay que tomar conciencia de que *Huerto cerrado*, despojado de casi todo lo que suele proponerse como mérito literario, imperfecto si se quiere o inmaduro, es un libro cuyas virtudes derivan de muchos de los que aparecen como defectos. Podría quizá decirse que por sus negaciones implícitas (la de la importancia o la originalidad de los temas o de su tratamiento, la de los malabares en boga del estilo o de la técnica, la del contenido social, etc.), éste de Alfredo Bryce es un libro que niega la literatura a la que aspira, no obstante, a integrarse. Pero desarrollar esta hipótesis no serviría, tal vez, sino para ofender la modestia con que Bryce hace su ingreso a las letras, modestia que aparece como consecuencia de una actitud y no de falta de aptitudes, caso en el que sería absurdo mencionar la modestia como un mérito. De las aptitudes del autor da fe «Con Jimmy, en Paracas», por ejemplo, donde la sutil riqueza de matices y la expresión de las vivencias interiores de Manolo se logran con la misma admirable economía de recursos con que la pintura del prostíbulo adquiere plasticidad y fuerza notables en «Yo soy el rey», otro cuento que confirma a Bryce como un narrador bien dotado.

Independientemente de lo que pueda preverse para su obra futura (una realidad literaria pobre hace a la crítica proclive a juzgar más en función de posibilidades que de logros efectivos), cabe afirmar que Alfredo Bryce posee una condición real de escritor, pues aunque *Huerto cerrado* sea un libro menor y poco importante, responde no al mero afán de ejercitar algunos dotes, sino a la perceptible necesidad de capturar la vida en una malla de palabras para hacerla inteligible o para hacer comunicable la percepción personal de la evasiva y enigmática sustancia que alimenta a los hechos. En medio de las falsificaciones y la confusión en que vivimos, decir que un escritor es en realidad un escritor tiene sentido, si bien indica sólo que los requisitos para trabajar con verdad están cumplidos.

[*Amaru* 11 (1969): 94]

SER Y PARECER EN EL NUEVO REALISMO: BRYCE ECHENIQUE O LA APOTEOSIS DE LA MEMORIA

Graciela Coulson

> *«... ese deseo atroz de ser el Otro».*
>
> *R. Girard*

Dos volúmenes de cuentos -*Huerto cerrado* y *La felicidad, ja, ja*-, y una novela -*Un mundo para Julius*[1]- ha publicado hasta ahora Alfredo Bryce. Considerada sólo en cuanto a la materia narrativa, la obra de Bryce (como la de otros peruanos de hoy, Ribeyro, Vargas Llosa, Urteaga Cabrera, Loayza, de los Ríos) se instaura de frente y sin coartadas en la realidad más inmediata y cotidiana, y representa un claro alejamiento de las dos grandes fuentes de la ficción hispanoamericana de los últimos años, la metafísica y la magia.

Sin abandonar las conquistas técnicas de los fundadores de la narrativa contemporánea, Bryce, respetuoso de las leyes de causalidad, evita invariablemente lo fantástico, lo maravilloso y el acto gratuito. Nada de lo que propone al lector atenta contra el racionalismo

---

1 *Huerto cerrado*, La Habana, Casa de las Américas, 1968, 205 p. *La felicidad, ja, ja*, Barcelona, Barral Editores, 1974, 212 p. «Muerte de Sevilla en Madrid», Lima, Mosca Azul Editores, 1972, 65 p. El volumen incluye también el cuento «Antes de la cita de los Linares». Tanto este cuento como «Muerte de Sevilla en Madrid» fueron incluidos en *La felicidad, ja, ja*. Las citas han sido tomadas de esta edición. *Un mundo para Julius*, Barcelona, Barral Editores, 1970, 591 p.

tradicional; todo se puede explicar sin desbordar las estructuras mentales del positivista más exigente. Lejos de aspirar a esa totalización que parecía ser la finalidad tácita o explícita de la novela hispanoamericana hasta hace pocos años, Bryce, menos ambicioso, limita su interés a la cara más concreta y verificable de lo real, la que muestra el individuo en relación consigo mismo y con la sociedad (con lo que prueba las posibilidades de la imaginación con respecto a cualquier materia narrativa, aún la más banal). Es por eso quizá que sus relatos se intuyen tan cercanos al realismo tradicional, a esa parte de la legalidad que reclama interpretaciones psicosociológicas. El mundo creado por Bryce se exterioriza y estructura según la fórmula del realismo novecentista -el confrontamiento de «las apariencias» con «la realidad de la verdad»[2]- en una serie de situaciones en las que la dialéctica del ser y parecer rige la conducta del individuo en la sociedad y en las que el enfoque del hablante es directo: si lo narrado es interior (sueños, imágenes, sensaciones) se manifiesta como tal; si lo contrario, vale por sí mismo y acepta una lectura literal. Se trata, pues, de un nuevo realismo que, apoyado tanto en la psicología como en las conquistas técnicas de las últimas décadas -monólogo interior directo e indirecto, superposición de escenas, découpage, tiempo interior, narración en segunda persona, cambios de foco narrativo sin explicitación, ambigüedad, etc.- rehúye las trampas del viejo realismo -el psicoanálisis detallado, la morosidad sentimental, las descripciones exhaustivas, las explicaciones obvias y minuciosas, el *horror vacui*, las emociones convencionales. Dueño, en cambio, de un toque de auténtico humor que no quita intensi-

---

2 Para una excelente definición del realismo en literatura, véase Ian Watt, «Realism and the Novel Form» en Robert Scholes (editor), *Approaches to the Novel*, San Francisco, California, Chandler Publishing Co., 1961, pp. 55-81. Entre los rasgos descriptivos del realismo Watt menciona los siguientes: «preoccupation with contemporary and... ephemeral reality», «primacy of individual experience», «plot... acted out by particular people in particular circumstances», «individualization of characters»,«thought processes within the individual consciousness». Las dos posibles definiciones son aplicables a la obra de Bryce: «the sum of literary techniques whereby the novel's imitation of human life follows the procedures adopted by philosophical realism in its attempt to ascertain and report the truth» (p. 78); «immediate imitation of individual experience set in its temporal and spacial environment» (p. 80). Véase también Cedomil Goic, *Historia de la novela hispanoamericana*, Valparaíso, Ediciones Universitarias, 1972, pp. 85-89.

dad al *pathos*, Bryce se sumerge en el pasado para extraer de él unas pocas situaciones bien seleccionadas que enmarcan lo que es significativo en su pequeño mundo: la memoria del individuo.

Tres de los cuentos -«Eisenhower y la Tiqui-tiqui-tín», «Pepi Monkey y la educación de su hermana» y «Baby Schiaffino»- y «Muerte de Sevilla en Madrid» constituyen parciales incursiones en «el tiempo perdido», miradas hacia atrás por un afán de autoconocimiento, procesos que se cierran cuando el personaje adquiere cierta conciencia de sí mismo y de su verdadera relación con el mundo. Un elemento común de la estructura de estas narraciones es la doble temporalidad en que todas se desarrollan y la superposición de los dos tiempos, el presente (tiempo cronométrico) y el pasado (tiempo interior). A partir de una situación límite -un borracho en un bar, un esquizofrénico al borde de un ataque, un hombre que espera a una mujer que no llegará nunca, un tímido frente a una ventana abierta al vacío- el protagonista inicia una marcha hacia el pasado, que revive con intensidad y del que surgen las causas de su enajenación. Los dos niveles del tiempo se funden pero no se confunden. Desde el presente narrativo, la coincidencia exacerbada por las circunstancias, ilumina el pasado. Se parte de un ahora para volver a él pero sólo después de haber ahondado en el ayer, pues el hombre se conoce y se revela por la memoria. Locke, hace notar Watt, ha definido la identidad personal como «an identity of consciousness through a duration in time»[3]: el hombre adquiere conciencia de lo que es (es decir, que es un *continuum* en el tiempo) al recordar lo que fue. En las narraciones de Bryce, la dimensión temporal es estructuradora de mundo y, por cierto, mucho más significativa que el nivel espacial. «Necesito estar lejos de lo que cuento», dijo en una entrevista.[4] Lejos en el tiempo. Y aunque no quiere sucumbir a las «trampas de la nostalgia», escribe relatos que no son sino formas artísticamente elaboradas de esa misma nostalgia.

---

3 I. Watt, op. cit., p. 67. La memoria tiene por tanto, un papel fundamental en la autoidentificación. Para confirmarlo, Watt cita a Hume: «Had we no memory, we never should have any notion of causation, nor consequently of that chain of causes and effects which constitute our self or person».

4 A. Bryce Echenique, «Necesito estar lejos de lo que cuento», *Textual*, Lima, No. 1 (Junio 1971), p. 5.

En los cuatro cuentos, recordarse es conocerse, pero el conocimiento lleva a descubrirse como ser escindido que se debate entre las apariencias y la realidad. La oposición entre lo aparente y lo real se manifiesta cuando el personaje fabula una existencia romantizada y la vive vicariamente. Por apocamiento, timidez, inseguridad, miedo a la vida, el protagonista comienza siempre por negar la realidad de su circunstancia social y pasa luego a refugiarse al lado de otro más fuerte para vivir en la imaginación o en el recuerdo. Las cuatro narraciones revelan una estructura semejante que involucra tres movimientos de los que el primero y el segundo pueden ser simultáneos:

1. La sospecha (explícita o no) de la propia pequeñez.

2. Un deseo de trascender por la imitación de modelos ejemplares («mediadores», según Girard[5]) y la creación de un autoengaño en el que se vive una vida prestada (la «mentira romántica»).

3. El reconocimiento del ser auténtico después de revivir el pasado en soledad; como resultado, la marginación del protagonista que termina por a) asumir la realidad conflictiva, b) convertirse en un alienado, c) suicidarse.

Se crea así, entre las dos caras del hombre, una fuerte tensión que el narrador consigue distender a ratos por medio del humor, pero la risa se convierte pronto en una mueca amarga, pues brota del contraste entre la precariedad del hombre y la audacia de sus sueños.

«Eisenhower y la Tiqui-tiqui-tín» es un monólogo interior de un borracho sentado a la mesa de un bar, un solitario que se dirige a un amigo ausente (el «gordo», el triunfador, «al que le fue bien»). Nadie lo escucha, si acaso verbaliza sus ideas. La soledad de este diálogo frustrado subraya la insignificancia, el ser-nadie del protagonista y hace más punzante, más patética, su aspiración a la respetabilidad. «Tienes que respetarme» es el irónico *leitmotiv* de quien ya

---

5 René Girard, *Mentira romántica y verdad novelesca*, Caracas, Ediciones de la Biblioteca Central de Venezuela, 1963, p.7.

ha perdido todo respeto por sí mismo aunque pueda todavía reconocer algunos valores verdaderos (ternura, humildad, compasión y respeto hacia el prójimo). El monólogo da cuenta de una parte de la vida del hablante, la que ha sido guiada no por una *imitatio Dei* sino por la servil imitación de otro hombre, y revela, como los otros relatos, que la elección de modelos espurios es una respuesta tergiversada al impulso mítico y mitificador que siente el ser humano. El hablante ha vivido una realidad aparencial tratando de hacer suyos los falsos valores de su modelo (oportunismo, falta de escrúpulos y de piedad, agresividad). Modelar la conducta en la del «God-do» significa negar la propia identidad y verse obligado a fingir otra, lo que hace que el personaje se escinda y se problematice agudamente. Por eso la referencia a Don Quijote (p. 11) no es gratuita, pero la ironía de la comparación es evidente: como él, el narrador ha tratado de conformar su vida según un modelo pero no de virtudes sino de canalladas. Durante la época de estudiante el desdoblamiento del narrador es total y el juego de las «Vidas Paralelas» (encuentro con supuestos dobles de personalidades internacionales) alude, más que a las víctimas de sus bromas, al protagonista, que también es un doble del otro, del «Gordo», y en quien conviven dos, el burlador y el burlado. La conciencia de que está viviendo una vida prestada, de que en el fondo él no es uno de los «triunfadores» (o victimarios), se agudiza gradualmente a medida que se producen una serie de fracasos: su incapacidad para hacer cumplir la ley de desalojo contra un antiguo compañero y la pérdida del empleo, su defensa de un pobre hombre (parecido a Eisenhower) que lo lleva a golpear al Gordo, su matrimonio con una «huachafita» de la que ambos se burlaban. El monólogo representa la culminación del proceso de autoconocimiento y es un claro desprenderse del rostro falso para asumir, a su pesar, el verdadero e ineludible, el que le fue dado al nacer, el rostro del hombre vencido. El protagonista es un «sentimental» que en el cotidiano conflicto del ser y parecer ha querido parecer fuerte para sobrevivir. Pero para esta adaptación se requiere «la picardía usual» (de la que él carece), y en un medio en que triunfa la injusticia (desalojos, salarios miserables, despidos infundados) el individuo con sentimientos fracasa. Termina el alcohólico monólogo como «un hombre equivocado que se tambalea hasta su casa» (p. 26), tan distante del mundo del éxito como de la satisfecha mediocridad a que aspiró, el mundo de flores de plástico que ahora su mujer rechaza, perdido ya «lo poco de respetabilidad» que le quedaba, prefiriendo que el Gordo «se tire» a Carmen antes que continúen los préstamos. Pero el deterioro no ha sido completo. Aunque la vida sin sentido resulta en la marginación del individuo, éste ha logrado por lo menos dos cosas: ha evitado encanallarse y ha descubierto quién es.

La alienación del hablante alcanza dimensiones patológicas en «Pepi Monkey y la educación de su hermana», un monólogo en primera persona en el que, alternando la alegría y el terror, se conjuran memorias de infancia. Esta se ha desarrollado en un «allí» insólito, y el «salón del piano», un ambiente fuera del tiempo, de falsa superioridad, regido por una caricaturesca abuela (epítome exacerbado de la clase alta) en estrecha alianza con la institutriz inglesa (representante del poder extranjero). La abuela adolece de todas las manías y pretensiones de su clase: falso nacionalismo, desprecio racial, odio a Chile, reverencia por lo superficial, aspiraciones absurdas. Con orgullo lleva su máscara: sabe, por ejemplo, que el abuelo ha sido «vago, traidor, bígamo» (p. 55), pero sólo en el sueño lo revela. Mama Joaquina, la criada negra, representa «la realidad de verdad» pero desaparece casi tras la fuerza combinada de la oligarca y la extranjera, aunque los niños quisieran escucharla. Es el verdadero Perú, pero «no habla», aunque «quiere enseñarnos algo», «quiere llevarnos a la calle» (p. 55). Pepi confía en que un día «no va a poder más y va a hablar» permitiendo que la verdad salga a la superficie. En ella lucha por manifestarse el país «invisible». La que impone los paradigmas es la abuela: la niña, Tati, está destinada, por la virtud de sus cabellos de oro, a convertirse en una reina de cuentos de hada; Pepi debe aprender esgrima para llegar a ser un héroe comparable al supuestamente heroico abuelo. En el niño aprensivo y sensible esto constituye una amenaza: «Era tan feliz y ahora tengo tanto miedo. Luchar, yo. Sangre yo» (p. 54). El salón del piano es sin duda el paraíso perdido de la infancia pero aún en el paraíso aflora continuamente el mal bajo la forma del terror, que es miedo a la vida (por incapacidad para enfrentarse con ella) y miedo a los sueños. La pesadilla del narrador -«caer destrozándome entre pizarras que se quiebran al golpearme salvajemente» (p. 49)- refleja quizá el sentimiento de culpa que le produce su amor por Tati. Ni Tati elegirá su príncipe ni Pepi su destino heroico. Los modelos, impuestos desde afuera, no constituyen objetos de la desideración sino fantasmas amenazantes. En los sentimientos incestuosos de Pepi se resume y refleja el sofocante ambiente espiritual en que se mueve la familia. La escena del baile representa el abrupto enfrentamiento con la realidad, la destrucción del paraíso, el fracaso y la muerte de la abuela y, para el narrador, el descenso al abismo de la locura. La revelación, sin embargo, llega a Tati, que se descubre a sí misma y que acepta el auténtico rostro, el de «un ser común y corriente» (p. 58).

Los personajes de Bryce han aprendido a interponer la barrera del lenguaje (frases hechas, palabras aleatorias) entre ellos y las circunstancias adversas. En «Nós tres», por ejemplo, la frase clave es : «todo parece que no soportará este invierno»; en «Eisenhower», «tiene que respetarme» (para el narrador) y «alternar» (para la mujer de clase baja). En «Baby Schiaffino» se necesitan tres -«toda clase de satisfacciones», «gran capacidad» y «brillante carrera»- para cubrir la sospecha del propio fracaso. Son las palabras de un optimista forzado que durante años se niega a aceptar los golpes como tales. La conversación durante el desayuno (en la que se insiste), el trabajo en la embajada, «contar una mentira alegre y sentir la alegría de la verdad» (p. 87), en suma, la continua actividad verbal («¡Cómo habías aprendido a hablar!» p. 82) sirven para ocultar «una serie de derrotas». Cuando la verdad va a revelarse, él la detiene («bloqueó una idea... bloqueó otra idea», p. 76). Las sospechas aparecen como reticencias («Bueno, claro, eso... , p. 77), pero las acalla el cliché verbal fundado en una imaginación enriquecida por el cine norteamericano. Las tres frases tienen desde el principio un giro irónico que aumenta hasta el sarcasmo en el curso del relato. Durante años, el objeto de desideración ha sido el amor de Baby. Durante años, Taquito se ha autoengañado soñando despierto, creyendo que lo conseguiría. Los modelos que elige y que imita servilmente durante la adolescencia son sus compañeros de colegio, pero más tarde los reemplaza con figuras del cine y del toreo («... y sentía en lo más profundo de su corazón que estaba igualito a Sinatra cantando Island of Capri», p. 104). Cuando sus tentativas de confesar su amor a Baby fracasan, asume un nuevo papel, el de «hombre de mundo», «solterón inconquistable», «medio playboy» (p. 108). Pero no es el único imitador. Baby misma es «pura pose» y «el peor cine mexicano parecía haberse apoderado del alma de Calín» (p. 94). Sin embargo, es

Taquito quien lleva más lejos la ficción y es él «el mayor embaucado en aquel oscuro negocio de su carácter que con el tiempo se iba transformando en su 'gran capacidad'» (p. 87). El cliché deportivo aplicado a Taquito, «gran capacidad de asimilación» debe entenderse en dos sentidos: tanto soportar los golpes y convertirlos en triunfos por medio de la imaginación, como habilidad de parecerse a otro, especie de mimetismo para transformar en aparentes triunfos los constantes fracasos. El relato, en tercera persona a modo de monólogo interior indirecto, es el examen de conciencia de un diplomático joven y aparentemente exitoso. El mayor recurso en el contraste entre la realidad y las apariencias lo constituyen el tono narrativo que, como en «Muerte de Sevilla en Madrid», es muy fuertemente irónico. En el relato alterna el optimismo engañador con ocasionales destellos de verdad; el paso de una actitud a otra se indica por medio de frecuentes disyunciones («pero»). Todo el cuento, todo el influjo del pensamiento, se balancea entre lo positivo (lo imaginado) y lo negativo (vislumbres de una realidad que pugna por mostrarse). Al final, el acceso a la verdad es abrupto y se produce cuando su imaginación, confundiendo Buenos Aires y Lima, le anuncia la inminente llegada de Baby: «nunca salí con Baby Schiaffino... Yo salía al lado de Baby Schiaffino...» (p. 112), sollozó Taquito. Pero el autorreconocimiento es temporario y pronto vuelven a triunfar las apariencias. La copa servida para la lejana Baby pasa por una atención hacia la esposa y él continúa siendo el feliz poseedor de esa «gran capacidad».

«Muerte de Sevilla en Madrid» se desvía un tanto del esquema de los otros cuentos: más que en la proyección desiderativa, el protagonista vive en el recuerdo. Su marginación, como la de Pepi Monkey, es extrema. El «mediador» es el futbolista muerto, Salvador Escalante, en quien Sevilla proyecta una vida no coartada por las limitaciones normales. Simbólica y literalmente el héroe admirado representa el «lugar en el Sol», ya que se lo identifica con «los espacios abiertos donde el sol cae y calienta agradablemente» (p. 14), Huancayo. Sin embargo, en la imaginación del protagonista, el «mediador» ocupa un lugar tan elevado que el motivo de la imitación no aparece sino una sola vez, en el momento de triunfo y plenitud de Sevilla, cuando, siguiendo a Escalante, consigue entrar al cine sin pagar. Sevilla es, posiblemente, el caso más intenso de autoanulación que conocen las letras hispanoamericanas. Varios vencidos, apocados, indecisos y cobardes hay en las obras de Bryce, pero ninguno lo es tanto como éste. Si el título se entiende como una vuelta irónica, es evidente que Sevilla no muere en Madrid porque ya está muerto en Lima. Desde la niñez, el personaje ha renunciado a vivir su vida; la renuncia se ha hecho no en nombre de un paradigma imitable que proponga un tipo de conducta, sino en nombre de un recuerdo tergiversado (la supuesta amistad con el «ídolo») que devalúa todo el presente y anula el porvenir. El modelo, por consiguiente, no propicia una forma de conducta sino de inacción, un quietismo de robot. Vivir en otro, reconstruirse en otro, es un acto admirable, es un santo por la excelencia del modelo, porque el Otro es Dios. En Sevilla, en cambio, la transferencia de la admiración resulta un acto servil, idólatra, patológico. Además, desde niño posee el don de provocar el rechazo más violento en quienes lo rodean. En una escena quevedesca, sus compañeros, «entre los cuales no tenía un solo amigo» (p. 13), lo humillan como los estudiantes de Salamanca al Buscón: «le llovieron escupitajos disparados entre carcajadas» (p. 10). El se defiende negando totalmente la realidad, pero es presumible que la última noche en Madrid, frente al balcón abierto, en el curso de esa imitación que el narrador, oportuna y discretamente, pasa por alto, Sevilla se diera cuenta de que no podía continuar viviendo con los ojos cerrados y vueltos hacia adentro. El narrador hace notar que las palabras «no son las mismas con el transcurso del tiempo» pero el relato prueba que lo que cambia es la realidad que las palabras encubren. Así, el salto desde el balcón en Madrid es un vuelo en el que Sevilla se imita a sí mismo, al niño que en Huancayo «voló» sobre las tres cholitas del cine. En el segundo «vuelo» el narrador reproduce el mismo párrafo porque Sevilla está reviviendo ese momento de triunfo. Entonces las mismas palabras se cargan de sentido trágico: en efecto, Escalante lo espera en un hipotético más allá y el momento más feliz de la vida resulta ser el del suicidio. El texto está cargado de disonancias que se generan al confrontar la palabra coloquial, cotidiana y cómica (y a veces la coprolalia), con el contexto patético. La lengua hablada, reproducida con habilidad, elimina del contexto toda connotación melodramática

---

6 Ibid., pp. 47, 49 y 63.

sin disminuir el *pathos*, que no resulta menos intenso por darse en forma cómica. Pero el triunfo del relato reside en el «tono narrativo», en ese ángulo ligeramente oblicuo y ambiguo del que la relata, un narrador divertido, irónico, tolerante, sorprendido por la desaforada actuación de sus personajes y a la vez lo bastante distanciado como para gozar de sus peripecias, capaz de conmover al lector en medio de la risa, maestro en el uso de recursos retóricos (reiteración, diminutivos, anticlímax, zeugma) y dueño de una gracia bien aprendida de Cervantes y Quevedo y no por eso menos suya.

Resumiendo. En tres de los cuatro relatos, conocerse a sí mismo lleva a los personajes respectivos al alcoholismo, la locura y la muerte. En el cuarto, el personaje puede continuar su existencia cotidiana pero a condición de volver a caer, tras haber confesado su derrota, en el fácil e injustificado optimismo que cubre con agradables apariencias la oscura verdad. La creación e imitación de falsos héroes podría quizá interpretarse como una forma desagradable del impulso trascendente, una imitación burda y despistada de una innata tendencia ascensional, de lo que Girard llama «deseo metafísico» o «enfermedad ontológica». Refiriéndose a obras de los siglos XVII y XIX, Girard pudo concluir que «a medida que el cielo se va despoblando, lo sagrado refluye sobre la tierra» y que los hombres «escogen dioses de repuesto porque no pueden renunciar al infinito».[6] Pero la conducta de los personajes de Bryce refleja sobre todo el mal de la época: la inseguridad del individuo, la desorientación resultante de la pérdida de un sistema de valores y de la vertiginosa rapidez con que se transforma el mundo actual. Desprovistos de códigos y modelos ejemplares y, sin embargo, obligados a elegir o a hacerse un camino, muchos son los que, renunciando a esa responsabilidad, hoy prefieren repetir los gestos de un paradigma arbitrario, precisamente porque han perdido toda noción de auténtica trascendencia, toda pauta de lo sagrado.

[*El Urogallo* 35:6 (1975): 95-101]

VALORACIÓN DE ALFREDO BRYCE

Ricardo González Vigil
Pontificia Universidad Católica del Perú

La lectura del nuevo libro de Alfredo Bryce Echenique, titulado *Magdalena peruana y otros cuentos* nos ofrece una ocasión más para apreciar su talento desusado.

Definitivamente, nos ubicamos entre los que juzgan a Bryce el más grande narrador peruano surgido en el «marco generacional» de fines de los años 60 (con una fecha privilegiada en acontecimientos políticos y editoriales: 1968). Y, en esa condición, uno de los mejores autores hispanoamericanos posteriores al «boom».

Lo acreditan como tal sus méritos de novelista, sobresalientes ya en *Un mundo para Julius* (1970), disminuidos alarmantemente en *Tantas veces Pedro* (1977), desplegados con enorme creatividad en *Cuaderno de navegación en un sillón Voltaire*, díptico integrado por *La vida exagerada de Martín Romaña* (1981) y *El hombre que hablaba de Octavia de Cádiz* (1985). De hecho, luego de nuestros mayores novelistas (en orden cronológico: Alegría, Arguedas y Vargas Llosa) no dudamos en situar a Bryce, antes que al cada vez más reconocido -lo cual nos place, aclaramos, aunque intervengan más consideraciones ideológicas que estéticas en esta valoración- Manuel Scorza, o cualquier otro novelista peruano de interés.

Y lo acreditan también sus dotes de cuentista, ampliamente demostradas en *Huerto cerrado* (1968), *La felicidad, ja, ja* (1974) y, ahora, *Magdalena peruana y otros cuentos*. Tal vez porque resulta mayor el número de cuentistas peruanos dignos de consideración (y hallamos varios pertenecientes al marco generacional de fines del 60, como mostramos en nuestra antología *El cuento peruano 1968-1974*) que el de novelistas, suele olvidarse el aporte de Bryce en el relato corto, siendo éste superior (visto como conjunto, porque en sus cuentos mejores Arguedas nos deslumbra más, y Alegría y Vargas Llosa poseen dos o tres de poderosa factura) que el de los otros novelistas peruanos descollantes.

Hacemos hincapié en la talla de Bryce, porque en nuestro medio han sido difundidas varias opiniones adversas a sus novelas recientes, como si lo único valioso de Bryce fuera *Un mundo para Julius* y algunos cuentos de *Huerto cerrado* y *La felicidad, ja, ja*.

Se impone una revisión ponderada, un balance de la cuestión. Por un lado, tenemos las objeciones ideológicas, esgrimidas ya cuando el gran éxito de *Un mundo para Julius*. Puede consultarse el libro de Alejandro Losada *Creación y praxis*, que en 1976, a contrapelo de la valoración imperante (favorable a Bryce, contraria a Scorza), se apoya en una óptica ideológica para «frivolizar» la narrativa burguesa de Bryce y magnificar el proyecto «épico» y revolucionario de Scorza.

Las propias declaraciones y entrevistas de Bryce, y el inteligente artículo de Grazia Sanguineti de Ferrero (en 1982, en *Revista de la Universidad Católica*) prueban cómo la obra de Bryce retrata críticamente a la alta burguesía, cómo el corazón del autor no puede estar si no en la izquierda. Es decir: Bryce es un burgués por su extracción social, el que mejor conoce en nuestras letras las altas esferas sociales; pero padece «marginalidad» frente a la burguesía (también a la aristocracia europea) y a los «revolucionarios de café», como señalamos al comentar *La vida exagerada de Martín Romaña* y *El hombre que hablaba de Octavia de Cádiz*.

La agudeza crítica de Bryce frente a «todas las barreras culturales, raciales, estúpidas, imbéciles» (p. 41) puede constatarse en varias narraciones de *Magdalena peruana*, en especial, «Anorexia y tijerita», donde dinamita el estereotipo sobre la clase «ínfima»; '«En ausencia de los dioses», donde condena la segregación racial; «Una carta a Martín Romaña», donde ridiculiza la política nacional; «El Papa Guido Sin Número», donde consagra la rebelión desestabilizadora de los valores que educan para «un brillante porvenir»; y «Una tajada de vida», donde constata el desprecio francés al latinoamericano afín al que el burgués limeño dedica al «auquénido» serrano.

Por otro lado, tenemos las objeciones artísticas, las que señalan los defectos estilísticos de Bryce: falta de contención expresiva que lo hace prolongar inútilmente la situación narrativa, y crear en una prosa desatada hasta el desaliño; repetición continua de las mismas palabras, frases e imágenes; en fin, verbalismo que vacía de expresividad su lenguaje, y resta fuerza fictiva a las situaciones «exageradas» que va urdiendo.

Ya algunos criticaron la prolongación desmesurada de la parte final de *Un mundo para Julius*. Pero, fue José Miguel Oviedo quien, reseñando *La felicidad, ja, ja*, consigna por primera vez con nitidez el riesgo de la «facilidad» en el estilo improvisado, fluido, desatado de Bryce.

La verdad es que *Tantas veces Pedro* justifica el alerta lanzado por Oviedo, pero no las novelas siguientes (aunque así lo estimen Abelardo Oquendo y otros comentaristas, en oposición a la gran acogida que estas novelas han tenido en España y en diversos países hispanoamericanos) y *Magdalena peruana*.

No pretendemos negar las deficiencias formales de la prosa de Bryce, ni ocultar que *Tantas veces Pedro* y algunos cuentos de *La felicidad, ja, ja* y *Magdalena peruana* no consiguen cuajar a cabalidad. Con más lucidez que sus detractores, el propio Bryce ha confesado varias veces su gula y lujuria verbales, su falta de rigor y control; véase al respecto su excelente artículo sobre el artífice impecable Vargas Llosa, «Retrato del artista por un adolescente».

Sin embargo, debemos considerar lo siguiente:

1- Hay otra cualidad literaria tan importante o más que la perfección verbal, y Bryce la posee en grado apreciable, compensando su desaliño formal. Esa cualidad consiste en el don de crear personajes y tramas que simbolizan aspectos fundamentales de una sociedad y una época, y aún de la condición humana en general.

Vale la pena recordar cómo Hemingway (partidario de la «economía» formal y el esmero artístico) quedaba estupefacto ante el genial Dostoievski: «No acabo de entenderlo. ¿Cómo puede escribir tan mal, tan increíblemente mal, y hacernos sentir tan hondamente?» (*París era una fiesta*). Por esa ruta el reputado crítico Edmund Wilson (admirador del «estilo» de Hemingway) llegó a la aberración de no gustar de Kafka.

Borges entendió muy bien el problema: el genial argentino, encarnando como pocos en nuestro siglo el virtuosismo artístico, apreciaba el don de acuñar símbolos universales. Entre la perfección de Quevedo y la hondura simbólica del *Quijote* (obra a la que, afirma, se le pueden suprimir o corregir pasajes diversos), escogía a Cervantes. Claro, el ideal literario residiría en unir ambas cosas, como lo hace Dante en *La divina comedia*.

2- En el caso de los cuentos de *Magdalena peruana* Bryce ha sabido sacar partido artístico de su complacencia en la repetición de palabras, frases e imágenes. En esto radica, a nuestro juicio, la mayor contribución de *Magdalena peruana*, ya que siempre (desde *Huerto cerrado*) Bryce poseyó un universo propio en lo relativo a temas, personajes, cosmovisión; pero ahora nos encontramos ante una manera «bryceana» de resolver la armazón narrativa, manera que se perfilaba en sus narraciones anteriores, y que ha madurado en *Magdalena peruana*, especialmente en los logrados cuentos «Anorexia y tijerita», «El Papa Guido Sin Número», «A veces te quiero mucho siempre» y «Apples».

Llamamos *manera bryceana* al diseño pautado por frases e imágenes que se repiten, erigiendo un orbe verbal de gran solidez concéntrica y coherencia interna. Nótese que esa armazón rige en la poesía (la destaca Roman Jakobson), el discurso onírico y el habla obsesiva de apasionados, ebrios o dementes. Y algo de todas estas vetas nutre la prosa exagerada de Bryce.

Apostilla proustiana: El «loco marcelprousteo» de Martín Romaña desencadenó una memoriable variante del «lado Swann» (la Inés progresista y luego burguesa podrida de *La vida exagerada de Martín Romaña*) y el «lado Guermantes» (la Octavia aristocrática de *El hombre que hablaba de Octavia de Cádiz*). Esta vez, la «fijación proustiana» de Bryce (alimentada desde su niñez, por su madre) lo lleva a citar a Proust -acierto grande- en el texto que caracteriza su vocación: «mi propia creación literaria de mi vida». Lamentablemente lo conduce también a una grotesca variante del olor de la Magdalena inmortalizada por Proust; ahí cabe el dicho -tan desagradable por prejuicioso- según el cual no es lo mismo un desnudo griego que un cholo calato. (Compárese con el acierto de la variante de Lezama Lima en *Paradiso*).

[«Suplemento Dominical» de *El Comercio*, Lima, 14 de diciembre de 1986: 19]

LOS CUENTOS DE ALFREDO BRYCE ECHENIQUE

César Ferreira
University of North Texas

Aunque la obra de Alfredo Bryce Echenique ha alcanzado un merecido sitial en la literatura latinoamericana reciente gracias a su importante producción novelística, no menos cierto es que el escritor peruano también ha sido un asiduo cultivador del cuento. De ello dan fe tres volúmenes de relatos, *Huerto cerrado* (1968), *La felicidad, ja, ja* (1974) -éstos dos reunidos bajo el título de *Cuentos completos* (1981)[1]-, y *Magdalena peruana y otros cuentos* (1986), respectivamente. Toda esta producción cuentística constituye un importante punto de referencia para confirmar la elaboración de una voz narrativa y un mundo ficcional propios, plasmados en su quehacer novelístico. Es, pues, a partir de todo el corpus narrativo que constituye la obra bryceana que conviene revisar los tres volúmenes de relatos antes mencionados.

El arribo de Bryce a París en 1964 fue un hecho central para el desarrollo de su conciencia narrativa.[2] Desde su exilio en la capital francesa, el escritor analizará su infancia y juventud limeñas. De

---

1 Todas las citas de esos dos libros en este estudio provienen de esa edición. Sin embargo, por razones bibliográficas incluyo también las referencias de las primeras ediciones de Huerto cerrado y La felicidad, ja, ja.

2 Léanse al respecto sus artículos «La corta vida feliz de Alfredo Bryce» y «El camino es así», recogidos en el volumen *Permiso para vivir (antimemorias)*.

ello surgirán tres temas importantes en su obra: de un lado, el tránsito de la niñez a la vida adulta y la decadencia de la clase alta, dos temas magistralmente explorados en la novela *Un mundo para Julius* (1970) y, de otro, el cuestionamiento de la identidad cultural latinoamericana como producto de la experiencia del exilio europeo, asunto que ocupará sus cuatro novelas siguientes, *Tantas veces Pedro* (1977), el díptico que comprende *La vida exagerada de Martín Romaña* (1981) y *El hombre que hablaba de Octavia de Cádiz* (1985), así como su novela más reciente *La última mudanza de Felipe Carrillo* (1988).

El inevitable paso del tiempo nos permite el privilegio de leer la obra de todo escritor de forma retrospectiva y ver los distintos caminos que ha explorado el artista hasta alcanzar su madurez expresiva. En ese sentido, son útiles las palabras de Roberto González Echevarría cuando al discutir el primer cuento de Severo Sarduy, comenta:

> Es curioso notar cómo conviven en un mismo escritor, en un mismo momento de su carrera, las tendencias más diversas y hasta contrarias. Y no menos curioso resulta leer la obra más temprana de un escritor y descubrir allí lo que parecen ser premoniciones muy específicas de lo que será su obra madura. No me refiero a la calidad de ésta, sino a estructuras, giros, personajes y obsesiones, que sugieren la presencia de un hilo continuo, que se pega obstinadamente a las suelas del escritor, por muy lejos que le lleven sus pasos. (123)

La reflexión del crítico cubano es muy válida para la obra de Bryce. Una revisión retrospectiva de su obra nos permite señalar una serie de obsesiones literarias que más tarde reaparecerán en su novelística, pero que ya figuran de manera incipiente en un volumen como *Huerto cerrado*.[3] Los doce relatos que componen el libro es-

---

3 Sobre *Huerto cerrado* véanse las reseñas de Escajadillo, Oquendo y Allen, que dan cuenta de los inicios literarios del escritor. Para un análisis más extenso del libro véase la tesis de Valerie Hegstrom Oakey. Consúltese la bibliografía general.

tán concebidas a partir de una influencia que para ese entonces es central para el joven escritor: la obra de Ernest Hemingway. En *Huerto cerrado*, Bryce toma prestada la figura del personaje de Nick Adams de *In Our Time* (1925) y pone a funcionar en sus relatos a su homólogo peruano, un «Nick Adams criollo» llamado Manolo. A semejanza del protagonista hemingwayano, Manolo es un personaje de identidades y aventuras múltiples que vive una serie de experiencias iniciáticas comunes a la niñez y adolescencia de la alta burguesía peruana. Experiencias como el aprendizaje sentimental y la declaración amorosa en «El descubrimiento de América» y «Una mano en las cuerdas» (éste último un primer ensayo del estilo autobiográfico, que predominará en la obra novelística posterior del autor); la primera incursión en el espacio prohibido del burdel en «Yo soy el rey»; o la toma de conciencia de las diferencias de clase en «Su mejor negocio». El mundo del colegio será un cosmos recurrente en estos cuentos, donde sus protagonistas se debatirán entre la audacia individual y la tímida rebeldía para enfrentar el mundo externo, como en «El camino es así» y «Un amigo de cuarenta y cuatro años». Como en todo libro de héroes juveniles, las varias experiencias iniciáticas tienen como protagonistas a personajes emocional y sentimentalmente frágiles, que observan el mundo adulto a partir de la inocencia, la curiosidad y la duda, como en el cuento «La madre, el hijo y el pintor», cuando no viven abatidos por la inseguridad y la soledad, como el Manolo de «Las notas que duermen en las cuerdas». Así, el ingreso obligado al mundo adulto y la consecuente adquisición de una nueva identidad personal nunca están exentos de experiencias dolorosas y traumatizantes como en la ficción de Hemingway. Pero no es solamente ese modelo temático el que Bryce toma prestado del autor norteamericano; también explora la aventura iniciática de sus protagonistas imitando con destreza el diálogo hemingwayano y su técnica del «iceberg». Tal es el caso, por ejemplo, de los relatos «El hombre, el cinema y el tranvía» y «Dos indios».

Pero si en *Huerto cerrado* Bryce le rinde tributo a sus lecturas juveniles de Hemingway, esta primera serie de relatos también representa para el autor peruano el hallazgo de una identidad psicológica distintiva para sus criaturas ficcionales y, lo que es más importante aún, la capacidad para expresar las complejidades de esa identidad dentro de un estilo propio para narrar. Tal hallazgo se da, concretamente, en el cuento «Con Jimmy, en Paracas» y tiene como catalizador personal para Bryce el descubrimiento de la obra de Julio Cortázar. Así describe el escritor el hallazgo de una escritura más propia:

> El buen resultado de haber conocido a Cortázar es el haber descubierto a un hombre que escribía como le daba la gana, que había roto con una serie de tabúes, que había destrozado la gramática, que tenía una batalla permanente y tremenda por extender las posibilidades de la palabra como un elástico. Entonces, al darme cuenta de esto, siento como un huracán que hace que me siente a la máquina de escribir y escriba «Con Jimmy, en Paracas», cuento que me tomó exactamente lo que toma escribir con dos dedos tantas páginas y en que el que no pude corregir, no quise corregir. Allí estaba pues el puente de la aceptación de la sensibilidad de uno, de la manera de ser de uno, de las posibilidades y limitaciones de uno como escritor, lo que me lleva a la creación de *Un mundo para Julius*. Es el salto de un estilo atado de manos a un estilo desatado de manos. (Niño de Guzmán, «Bryce por él mismo» 73)

Esa libertad para narrar, ese «escribir como le daba la gana» que Bryce descubre y hace suya gracias a Cortázar salta a la vista cuando se compara el resto de los cuentos de *Huerto cerrado* con éste de «Con Jimmy, en Paracas», el último texto que escribió para el volumen.[4] «Con Jimmy, en Paracas» narra el viaje de Manolo, un muchacho de trece años, al balneario de Paracas al sur de Lima du-

---

4 El cuento se publicó por primera vez en *Amaru* 4 (octubre-diciembre 1967). Véase al respecto el texto de Liliana Checa. A los doce textos que componen *Huerto cerrado* deben añadirse dos cuentos pertenecientes a la misma época, y de temática similar. Se trata de los relatos «Feliz viaje, hermano Antonio» y «Una extraña manera de decir las cosas» que fueron excluidos del volumen por el autor para incluir, en cambio, «Con Jimmy, en Paracas». Más tarde, ese conjunto de relatos recibió una mención honrosa en el concurso Casa de las Américas de Cuba en 1968 y se publicó ese mismo año en La Habana. Los cuentos inéditos fueron publicados a fines de la década pasada en España. Véase la bibliografía general.

rante un fin de semana. El protagonista acompaña a su padre, el fiel y servil empleado de una compañía limeña, en un viaje de negocios. La trama del relato se centra en dos hechos fundamentales: de un lado, en la destrucción por parte del niño de la figura de autoridad paternal, una suerte de parricidio simbólico que marca su paso de la niñez a la adolescencia y, de otro, en el encuentro y el enfrentamiento psicológico de Manolo con Jimmy, su compañero de colegio e hijo de un rico terrateniente de la región, cuyo padre es, además, jefe del padre de Manolo. A través de Jimmy, el protagonista descubre la jerarquía socio-económica que los separa, descubrimiento que le crea una inmensa inseguridad y le revela el verdadero carácter sumiso de su padre.

Con una voz reminiscente de las mejores páginas de *The Catcher in the Rye* (1951) de J. D. Salinger, el relato privilegia a un «yo» protagónico cuya voz y cuya óptica controlan todos los datos de la narración. Es éste un narrador cuya identidad continuamente se desdobla entre la de un narrador-niño y un narrador-adulto, y cuyo contar oscila con facilidad entre el pasado de los hechos y el presente de la narración. De esta manera, el ejercicio memorioso que la escritura ilustra poco a poco va revelando las profundas cicatrices emocionales que la infancia ha dejado en el protagonista.

En muchos sentidos, «Con Jimmy, en Paracas» es una prefiguración estilística y temática de todo el mundo ficcional de Bryce. El «yo» autobiográfico del relato anuncia al memorioso narrador de *La vida exagerada de Martín Romaña*. Manolo es un narrador que anuncia también la oralidad del estilo bryceano, en franca intimidad con el lector. Pero además, tanto el narrador-niño como el narrador-adulto ilustran la figura de un ser permanentemente atormentado por su incapacidad para situarse en el mundo. Y es que en «Con Jimmy, en Paracas» Bryce ya pone en marcha a su personje arquetípico: un personaje antiheroico y lleno de temores ante el mundo que, como Manolo, es un ser psicológicamente fragmentado, incapaz de combatir la crueldad con la cual lo castiga el mundo que lo rodea. El estilo conversacional de la narración ilustra las contradicciones psicológicas que le produce su acto de memoria, una marcada característica de la prosa novelística del autor. Paradójicamente, sin embargo, esa misma marginalidad y fragilidad emocional que el personaje expresa son también las que le permiten observar su pasado con más lucidez. Como ocurre con la inmensa mayoría de las criaturas bryceanas, esa mirada crítica sobre el pasado despierta en ellos experiencias dolorosas que han dejado cicactrices, pero, en defintiva, supone una mirada ante el mundo con nuevos ojos y una nueva sabiduría personal.

Tras el éxito de *Un mundo para Julius* (1970), brillante retrato de la decadencia de la clase alta peruana, Bryce publica su segundo libro de relatos titulado *La felicidad, ja, ja.*[5] Los cuentos impresionan por la mayor complejidad psicológica de sus personajes. El escritor insiste en el tema de la decadencia de la clase alta y el epígrafe que abre el volumen, perteneciente a F. Scott Fitzgerald marca el tono de esa decadencia: «I only wanted absolute quiet to think out why I had developed a sad attitude towards sadness, a melancholic attitude towards melancholy, and a tragic attitude towards tragedy-why I had become identified with the objects of my horror or compassion» (135). En efecto, en textos como «Eisenhower y la Tiqui-tiqui-tín», «Baby Schiaffino» o «Pepi Monkey y la educación de su hermana» los personajes de Bryce, todos pertenecientes a la clase alta limeña, viven sumidos en la melancolía y la nostalgia por un pasado que siempre prometió un futuro de esplendor que nunca arribó. Ante ese fracaso, su único refugio está en el terreno de los recuerdos, tras la decadencia que soportan en su vida adulta. Así, infancia y vida adulta vuelven a aparecer, al igual que «Con Jimmy, en Paracas», como tiempos yuxtapuestos en la conciencia de estas criaturas ficcionales.

Si en la repetida exploración del mundo de la clase alta encontramos un primer patrón temático en la obra bryceana, en otro puñado de cuentos de *La felicidad, ja, ja* Bryce plantea también el tema del exilio y el enfrentamiento cultural de personajes peruanos en el espacio europeo. Tras diez años de residencia en París, la realidad inmediata del escritor también permea su quehacer literario. Como los personajes norteamericanos de Henry James o Ernest Hemingway,

---

5 Sobre este volumen de cuentos véanse los comentarios de Jorge Campos, Jesús Benítez Villalba, José Miguel Oviedo y Graciela Coulson. Consúltese la bibliografía general.

por quienes el autor peruano siempre ha confesado su admiración, varios son los personajes de Bryce que deambulan por diversas ciudades de Europa en textos como «Dijo que se cagaba en la mar serena» o «Antes de la cita con los Linares», buscando el esplendor que soñaron encontrar en el Viejo Mundo desde Lima. Sin embargo, en Europa sólo encontrarán marginalidad, desamor y soledad. Dos relatos ilustran esa psicología con particular agudeza: «Florence y Nós Tres» y «Muerte de Sevilla en Madrid».

En «Florence y nós tres», el anónimo narrador-protagonista es un estudiante peruano de literatura de la Sorbona que, obligado por su estrechez económica ingresa a trabajar como profesor de castellano en un colegio de mala muerte en el barrio de Marais en París. Allí tiene como alumna a Florence, una quinceañera francesa de clase alta por quien siente una vaga atracción amorosa. Pero más importante que la aventura sentimental entre el profesor y su alumna en sí es el retrato desencantado que Bryce logra de París. Para el protagonista del cuento, París ha perdido su esplendor. Mientras camina al colegio, observa a los clochards que deambulan por la calle en pleno invierno y comenta:

> El invierno había empezado en noviembre. Era el tipo de invierno que puede hacerle a uno mucho daño. Oscurecía demasiado pronto y casi todos los días desde una semana atrás llovía con ese viento que arroja el agua por la cara, sobre los anteojos. Hacía un frío gris oscuro, terriblemente triste, y mi padre había muerto semanas atrás en el Perú.
> Se puede odiar París en épocas así. (152-153)

Más adelante, mientras describe su desganada labor como maestro en un lugar donde abundan estudiantes expulsados de otros colegios, dice: «Había sido un trabajo fácil, tonto. En todo caso me había permitido descargar un poco de bilis contra el país que me acogía, algo que todo extranjero siente alguna vez ganas de hacer en París». (153)

La imagen que retrata Bryce de París es la de una ciudad poco hospitalaria, carente del esplendor que sobre ella se tiene desde el otro lado del Atlántico. Es a ese lejano espacio limeño, ahora idealizado por la distancia, al que recurrirá el protagonista para aliviar la tristeza que le causa su vida cotidiana en París. En la capital francesa, comenta el narrador, los latinoamericanos viven «resolviendo los problemas de sus países» (162) en los cafés del barrio latino. Pero, en definitiva, viven una existencia marginal, solitaria y llena de desarraigo. Esta destrucción del mito de París que ocupará muchas páginas de las cuatro novelas posteriores de Bryce se encuentra planteado por vez primera en «Florence y Nós Tres».

La marginalidad y el enfrentamiento con el espacio ajeno europeo está también presente en «Muerte de Sevilla en Madrid», uno de los textos más logrados de la obra bryceana. Bryce comparte con otro viejo compañero de su exilio parisino, el cuentista Julio Ramón Ribeyro, su marcada preferencia por seres marginales y desadaptados. Sevilla, el protagonista del relato, es un tímido empleado limeño que un día gana un viaje a Madrid en un concurso organizado por una flamante aerolínea española. Su gerente es un caricaturesco y arrogante personaje español, bautizado por la alta sociedad limeña con el nombre de Conde de la Avenida. A la manera de los personajes de Woody Allen, Sevilla se vuelve víctima de una absurda campaña de «public relations» conducida por el empresario español y, contra su voluntad, viaja a Madrid en un tour mientras lo acosa una terrible disentería que nunca lo abandona. Abrumado por las circunstancias, decide finalmente quitarse la vida al arrojarse por la venta de su hotel madrileño. Irónicamente, el avión que devuelve sus restos a Lima se cruza en el aire con otro que se dirige a Madrid. En éste último se encuentra el alguna vez petulante Conde de la Avenida quien, víctima de una crisis nerviosa producto de su fracaso empresarial en América, regresa a Madrid. Matizado por un brillante despliegue de humor, aparece en la narrativa de Bryce el enfrentamiento cultural entre dos espacios geográficos -Europa y América-, una dialéctica de reminiscencia cortazariana que será una constante en el quehacer novelístico del autor peruano durante la década de los ochenta. Así, la influencia de Cortázar no solo se deja sentir estilísticamente, como hemos acotado al comentar «Con Jimmy, en Paracas», sino que también está presente en el desarrollo de los temas del exilio y la identidad latinoamericana, motivos explorados con brillantez por el autor de *Rayuela* (1963).

De carácter más heterogéneo es el último libro de relatos de Bryce, *Magdalena peruana y otros cuentos*, publicado tras la aparición del díptico *La vida exagerada de Martín Romaña* y *El hombre que hablaba de Octavia de Cádiz*, novelas que tienen como tema central la vida de los latinoamericanos en Europa. En ese largo ejercicio de autobiografía ficcional, Bryce busca saldar cuentas con París y su larga experiencia europea. Sin embargo, más que saldar cuentas, el resultado es la reafirmación de un tipo de personaje que, a la manera de los de Henry James y la Generación Perdida, deambulan permanentemente por Europa, Estados Unidos o el Perú. Los de Bryce son personajes en perpetuo movimiento, que viven en un continuo enfrentamiento cultural con el espacio ajeno que los acoge. El resultado final de esa incomodidad ante el mundo que los rodea, esa permanente imposibilidad de estar, será siempre una curiosa psicología de cosmopolitismo y desarraigo. Tal es el caso, por ejemplo, del personaje de Javier, el protagonista de «Una tajada de vida», quien tras largos años en París, regresa a Lima en busca de viejos recuerdos de juventud, sólo para descubrir que su falta de pertenencia ya no se da únicamente en París, sino también en su propio lugar de origen.

Bryce tampoco abandona en *Magdalena peruana* su facinación por la decadencia de la clase alta limeña, como en el relato que le da título al volumen. También reaparecen viejos personajes de otros libros como en «Carta a Martín Romaña», texto reminiscente de *The Aspern Papers* (1888) de James, donde se pretende desenterrar viejos papeles de un escritor muerto, destruyendo el carácter ficcional de sus criaturas. Asimismo, vuelve a hacerse presente el personaje de Florence en un un relato titulado «El breve retorno de Florence este otoño». En él Bryce pone en entredicho las borrosas fronteras de realidad y ficción al narrar el reencuentro, diez años más tarde, entre el joven profesor peruano y la adolescente francesa. En medio de una escritura autoconsciente, la voz narrativa del profesor se reconoce como fabuladora de una realidad que sólo es capaz de existir en el espacio de la memoria. El paso del tiempo ha dejado su huella y mientras el profesor peruano, convertido ya en escritor, se confiesa «algo más destartalado... por diez años más de penurias en París» (140), de Florence comenta: «En realidad, no sé qué quedaba ya de Florence, ni ella misma hubiera podido decir qué quedaba ya de Florence» (138). Este inútil reencuentro con el pasado, que se manifiesta una y otra vez en un hurgar en el terreno de los recuerdos de los personajes de Bryce, desemboca en una psicología de nostalgia gracias a la cual pueden coexistir, en el espacio de la ficción, realidad y memoria.

Tal es el mecanismo también del cuento más reciente de Bryce «Tiempo y contratiempo», publicado a fines del año pasado en la revista limeña *Debate*. Nuevamente el relato está en la misma psicología cosmopolita y nostálgica descrita líneas arriba. El texto narra el reecuentro de una pareja, Ricardo, un hombre de negocios peruano, y Giuliana, una muchacha italiana. Ambos buscan revivir un viejo recuerdo amoroso de su época estudiantil en Milán cuando Ricardo, el narrador-protagonista, visita nuevamente Italia muchos años después. El reencuentro nunca llega a ocurrir, pero la narración digresiva es un largo viaje sentimental de Ricardo que las circunstancias reales frustran. Así, pasado y presente sólo son capaces de existir en el espacio de la memoria, un espacio que la escritura rescata.

Diríase que los cuentos de Alfredo Bryce Echenique son un importante ensayo y complemento de mundos ficcionales plenamente explorados en su novelística. Si en los relatos de *Huerto cerrado* encontramos figuras infantiles y juveniles que sienten su marginalidad en suelo limeño, en *La felicidad, ja, ja* y *Magadalena peruana*, encontramos figuras que tampoco encontrarán un sentido de pertenencia en el mundo al deambular por diversos espacios europeos. Lo que sí reafirmarán en ese mundo ajeno es su identidad cultural latinoamericana. El marcado cosmopolitismo de los personajes de Bryce se postula como una nueva visión de mundo que plantean una serie de escritores latinoamericanos de la generación del posboom. Destaca en todos estos relatos la frágil psicología de toda una serie de personajes que buscan recuperar paraísos perdidos al instalarse tercamente en el terreno de los recuerdos. Son figuras antiheroicas y marginales que, marcadas por una voz íntima y confesional, buscan compartir sus cicatrices vitales en franca complicidad con el lector. Errantes y carentes de valores fijos para instalarse en el mundo, estos personajes encarnan un individualismo solitario que encontraremos en las mejores páginas de la literatura del siglo XX. Por ahora sin embargo basta decir que su descubrimiento en los tres volúmenes aquí mencionados es una razón más que justificada para leer a ese fino cuentista que es Alfredo Bryce Echenique.

Obras citadas

Allen, R. F. «*Huerto cerrado*». *Books Abroad* 44 (1970): 283.

Benítez Villalba, Jesús. «El mundo de Bryce Echenique a través de algunos de sus cuentos». *XVII Congreso del Instituto de Literatura Iberoamericana*. Madrid: Universidad Complutense, 1978: 1155-1160.

Bryce Echenique, Alfredo. «Feliz viaje, Hermano Antonio». *Jano*, Barcelona 12-18 de febrero de 1988: 89-90.

—. *Huerto cerrado*. La Habana: Casa de las Américas, 1968.

—. *La felicidad, ja, ja*. Barcelona: Barral Editores, 1974.

—. *Magdalena peruana y otros cuentos*. Barcelona: Plaza & Janés, 1986.

—. *Permiso para vivir (Antimemorias)*. Barcelona: Anagrama, 1993.

—. «Tiempo y contratiempo». *Debate* 71, Lima, noviembre 1992-enero 1993: 68-74.

—. *Todos los cuentos*. Madrid: Alianza Editorial, 1981.

—. «Una extraña manera de decir las cosas», *Jano*, Barcelona, 9-15 de setiembre de 1988: 69-71.

Campos, Jorge. «*La felicidad, ja, ja*: Cuentos de Alfredo Bryce Echenique». *Insula* 332-333 (1974): 27.

Coulson, Graciela. «Bryce Echenique o la apoteosis de la memoria». *El Urogallo* 35: 6 (1975): 95-101.

Checa, Liliana. «Un olvidado cuento de Bryce». *Cielo Abierto* (1985): 16-17.

Escajadillo, Tomás. «Alfredo Bryce, ese desconocido», *Oiga*, Lima, 22 marzo 1968: 24-25.

González Echevarría, Roberto. «El primer relato de Severo Sarduy», *Isla a su vuelo fugitiva*. Madrid: José Porrúa Turanzas, 1983.

Hegstrom-Oakey, Valerie. «Initiation and *Bildung* in Alfredo Bryce Echenique's *Huerto cerrado*.» M.A. Thesis, Brigham Young U, 1986.

Oquendo, Abelardo. «Bryce, un nuevo escritor peruano», *Amaru* 11 (1969): 94-95.

Oviedo, José Miguel. «Bryce: entre la felicidad y la facilidad». «Suplemento Dominical» de *El Comercio*, Lima, 24 junio 1974: 24-25.

THE *BILDUNG* OF MANOLO AND HIS NARRATOR IN ALFREDO BRYCE ECHENIQUE'S *HUERTO CERRADO*

Valerie Hegstrom Oakey
Brigham Young University

Alfredo Bryce Echenique's first work, a collection of short stories entitled *Huerto cerrado*, first published in 1968 by Casa de las Américas, barely survived in the shadow of *Un mundo para Julius* (1970). Some criticism completely overlooked *Huerto cerrado*, referring to Un mundo as Bryce's first work (Delgado 165, Oquendo «Desavenencias» 129). The criticism that did not ignore *Huerto cerrado* tended to characterize it in a less than favorable light: «diez [de los cuentos] van de lo mediano para abajo... [es] un libro menor y poco importante» (Oquendo «Bryce» 94-95), «the [stories in *Huerto cerrado* are] earlier, somewhat insecure narrative attempts» (Luchting «Un mundo» 81), «[es] una colección de relatos lo menos cargados de 'literatura' que se pueda imaginar... la manera [es] llana y los asuntos bastante vulgares» (Oviedo 72). Only R. F. Allen found anything positive to say about these short stories before *Huerto cerrado* reappeared in 1990, this time published by Plaza & Janés.

In spite of its title, critics of *Huerto cerrado* had largely refused to read it as a closed or whole work of fiction. Opening the *huerto*, critics and anthologizers had mentioned a story here and included a story there. Most of *Huerto cerrado*'s critics had incorrectly inferred its genre, viewing it as a book of separate short stories that lack holistic unity. Then recently, Gabriela Mora recognized the integrated, cyclical, and sequential nature of the stories in *Huerto cerrado*. Mora makes a passing reference to, but does not elaborate the relationship between the Bildungsroman and Bryce's stories (320). Their shared initiation theme and the chronological ordering of the stories link *Huerto cerrado* to the tradition of the Bildungsroman; each story represents a memory of an initiatory experience that forms a separate step in the protagonist's Bildung. However, unlike the traditional Bildungsroman hero, Manolo never assimilates into traditional society; and while the tension inherent in the genre dominates *Huerto cerrado*, Manolo cannot control that tension in his own mind. His memories also represent separate steps in the *Bildung* of *Huerto cerrado*'s narrator. This narrator grows and matures along with Manolo, becoming more and more complex, self-conscious, and fragmented as he tells Manolo's stories.

Traditionally, the male protagonist of the Bildungsroman had a «secluded childhood, spent on landed estates.» He had «several years of formal schooling,» perhaps at a military academy. Often his education was «completed by an extensive [journey or] *Bildungsreise*» (Miles 987). Most importantly, the hero of the Bildungsroman eventually became assimilated into «existing society» (married and took a job), despite his youthful problems and rebellions (Miles 981). And, as Hegel insisted, he ended up a Philistine just like all the others (220).

Manolo came from much more humble circumstances than the traditional Bildungsroman hero. His family's middle-class pocketbook and attitudes cause many of Manolo's conflicts in «Con Jimmy, en Paracas.» Manolo knows Jimmy, the son of one of his father's rich bosses, from his classes at school, because Manolo's father sacrifices to give his children opportunities. The father feels proud that he has given Manolo the opportunity to attend school with his bosses' children at an elite, English-speaking school. Manolo describes the mortification that his father's pride causes him:

> y entonces pensé, aliviándome, que algo terrible hubiera
> podido pasar, como aquella vez en ese restaurante de tipo
> moderno, con un menú que parecía para norteamericanos,

> cuando mi padre me pasó la carta para que yo pidiera, y
> empezó a contarle al mozo que él no sabía inglés, pero
> que a su hijo lo estaba educando en colegio inglés, a sus
> otros hijos también, costara lo que costara, y el mozo no
> le prestaba ninguna atención, y movía la pierna porque ya
> se quería largar. (30)

Clearly, Manolo's father feels proud of his efforts to provide for his children. At the same time, Manolo's narration underscores his father's middle-class outlook on life by pointing to his father's emphasis on the economic sacrifice he makes and by revealing his own embarrassment about the situation.

Other stories in the collection also deal with Manolo's formal education and his experiences at school. In «Dos indios,» he recalls being ten years old and attending a parochial school run by nuns, and in «El camino es así,» his teachers in another parochial school are priests. Near the end of «Una mano en las cuerdas,» Manolo will attend a boarding school. There the action of «Un amigo de cuarenta y cuatro años» takes place. When his teachers punish him, Manolo does not feel as positively about the English-speaking school as does his father: «Era un colegio inglés: por qué entonces, no le habían pegado con el palo de hockey o con la zapatilla? [...] '¡Bah! ¡Colegio inglés! Nada más criollo que saber que uno tiene enamorada, y castigarlo para que no la vea'» (101). Later, in «La madre, el hijo, y el pintor» Manolo has graduated from secondary school, and in «El hombre, el cinema y el tranvía» he attends a university.

Perhaps Manolo's extended trip to Europe represents his *Bildungsreise*. Shortly after the action that takes place in «El hombre,» Manolo left Peru for Europe. He spent a year in Rome, another in Madrid, then another in Paris, and then returned to Rome. This arrangement does not exactly constitute the grand tour of Europe, but its relationship to an «extensive Bildungsreise» seems clear in any comparison of *Huerto cerrado* to the traditional Bildungsroman.

The real difficulty in reading *Huerto cerrado* as a traditional Bildungsroman lies in Manolo's final inability to assimilate comfortably into society, except in a very marginal sense. The theme of *Huerto cerrado* is not «die Versöhnung des problematischen, vom erlebten Ideal geführten Individuums mit der konkreten, gesellschaftlichen Wirklichkeit» (Lukács 135). Manolo does not become the ideal gregarious man.

In the first story in the collection, «Dos indios,» we learn that after four years in Europe Manolo has no major goals for his life. He lives in Rome for some indefinite reason:

> Le gustaban esas hermosas artistas en las películas italianas, pero desde que llegó no ha ido al cine. Una tía vino a radicarse hace años, pero nunca la ha visitado y ya perdió la dirección. Le gustaban esas revistas italianas con muchas fotografías en colores; o porque cuando abandonó Roma la primera vez, hacía calor como para quedarse sentado en un Café, y le daba tanta flojera tomar el tren. (7)

Each of Manolo's excuses for living in Rome fall short of explaining why he stays there. Not only does Manolo not know why he stays in Rome, he does not care to explain it: «No sabía explicarlo. No hubiera podido explicarlo, pero en todo caso, no tenía mayor importancia» (7).

Manolo has accomplished very little since his arrival in Rome. When the Peruvian tourist asks if he comes often to the café, Manolo responds, «-Siempre-[...], pero ese siempre podía significar todos los días, de vez en cuando, o sabe Dios qué» (9). The details of «Dos indios» make it obvious that Manolo has no job, no career goals, no plans. He does very little:

> Cuando salió del Perú, Manolo tenía dieciocho años y sabía tocar un poco la guitarra. Ahora, al cabo de casi cuatro años en Europa, continuaba tocando un poco la guitarra. De vez en cuando escribía unas líneas a casa, pero ninguno de sus amigos había vuelto a saber de él [...] Manolo no bailaba en las fiestas: era demasiado alto. No hacía deportes: era demasiado flaco [...] Alguien le dijo que tenía manos de artista, y desde entonces las llevaba ocultas en los bolsillos. (7-8)

He feels uncomfortable with society and with himself. Little by little the tourist comes to realize that what Manolo does do is remember: «Comprendo, Manolo. Comprendo. Te gustan tus recuerdos, y por eso te gusta pasar las horas sentado en un Café» (17). Remembering leads to the development of Manolo's several initiation stories, but not to the development of an ideal social being.

Manolo has never married, and he has no prospect of marriage. He recounts for the tourist some of the details of his failed love affairs. Women do not take him very seriously: «Las mujeres, hasta los veinte años, lo encontraban bastante ridículo; las de más de veinte, decían que era un hombre interesante» (8). Manolo prefers to watch women more than to interact with them: «pasan mujeres muy bonitas por esta calle, y de aquí las ves desde todos los ángulos. [...] cuando estoy sentado aquí sólo me gusta verlas pasar» (9-10). Manolo has neither assimilated into existing society through employment nor marriage.

According to Wilhelm Dilthey, the traumatic situations, conflicts, and dissonances in the life of the Bildungsroman hero should lead him toward maturity and harmony (273). The fragmented nature and insanity theme of «Extraña diversión,» the final story in *Huerto cerrado*, make it clear that Manolo's *Bildung* has not led him to this kind of resolution. The conflicts and dissonances that he has experienced have led him to a kind of childish immaturity:

> Avanzaba. Se detenía. Nuevamente apuntaba y dibujaba cosas en la libreta. Lanzó el lápiz varias veces más contra las nubes, y lo limpiaba siempre antes de guardarlo. Tocó el timbre de una casa, y corrió a refugiarse detrás de un árbol. Alguien abrió la puerta, pero afuera no había nadie. Sacó una vez más su libreta, y estuvo largo rato dibujando esa casa. (168)

The social harmony that Manolo does achieve near the end of *Huerto cerrado* aligns him only with a very limited sector of society. Manolo seems at last to fit in very well with a group of insane men sitting on an asylum wall.

In spite of its fatalistic ending, *Huerto cerrado* forms a part of the development of the Bildungsroman as a genre. Some less traditional critical studies have attempted to define the Bildungsroman according to characteristics beyond its plotline and outcome. In *The German Bildungsroman,* Martin Swales focusses on the tension inherent in the Bildungsroman in his attempt to define the genre: «We are, in other words, concerned with a tentative process, one in which [...] there is a tension between history and teleology, between actuality and notionality, between pattern constructed after the event and shaping purpose known in advance of its self-realization» (26). Later, he returns to the same idea: «The great Bildungsromane inhabit the awkward middle ground between wholeness and constriction, between possibility and actuality» (157). In some ways, *Huerto cerrado* inhabits this «awkward middle ground» more fully than *Wilhelm Meister,* Goethe's Bildungsroman. Bryce never draws Manolo completely toward the «constriction» end of the spectrum. His insanity frees him from the norms of middle-class Peruvian society. His insanity also keeps him closer to «possibility,» than to «actuality.» In the final pages of Goethe's novel, Wilhelm realizes most of his dreams; they become actualities. At the end of *Huerto cerrado*, the reader, the narrator, and Manolo find themselves caught between the possibilities open to Manolo because of his independence from society and the actuality of his insanity. On the other hand, *Huerto cerrado* is devoid of the «teleology» or «shaping purpose known in advance of its self-realization» inherent in *Wilhelm Meister.* The cynicism and hollowness of the final stories in the *huerto* deny the possibility of any kind of «shaping purpose» in Manolo's life.

Swales further suggests that «the Bildungsroman genre... embodies a skepticism about the law of linear experience» (30). David H. Miles develops this notion more fully in «The Picaro's Journey to the Confessional,» claiming that the hero's consciousness of self plays a far more essential role in the Bildungsroman than does the successful outcome of the hero's development. Miles contrasts two types of literary heroes: «the 'picaro' (the nondeveloping hero, the unselfconscious adventurer or man of action) and the 'confessor' (the hero of personality growth, the introspective hero, the protagonist of consciousness, memory, and guilt)» (980).

According to Miles, «there lives in the confessor a painful awareness of change and growth-precisely the awareness that lies at the center of the Bildungsroman» (981). Seen from this perspective, Manolo aligns himself much more easily with the tradition of the Bildungsroman. In Miles's terms, Manolo is a confessor, not a picaro; Manolo greatly changes and develops as a result of his initiation experiences. As the Peruvian tourist discovered, Manolo, definitely not a man of action, does little more than sit in a café, but this loitering provides him opportunity for the introspection that has become so important to him.

Miles explains this need for introspection by the confessor: «the self of the confessor does not exist a priori, but must be recollected, summoned up out of the remembrance of things past» (980-81). The stories in *Huerto cerrado* are a remembrance by Manolo of things from his past. The opening story in *Huerto cerrado*, the only one out of chronological sequence, acts as part of a framing device for the rest of the collection. «Dos indios» focuses on Manolo's efforts to recall and understand his past. The conversation between Manolo and the Peruvian tourist drags, until the tourist reports having passed a movie theater showing a Peruvian film. This news surprises Manolo:

-¿Peruana? -exclamó Manolo, sorprendido.
-Peruana. Para mí también fue una sorpresa.
-Y ¿qué tal? ¿De qué trataba?
-Llegué muy tarde y estaba cansado -dije, excusándome-.
Me gustaría volver ... Creo que era la historia de dos indios.
-¡Dos indios! -exclamó Manolo, echando la cabeza hacia atrás-. Eso me recuerda algo... Pero, ¿a qué demonios?
Dos indios -repitió, cerrando los ojos y manteniéndolos así durante algunos minutos. (13)

This conversation and his efforts to remember force Manolo into his role of confessor. He has avoided thinking about his home, family, and friends for years, but now he cannot stop thinking about them: «'Tengo que recordar lo de los indios' [...] Manolo parecía obsesionado con algo, y hacía un gran esfuerzo por recordar» (13). Manolo becomes frustrated. «-¡Siempre me olvido de las cosas! -sus dientes rechinaron, y sus manos, muy finas, parecían querer hundir el mostrador; tal era la fuerza con que las apoyaba» (14). His com-panion tries to console him, but to no avail: «-Ya vendrá... -¿Vendrá? Si sintieras lo que es no poder recordar algo; es mil veces peor que tener una palabra en la punta de la lengua; es como si tuviera toda una parte de tu vida en la punta de la lengua, ¡o sabe Dios dónde!» (14). Manolo consciously exerts all his effort to find that part of his life that he seems to have lost. He talks about the one woman he truly loved and then complains, «Los recuerdos se me escapan como un gato que no se deja acariciar» (16). When he cannot remember the words the woman said to him, his companion tells him that he understands. Manolo feels fine as long as he can remember, but when he cannot recall certain details from his past he becomes uncomfortable.

Manolo continues to remember missing details of his life as the story develops. Later at Manolo's house, something the other Peruvian says reminds Manolo about the «indios.» He begins piecing his memories together while his companion falls asleep. «Sobre su cama, Manolo continuaba armando su recuerdo como un rompecabezas» (20). He begins to remember the details of his relationship with the «dos indios»:

> Recuerdo que los encontraba siempre sentados en el suelo, y con la espalda apoyada en la pared. Era un cuarto oscuro, muy oscuro, y ellos sonreían al verme entrar. [...] Qué diferentes eran a los indios de los libros del colegio; hasta me hicieron desconfiar. Estos no tenían gloria, ni imperio, ni catorce incas. Tenían la ropa vieja y sucia [...] Me tenían a mí: diez años, y los bolsillos llenos de panes con mantequilla. Al principio eran mis héroes; luego, mis amigos, pero con el tiempo, empezaron a parecerme dos niños. [...] ¿Qué significaría para ellos que yo me fuera? Estoy seguro de que les prometí volver, pero me fui a vivir muy lejos y no los vi más. Mis dos indios... En mi recuerdo se han quedado, allí, sentados en un cuarto oscuro, esperándome... (20-21)

This memory gives Manolo the desire to return home. He tells the Peruvian tourist he will buy an airplane ticket, indicating his intention to return literally, but Manolo also returns figuratively. The ten stories that follow «Dos indios,» his memories, represent Manolo's figurative return to his past.

Manolo narrates «Con Jimmy, en Paracas.» The first lines of the story indicate that he remembers his father, and they emphasize his introspection: «Lo estoy viendo; realmente es como si lo estuviera viendo; allí está sentado, en el amplio comedor veraniego, de espaldas a ese mar donde había rayas, tal vez tiburones. Yo estaba sentado al frente suyo» (24). The shifts in verb tense and mood in these sentences indicate the confusion of time that Manolo experiences. He not only tells a story from his past, but also makes that story a part of the present. Miles suggests, «The confessor... experiences time... as being complex, multilayered, and psychological» (980). Time in *Huerto cerrado* is multilayered, because Manolo experiences the past as present.

Manolo does not narrate the stories after «Con Jimmy, en Paracas» but the narrator indicates that he continues his important process of remembering. «Un amigo de cuarenta y cuatro años» begins, «Aún recuerda los días pasados en aquel colegio. Los amigos. Las fotografías de las enamoradas de los amigos. [...] Pero, ¿porqué dice que 'aún recuerda'? cuando jamás olvidará que allí vivió intensamente, y vivir intensamente es lo único que le interesa» (97). Clearly someone narrates secondhand what Manolo remembers and believes he will never forget.

In his article about *Le Rouge et le noir* and the Bildungsroman, Steven P. Sondrup extends Miles's ideas about the importance of introspection and focuses on the «educative power of memory» (80). Sondrup claims that

> when the complex and fragmentary nature of the soul was
> recognized, a new concept of Bildung emerged. Instead
> of learning by experiencing the external world, Bildung
> came to involve the inward search for identity and self
> largely by way of memory. A mature and healthy concept

of self, thus, does not involve the accumulation of outward experience but rather the remembered reconstruction and reordering of experience. (72)

The protagonist of *Le Rouge et le noir* arrives at a «healthy concept of self»: «Although Julien's life was short, it was full, and it was the formidable power of memory that succeeded in integrating all of the disparate parts» (79). The modern Bildungsroman hero no longer assimilates into society, but can integrate the distinct parts of his life in his own mind.

Manolo's journey back through the *huerto* of his memory should help him order and understand his mind and himself, but Manolo has his *huerto*, located in Peru in the 1950s and 60s, filled with the cultural pessimism that will not allow for a happy ending. A twentieth-century Bildungsroman anti-hero, Manolo not only has little control over his world, but also little control over his own mind. The use of stream of consciousness, when he tries to shoot a hole in the clouds with a broomhandle, demonstrates poignantly that Manolo cannot integrate «all of the disparate parts» of his life and mind:

> Un hueco. Basta un hueco. Les voy a abrir un hueco. Uno. Todo se chorrea por un hueco. [...] Nubarrones como todo. No volverán a hacer. [...] Montones. Basura. Montones de mierda basura. [...] Mierda. Cagar mierdar mierdar merendar. Infinitivos. Amar sufrir aprender aguantar. No más no más no más no más. Morir no ver adulterar cojear tambalear matar morir amar bastar. No dar más no más no más no más aguantar. Infinitivos como vida. Mi vida. Hubiera querido mi vida y sólo sólo sólo sólo... Vengan nubarrones hijos de puta. «Ta ta ta ta ta ta tatatatatata», gritaba, disparando entre la lluvia contra los nubarrones. (169-70)

Manolo's string of infinitives exist full of possibility, but unconjugated, ununited, jumbled, they represent the distinct parts of Manolo's life that he cannot order. Manolo never does possess a «mature and healthy concept of self» (Sondrup 79).

Swales concludes that «[m]any twentieth-century novels operate with a kind of 'essayism' which allows us to see the Bildungsroman not as a German aberration but as a tradition which anticipates modern developments» (147). *Huerto cerrado* demonstrates that kind of essayism, contains many characteristic elements of the Bildungsroman, and its hero, Manolo, is a confessor. But Manolo is a twentieth-century, Latin-American protagonist, whose temporal cynicism and cultural fatalism keep him from achieving a full and rewarding *Bildung*.

As Manolo changes, develops, grows cynical, and seeks certainty, so does the narrator of his stories. The implied author of these stories employs an array of narrative techniques. In the early, more positive initiations, the narration is mostly straightforward and reliable. Manolo's later experiences, heavily charged with irony and cynicism, often take their tone from their ironic narrator.

Critics have not ignored the Bildung of narrators. Miles suggests that the «stylistic and thematic 'breaks'» in *Wilhelm Meister* to which several critics have pointed are what causes the *Bildung* in the work. This fact, according to Miles, makes *Wilhelm Meister* the story of the narrator's *Bildung*, not Wilhelm's: «in speaking of such structural matters, we have moved from the world of the hero to the level of the implied narrator of the work, and the fact is that *Wilhelm Meister* presents us with the *Bildung* of a narrator rather than of a protagonist» (983). Swales also briefly discusses several other critics who have suggested similar possibilities (4).

The first two stories of *Huerto cerrado* share what Wayne Booth calls «dramatized narrators» (152). They participate in the stories as characters as well as narrators. The traditional, limited narrator of «Dos indios,» the Peruvian tourist, recounts his interactions with Manolo over a period of a few days. His role as character has as much importance in the story as does his role as narrator. He acts as much as Manolo. At one point in the story he leaves Manolo for a few minutes:

En el baño no había literatura obscena: olía a pintura fresca, y me consolaba pensando que hubiera sido la misma que en cualquier otro baño del mundo [...] Pensé nuevamente en Manolo, y salí del baño para volver a su lado. Todas las mesas del Café estaban ocupadas, y me pareció extraño oír hablar en italiano. «Estoy en Roma, me dije. Estoy borracho». Caminé hasta el mostrador, adoptando un aire tal de dignidad y de sobriedad, que todo el mundo quedé convencido de que era un extranjero borracho. (14-15)

The narrator relates his own actions as well as Manolo's. This narrator also serves as the focalizer in the story; he records his perceptions as well as his words.

As narrator and as focalizer, the tourist has limited authority. He perceives almost everything he reveals about Manolo by watching him closely. When he wishes to reveal more, he employs phrases such as, «como si» and «parecía»: «y [Manolo] continuaba mirándome como si quisiera averiguar qué clase de tipo era yo» (10) and «no parecía haber notado la presencia del mozo» (12). Without the qualifying words, these phrases would require something more than a limited perspective. Also limited in his ability to focalize space and time, the narrator cannot perceive events that take place in his absence. When he goes into the men's room, he has no knowledge of what Manolo does at the bar. He meets Manolo twice in the Café, spends one night in Manolo's room, and then sees him a few days later in the lobby of his own hotel. In between these meetings, the tourist has no knowledge of what has passed in Manolo's life.

More complicated than it first appears, «Dos indios» has a second narrator. In the story, Manolo, the exile, narrates three stories from his past: the story of the only woman he ever loved, the anecdote of his childhood infatuation with a nun, and the history of his relationship with the «dos indios.» Manolo also focalizes these framed tales in a complex way. Rimmon-Kenan notes, «[t]he perceptual, psychological and ideological facets may concur but they may also belong to different, even clashing, focalizers» (82). The twenty-two-year-old Manolo tells the story of his two friends, but a ten-year-old Manolo perceptually focalized them:

Escondía varios panes con mantequilla en mi bolsillo, y corría donde los indios. Ahora lo sé todo. Recuerdo que los encontraba siempre sentados en el suelo, y con la espalda apoyada en la pared. Era un cuarto oscuro, muy oscuro, y ellos sonreían al verme entrar. Yo les daba panes, y ellos me regalaban cancha. Me gusta la cancha con cebiche. Los indios... Los indios... Hablábamos. (20)

The focalization here belongs to Manolo at two different ages. The phrases «Ahora lo sé todo» and «Los indios... Los indios...» belong to the older Manolo who feels nostalgic about the past, but nothing about the diction of the narrator reaches beyond the ten-year-old Manolo's capabilities of expression. Phrases like «corría donde los indios» and «Me gusta la cancha con cebiche» betray not only the perceptual, but also the cognitive or emotive focalization of the young boy.

In the second fairly traditionally narrated story, «Con Jimmy, en Paracas,» Manolo as narrator recounts an episode from his adolescence. More complicated than in «Dos indios,» the focalization in «Con Jimmy» doubles on more than one level. Manolo claims he can see his father in Paracas: «allí está sentado, en el amplio comedor [...] Yo estaba sentado al frente suyo, en la misma mesa, y, sin embargo, me parece que lo estuviera observando desde la puerta de ese comedor, de donde ya todos se habían marchado» (24). The narrator admits that the young Manolo sat across the table from his father, perceiving his surroundings in the restaurant, but at the same time claims that another Manolo perceives the scene from the door of the dining room. This same confusion exists on the cognitive level in the story. The narrator reveals many details about the ignorance of the young Manolo, as if we perceived the story from his cognitive point of view. When Manolo first saw Jimmy in the restaurant, he almost choked on his wine. He did not know why it frightened him to see Jimmy. Later, he admits that he did not at first understand Jimmy's homosexual advances. But, at the same time, we view the story through the older Manolo's cognitive focalization when he claims that in the same situation again, he would spit in Jimmy's face in front of all the fancy waiters.

The dramatized narrators of the first two stories shift to third-person, non-participating narrators in the next five stories in *Huerto cerrado*. These stories about Manolo's early adolescence contain all of the signs of overt narration (Chatman 219-53). The narrator describes sets: the road to Chaclacayo, the cotton fields, the gardens that Miguel cared for, the streets of Lima in the summertime. The narrator summarizes time: the week before the bicycle excursion, Manolo's wait for the arrival of Miguel. The narrator defines characters: Hermano Tomás, Miguel, the girl in the church. And the narrator makes interpretations and judgments. Sometimes narrative asides, that relate to the story only in a very general way, appear in parentheses: «(Es preciso ampliar, e imaginarse toda una educación que dependa ˋdel humor de papá')» (40). In «Las notas que duermen en las cuerdas» the narrator quotes, «Pruébate la ropa de baño, amorcito,» and then adds this aside, «(¡Cuántos matrimonios dependerán de esa prueba!)» (63).

The focalization in these stories shifts. Sometimes the narrator focalizes externally, and can see the focalized internally. Not only can the narrator-focalizer reveal Manolo's thoughts and dreams, but also the thoughts of the other characters: «El hermano Tomás lo sabe, pero actúa como si no lo supiera» (42-43). This focalizer has a view sometimes panoramic, other times simultaneous. «El camino es así» begins with a view of the entire geography class. Then, the focalizer can see simultaneously the reactions of each of the boys to their parents' decisions about their participation in the bicycle excursion. «Las notas que duermen» begins with a simultaneous view of the happenings in Lima in the middle of December.

The perceptual focalization often shifts to the young Manolo. When the narrator-focalizer zooms in from his bird's-eye view and focuses on Manolo, Manolo becomes the focalizer. He perceives the signs along the highway to Chaclacayo. He also watches Miguel anxiously for some sign of willingness to pay the price set for the bicycle. Manolo also fails to understand things he sees, hears, smells, and feels as he experiences adolescence. Because young Manolo focalizes in these stories and the older Manolo does not narrate, the reader feels closer to Manolo in his initiation experiences. The older Manolo does not get in between the reader and the young Manolo.

In «Una mano en las cuerdas,» (a story partially made up of entries in a diary) the reader draws even closer to the young Manolo. According to Chatman, «written records» come closest to a «non-narrated» fictional work (169-70). The narrator of such a record need only act as collator. «Una mano en las cuerdas,» would present the reader with the unmediated written language of the fifteen-year-old Manolo, but the narrator intersperses commentary between the paragraphs of Manolo's diary. Juxtaposing these two levels of narration and focalization calls more attention to the overt narrator. When Manolo writes about his girlfriend, Cecilia, he expresses his feelings: «Le digo que la adoro, y siento casi un escalofrío. Pero la voy a querer toda mi vida» (93). The narrator interprets Manolo's feelings: «La amaba porque era un muchacho de quince años, y porque ella era una muchacha de quince años» (93).

The narrative technique used in the last five stories of *Huerto cerrado*, more creative and unusual than in the earlier stories, sometimes draws the reader closer to Manolo, and other times calls into question Manolo's position in the story. The narration creates the ironic, cynical, self-conscious, and uncertain tone that characterizes the final steps in Manolo's *Bildung*.

The scattered inclusion of lyrics playing on the jukebox creates part of this irony and cynicism in «Yo soy el rey.» These words, perceived by Manolo and reported by the narrator, ironically underscore Manolo's revulsion about his first experience with a prostitute. Soon after Manolo's encounter with La Nylon during which he notices the smell of her cheap perfume and the abundance of lipstick she applys, he hears these lyrics: «Deliciosas criaturas perfumadas / Quiero el beso de sus boquitas pintadas» (114). The use of these particular lyrics adds to the irony in this story, because Manolo feels more repulsed by the women and surroundings in the brothel than attracted to them.

Booth claims, «*The narrator* [...] may be more or less distant from the *characters* in the story he tells. He may differ morally, intellectually, and temporally» (156). The narrator of «Yo soy el rey,» less distant from Manolo than some of the other narrators in this collection, has a symbiotic relationship with Manolo, the focalizer. They depend on one another in the revealing of their story. The narrator, a third-person, non-participant, has limited omniscience. The narrator can reveal Manolo's thoughts, but not the thoughts of any other character. The narrator describes sets elaborately, but only the sets that Manolo can observe. The narrator describes several characters, but always in terms of Manolo's impressions of them. The many times that Manolo turns around to watch something happen just before the narrator describes it emphasize the narrator's dependence on Manolo's focalizing: «[Manolo] Volteé nuevamente para beber un trago, y vio que Rudy le servía la tercera botella al negro» (115). If Manolo had not turned around, he would not have seen Rudy serve the third bottle and the narrator could not have included this detail. Manolo perceives the king of the story's title at the same moment that the narrator defines that character:

-¿Quién la dejó abierta? -preguntó Rudy, mirando hacia la puerta de entrada.
Manolo volteé. La puerta estaba abierta de par en par, y un cholo borracho se tambaleaba en la entrada del salón. Su corbata colgaba de una de sus manos, y al moverse la arrastraba por el suelo. Unas cerdas negras, brillantes, y grasientas, le chorreaban sobre la frente. La mirada extraviada. Rudy lo observaba. (118)

The narrator twice makes it clear that Rudy can see the man in the doorway, but the narrator cannot describe him, until Manolo turns around and focalizes him. The narrator and the reader see through Manolo's eyes.

The narrative technique in «El descubrimiento de América» fills the story with cynicism and dramatic irony. Much of this irony results from the presence of two «disguised narrators,» characters who give Manolo advice that would help him avoid an unhappy ending (Booth 152). Manolo will not follow their advice, because these narrators (and, as a result, the reader) have insight that Manolo will not accept. Marta, one of the disguised narrators, tells Manolo, «Estás loco [...] No sabes en lo que te metes. [...] Y te arrojas a una piscina sin agua. Ya lo has hecho» (125). The other disguised narrator, Miguel, tells Manolo what his time alone with América will lead to, but Manolo denies the possibility.

The use of stream of consciousness, interior monologue and free indirect discourse make the narrative technique in «El descubrimiento» more complicated than in earlier stories. The sudden shifts from the third person narrator to Manolo's thoughts betray his «willful self-deception.» Chatman notes, «thoughts are truthful, except in cases of willful self-deception. Unlike the narrator, the character can only be 'unreliable' to himself» (157). Manolo does not know his own mind: «Vuelve amor. Porque no la he visto pasar sin mirarme y voy a pedir un café y no me estoy muriendo. Vuelve amor sentir amor amar sentir. Antes. Como antes. Luchar por amar y no culos. Verla pasar amar. No culos. Sentir amor. Me ve. No me mira. Me ve. Vuelve amor. Café café» (124). Manolo cannot force himself to forget about América's body, and to feel deeply for her. His first thoughts after seducing América return to Marta: «Cuántos días. Soportar sin ver a Marta. Contarle. Todo. Hasta la sangre. Contar que estoy tan triste. Tan triste ¿Qué después? ¿Qué ahora? Marta va a hablar cosas bien dichas» (150). Manolo's own thoughts reveal the unhappy ending and final irony in the story.

At the end of the first paragraph of «El hombre, el cinema, y el tranvía,» the self-conscious narrator deliberately calls the reader's attention to the literary nature of the story: «No voy a describirlo minuciosamente, porque los lectores suelen saltearse las descripciones muy extensas e inútiles» (161). By directly referring to the reader, the narrator reminds the reader of his or her relationship to the text. In *Metafiction*, Patricia Waugh defines, «*Metafiction* is a term given to fictional writing which self-consciouslyand systematically draws attention to its status as an artefact in order to pose questions about the relationship between fiction and reality» (2). «El hombre [life], el cinema [art], y el tranvía [death]» does just that.

The repeated use of the verb forms: «podía ser» and «podía tener» also serve to systematically flaunt the story as artefact. The narrator repeatedly describes the man who dies in the story as the man that «podía ser un empleado» (161-62). The narrator deliberately characterizes him in vague terms, so that the reader will not identify with him as an individual. The two friends in the story become the man that «podía tener treinta años» and the boy that «podía tener dieciocho» (163). The narrator withholds their identities until after the boy, Manolo, realizes that he is as common as every other man. The impersonal, anecdotal quality of this narration emphasizes the meaninglessness of life in general and the banality of death.

Manolo poses «questions about the relationship between fiction and reality» (Waugh 2). He does not understand: «Vas al cine, y te diviertes viendo morir a la gente. Se matan por montones, y uno se divierte» (164). His calloused and pragmatic friend responds, «El arte y la vida» (164). They discuss Aristotle and catharsis, and the older friend tells two jokes about dying. Manolo cannot believe his friend would joke about it, but the friend defends himself, «[u]no no ve tragedias griegas todos los días, mi querido amigo» (164). For him, life is cheap and very few of the dead are heroes. Art is not mimetic.

Huerto cerrado closes with «Extraña diversión,» the most open-ended of the stories in the collection. The narrator carries the use of stream of consciousness and free indirect discourse to an extreme, so that it becomes difficult to understand what happens in the story. Clearly, the story takes place in the district of Lima called Magdalena near the insane asylum; the male protagonist behaves erratically; school girls practice for a parade, perhaps for independence day; several men sit on the wall of the asylum, watch the girls, count along with them, and applaud; and Manolo's name appears in the last sentence of the story. What remains unclear outweighs and overshadows these details: Where has the main character come from? Who is he? Is he a patient at the asylum? What do his ravings and gestures signify? Has Manolo's *Bildung* led him to this place?

The narrator-focalizer has as many questions and seems as limited to an external view of Manolo as the reader. He asks, «¿De dónde venía con sus zapatos cubiertos de barro, y con esa camisa mojada por las lluvias de julio?» (167). In fact, until the end of the story the narrator seems unable to identify this main character as Manolo. The final sentence reveals Manolo's perceptual and cognitive point of view.

«Un-dos-un-dos-un-dos-un-dos-un-dos-un-dos», gritaba
Manolo, aplaudiendo al mismo tiempo, y en una de esas
logró ver la hora en su reloj, y pensó que en su casa esta-
rían empezando a almorzar, y que tal vez debería volver,
sería mejor si volviera, porque allí, en su casa, alguien
podría preo-cuparse... «un-dos-un-dos-un-dos-undos-un...
(171)

The ambiguity and fragmentation created by the narrative technique
in «Extraña diversión» lead to its cynical, even pessimistic tone, and
to the open ending that makes it difficult to determine where the
Bildung of Manolo and his narrator has led them.

The narrator (and narrative technique) of Huerto cerrado
develop at the same rate as Manolo. When he is young and innocent,
so generally is his narrator. The early narration in the book is fairly
traditional-first-person limited, or third-person omniscient, with little
experimentation. Later narration becomes more limited and more
dependent on Manolo as focalizer, and in the final story the narrator
has to depend almost totally on his own ability to focalize Manolo
externally. The narrative voice takes on the irony and cynicism that
Manolo begins to feel at that point in his *Bildung*. As Manolo's
psychology becomes more complicated and painful, the narrator
employs other techniques-stream of consciousness, free indirect
discourse, and metafictional self-consciousness. The huerto, then,
closes around the *Bildung* of Manolo and his narrator, but remains
open because of the indeterminacy caused by Manolo's inability to
order his disparate memories and the narration's final fragmentation
and openendedness.

Works Cited

Allen, R. F. Rev. of *Huerto cerrado*, by Alfredo Bryce. *Books
    Abroad* 44 (1970): 283.
Booth, Wayne C. *The Rhetoric of Fiction*. Chicago: U of Chicago P,
    1961.
Bryce Echenique, Alfredo. *Huerto cerrado*. Barcelona: Plaza &
    Janes, 1990.

Chatman, Seymour. *Story and Discourse*. Ithaca: Cornell UP, 1978.

Delgado, Washington. *Historia de la literatura republicana: Nuevo carácter de la literatura en el Perú independiente*. Lima: Rikchay Perú, 1980.

Dilthey, Wilhelm. *Das Erlebnis und die Dichtung*. Göttingen: Vandenhoeck und Ruprecht, 1965.

Genette, Gérard. *Narrative Discourse: An Essay in Method*. Trans. Jane E. Lewin. Ithaca: Cornell UP, 1980.

Hegel, G. W. F. *Vorlesungen und die Aesthetik, II. Werke*. 20 vols. Frankfurt: Suhrkamp, 1970. 14: 11-242.

Luchting, Wolfgang A. Rev. of *Un mundo para Julius*, by Alfredo Bryce Echenique. *Books Abroad* 46 (1972): 81-82.

Lukács, Georg. *Die Theorie des Romans*. 2nd ed. Neuwied am Rhein: Luchterhand, 1963.

Miles, David H. «The Picaro's Journey to the Confessional: The Changing Image of the Hero in the German Bildungsroman.» *PMLA* 89 (1974): 980-92.

Mora, Gabriela. «*Huerto cerrado* de Alfredo Bryce Echenique, colección integrada, cíclica y secuencial de cuentos.» *Revista Canadiense de Estudios Hispánicos* 16.2 (1992): 319-28.

Oquendo, Abelardo. «Bryce, un nuevo escritor peruano.» Rev. of *Huerto cerrado*, by Alfredo Bryce. *Amaru* 11 (1969): 94-95.

-. «Desavenencias con Martín Romaña.» Rev. of *La vida exagerada de Martín Romaña*, by Alfredo Bryce Echenique. *Hueso Húmero* 12-13 (1982): 128-33.

Oviedo, J. M. «Una imagen crítica de la nueva narrativa peruana (1950-70).» *Perspectivas de nueva narrativa hispanoamericana: países*. Ed. Helmy F. Giacoman, et al. Barcelona: Puerto, 1973. 70-73.

Rimmon-Kenan, Shlomith. *Narrative Fiction: Contemporary Poetics*. London: Methuen, 1983.

Sondrup, Steven P. «Memory, Self, and *Bildung: Le Rouge et le noir* and the Tradition of the Bildungsroman.» *From Vergil to Akhmatova*. Ed. Hans-Wilhelm Kelling. Provo, Utah: Brigham Young UP, 1983.

Swales, Martin. *The German Bildungsroman from Wieland to Hesse*. Princeton: Princeton UP, 1978.

Waugh, Patricia. *Metafiction: The Theory and Practice of Self-Conscious Fiction*. London: Methuen, 1984.

III

UN MUNDO PARA JULIUS

JULIUS, PROTAGONISTA PERUANO

Luis Alberto Sánchez

A poco más de los treinta años de edad, el cuasi inédito escritor limeño Alfredo Bryce Echenique, ha querido descargar su nostalgia y sus abolidos prejuicios a través de una novela. En reemplazo del «niño Goyito», criatura de otro escritor limeño de alta estirpe social, surge ahora el Julius de Bryce Echenique, fruto paradójico de un pasado familiar y de harta novedad expresiva con lo que se casan en matrimonio morganático la vajilla de plata con las plebeyas «cojudeces» de que gráficamente matiza su relato el autor de *Un mundo para Julius*.

Dejo el libro con rencor. Me doy cuenta de que me ha cogido por la faja, según se dice en argot taurino, y me ha mantenido encerrado en la sabrosa cárcel de su insensata narración sin darme tiempo para percatarme de que no eran las suyas cuestiones de visible importancia, y que las fruslerías cotidianas, según ocurre en la realidad, es lo más abundante, fértil, subyugador y ameno de cuanto puede transmitirnos un novelista.

A diferencia de la mayoría de las novelas peruanas, por no decir latinoamericanas, ésta de Bryce Echenique no se propone probar ninguna tesis, ni eyacular ninguna protesta, ni blandir ninguna crítica. Prefiere contar. Contar y contar. Y contando nos enreda, embruja y domina, haciéndonos partícipes de las deliciosas nimiedades y encantadoras estupideces que rodean los primeros once años de la vida de Julius, vástago de casa grande, en que una madre joven y bonita,

119

Susan, se vuelve a casar con un hombre de mundo, el cual, dicho sea de paso, parecería pertenecer a la misma familia espiritual que uno de los personajes de *Conversación en La Catedral* de Vargas Llosa. Podría llamárselos dos remos de la misma barca.

Bryce Echenique ha escrito, para mi gusto, la novela más novela de todas las que han aparecido con firma de escritor peruano. Ninguna pretensión doctrinaria, mucha facilidad narrativa, numerosísimos aciertos y una gran falla: confundir el lenguaje coloquial con el de una «replana» dorada, a fin de acercar su obra al público común y de usar el lenguaje de zonas sociales no muy alfabetas aunque aristocráticas.

Bryce utiliza en todo momento el monólogo interior y el exterior. Sus relatos empiezan a veces en tercera persona, pero al instante la primera persona se apodera de la narración y la estira y encoge, la salpimenta y tremola con las vacilaciones propias de todo acto, pensamiento y dicho auténticamente humano. Para que la ilusión sea perfecta, no se marca en donde deja de hablar el autor y empieza a hacerlo el personaje. Hay un permanente coloquio del uno con el otro, y de los personajes entre sí, sin guardar turno, arrastrados por la avalancha de los sucesos. Sin pagar tributo a ninguna escuela, Bryce, a imagen y semejanza de un niño (Julius, por ejemplo) parte en una dirección, pero en el camino se deja desviar por la mariposa que se cruza en el aire, o por el gusanillo que atrae sus ojos hacia la tierra, por el chisme de una sirvienta, por el comentario salaz de un badulaque, o por las paradojas de Juan Lucas, dandy en reserva, de quien provienen consejos perspicaces, tanto como de Susan, la más desbordante frivolidad materna.

El mundo de los sirvientes, sobre todo esa gallarda Vilma, que al final reaparece imaginariamente trocada en prostituta, y Nilda, la montañesa, irradian ternura y malicia. Julius, repitámoslo, es «hijo de Cabeza grande», como llamaban al hijo de la Perricholi. Entiendo, por el rango social del autor, que ese mundo es realmente el que Bryce y Echenique (dos apellidos significativos) frecuentó antes de trasladarse a París para seguir estudios en la Sorbona. No obstante esta última circunstancia, me parece que el inglés y la literatura inglesa (Huxley, Joyce, Woolf, Beckett) constituyen lo más característico del estilo de Bryce, vástago de raíz sajona, por el padre, y vasco, por línea materna.

Encontramos que *Un mundo para Julius*, pese a la impericia evidente que revelan algunos párrafos, es un libro extraordinario. Quizá sea ésta la ruta que hubiese seguido Martín Adán, de proseguir el camino iniciado con *La casa de cartón*, editada dos años antes del nacimiento de Bryce Echenique. Mera hipótesis. Pero es que al fin y al cabo, ¿no es la literatura una coordinación de supuestos? No me refiero a *Un mundo para Julius*, vasto, divertido, intenso y tierno retablo de la niñez de un limeño oligarca, en vísperas de un doblar de campanas anunciando el funeral de esa clase, y de sus incoercibles devaneos. Pero ¿no habíamos dicho que en la novela de Bryce no se descubre ninguna intención de crítica social? ¿O es que hay cuadros y episodios ineluctablemente condenados a revisión crítica, por mucho que luzcan lampos de ironía? Tómese como se quiera, *Un mundo para Julius* es un libro subyugante. Sin exageraciones: domina al lector y vence al tiempo. Esperemos ahora la adolescencia de Julius como la de un «Juan Cristóbal», *au rebours*, tal vez sin esperanza.

[*La Prensa*, Lima, 28 de junio de 1971]

EL LARGO SALTO DE BRYCE

Abelardo Oquendo

Hasta que apareció *Un mundo para Julius*, Alfredo Bryce Echenique era un autor conocido sólo por círculos bastante reducidos. Había publicado un par de cuentos ("Con Jimmy, en Paracas", en *Amaru*, No. 4, 1967, y "Antes de la cita con los Linares", en *Cuadernos semestrales del cuento*, No. 3, 1968), más un libro, *Huerto cerrado*, con el que obtuvo mención en el premio de cuento de la Casa de las Américas pero que circuló muy poco fuera de Cuba. Ahora, sin promociones especiales, valida de sus propios recursos, su primera novela lo ha convertido, súbitamente, en un autor de éxito. Un éxito que no parece gustarle demasiado, según se ve en las respuestas a los cuestionarios con que empiezan a abrumarlo.

La obra de Bryce se inició con una familia de cuentos en la que un personaje -Manolo- encarna un conjunto de experiencias más o menos comunes a jóvenes de la pequeña burguesía limeña a partir de la adolescencia y ejemplifica un aprendizaje de la vida frustrador y enajenante. En esos cuentos están los gérmenes de *Un mundo para Julius*, apuntan ya a un enfoque personal de la realidad y las direcciones generales del proyecto literario de un autor que tiende a una representación de la vida a través de anécdotas simples, casi triviales; a una representación centrada en la cotidianidad de universos pequeños pero abiertos a la totalidad del contexto en que se dan. Bien dotado para recrear aspectos muy diversos de la realidad, Bryce tiene trazado así un amplio cuadro de Lima. La pintura que de ella lleva hecha -la clase media en sus cuentos; las altas en su novela, que recorre además múltiples estratos sociales- captura con notable flexibilidad la idiosincracia y el habla de tipos muy disímiles, registra las aberraciones del sistema con inusual equilibrio entre la intención y la objetividad, entre la cordialidad y el desapego, la acusación y la admisión.

Esa plurivalencia y esta actitud intermedia de Bryce propician su ironía, la riqueza de matices que contiene su obra; y son propiciadas, a su vez por la índole de los personajes centrales que elige. En *Huerto cerrado*, Manolo es siempre un insular; entre él y la realidad exterior hay un vacío, una fractura. Mas su no integrarse del todo al medio en que se mueve, ni a ningún otro, no es obstáculo para que pertenezca a un sector. Así, lo que el personaje nos trasmite, o la perspectiva para apreciar su contorno, son determinados tanto por su ubicación objetiva cuanto por su desubicación interior. Esto faculta al personaje para mirarse desde fuera y verse también mirándose desde otra posición. "Con Jimmy, en Paracas" es un buen ejemplo de ello.

Del mismo modo que Manolo, el narrador de *Un mundo para Julius* (ya se verá la importancia que adquiere en la novela) no se identifica plenamente con nada; es más, interpone un calculado espacio entre su mirada y lo que observa, ejercita un distanciamiento que le confiere la perspectiva que necesita para ver a cada uno de los personajes desde los ojos de los demás sin dejar de verlos con los propios. Ese narrador, al carecer (como Manolo) de una posición cabalmente asumida complementa la ambigüedad que también posee Julius, si bien éste la debe no sólo a su carácter, sino también a su condición infantil: como niño pequeño, Julius no está todavía "en su sitio", y esto le permite un activo comercio con la servidumbre, incursionar ingenuamente por mundos que están debajo del suyo, ignorar los linderos que habrá de marcarle en el futuro su clase social.

Los dos libros de Bryce son historias de la orfandad, biografías de solitarios. Pero ambos exceden esa condición, pues trabajan en dos dimensiones. En la primera de ellas -horizontal- se cumple una representación de la realidad a través del acontecer exterior. En la otra -vertical- el objetivo es el impacto de ese acontecer en los protagonistas (hasta ahora conciencias en distintos estados de formación: la niñez de Julius, Manolo la adolescencia), seres más bien pasivos. Tal objetivo se alcanza sin tocar el "alma" de esos protagonistas quienes -al igual que el resto de los personajes de Bryce- son fundamentalmente sus actos, su visible vivir; se dan en una estructura narrativa que no verbaliza sino refracta ese impacto, lo transfiere al lector.

Hasta aquí las principales características comunes en los libros mencionados. Estas señas de identidad varían sus pesos relativos de uno a otro; en la novela se afinan, se refuerzan con nuevos recursos, ganan soltura, se abren francamente al humor, alzan el vuelo de un modo impredecible por su anterior producción.

Un mundo para Julius reproduce, con rara imparcialidad, la vida privilegiada de los señores y la precaria de los siervos; compendia la injusticia social en un hogar de familia, simplificante espejo de un sistema económico en cuyo centro se coloca, como una acusación, la perpleja inocencia de Julius, el niño sensible y solitario que va descubriendo una realidad cruel que no comprende pero que aprende con tristeza y pesar. Así, Julius no es sólo el protagonista del libro, sino también su instrumento de exploración. En torno de él la novela crece y abarca un vasto panorama que aspira a representar el de la sociedad donde su acción se desarrolla. Cuadros de costumbres, rápidos y certeros; incisivos esbozos de la vida en los distintos estratos de Lima -desde las zonas residenciales lujosas hasta las miserables barriadas, pasando por los sectores intermedios emergentes o en deterioro- configuran una sucesión de contrastes semejante a la que se da en el desfile de los personajes, no por fugaces o simplificados menos nítidos, que pueblan el libro y subrayan la fastuosa frivolidad albergada en el palacio de Julius, en los palacios. Los dos de Julius, además, sirven para representar cambios en nuestra sociedad, una evolución que no sólo se marca en la diversa y aún opuesta semiología de la arquitectura y la decoración que distingue al palacio paterno del construido por Juan Lucas, sino también en las actitudes del personal de servicio doméstico que va reemplazando al antiguo a partir del despido de Vilma, esa manzana arrojada del paraíso.

Las dos dimensiones básicas de la obra del autor se distinguen

-en una primera aproximación a la novela- en el cuento sobre Julius y el recuento del mundo que el chico -cada vez más solitario- habrá de recibir. Cuento y recuento no siempre se imbrican adecuadamente y la estructura del libro -ya algo laxa de por sí- se resiente por ello. Tal como se lleva el relato en ocasiones, la novela pudo seguir creciendo indefinidamente. En ella la dimensión horizontal prima sobre la vertical, quizá debido a la falta de una determinación precisa en su proyecto y, en todo caso, también a la naturaleza de su protagonista. Sin embargo, las limitaciones que imponía una óptica centrada en un niño son magistralmente salvadas por la personalización del narrador, quien, mediante un rápido pase de tercera a segunda persona, desde el comienzo mismo se instala de un modo muy peculiar en la novela. De allí en adelante estará siempre presente pero no siempre perceptible a primera vista, salvo en las esporádicas frases que dirige al lector (uno de sus variados recursos para alejarlo de la narración, para enfriarla y retenerla -cuando se aproxima a lo grave a lo sentimental-en su carácter de ficción principalmente divertida y secundariamente ilustradora).

Ese narrador -se dijo más arriba- proyecta una visión que implica las miradas que los habitantes de *Un mundo para Julius* cruzan entre sí. Susan, por ejemplo, es reiteradamente linda y Juan Lucas elegante porque todos lo decretan, y Vilma es una carne a cada página más apetitosa porque quienes desfilan por ellas la hacen ver de ese modo. El narrador nos entrega un mundo que en parte se genera a sí mismo, aunque no exactamente tal cual: él suma a esa suma de visiones su propia visión irónica o burlona, afectuosa y mordaz, producto de sus personalísimas relaciones con la materia que novela, del desarraigo y la proximidad que acusa frente a ella, características que permiten ejercitar con amplitud una afinada percepción del ridículo y la vanidad, un agudo sentido del humor, implacable y condescendiente a la vez.

El estar alimentada por corrientes contrarias que se compenetran, establece una rica variedad de planos en la narración. Parte de esa riqueza se entrega en los continuos juegos miméticos y paródicos que la escritura de la novela realiza sobre el modelo del habla de sus personajes. Las voces de éstos (y no sólo por las interpolaciones que remiten a sus dichos) son incorporadas por el narrador a su propia voz, la cual insume materiales extraídos del habla limeña de clases más bien altas; con un cierto sabor a la lengua coloquial femenina, en ocasiones.

Se conforma de este modo un estilo cargado de oralidad, una escritura que habla, que no tan sólo se lee sino se oye y que más que subordinarse a lo narrado ocupa el centro del libro, porque es su corazón. Y es la voz del narrador, no las poco memorables anécdotas que entreteje la novela, lo que más vale en este libro lleno de simpatía, de naturalidad, de inteligente y ancha humanidad, de fresco humorismo, de una buena salud hoy menos que nunca frecuente en la literatura.

Algunas de estas cualidades podrían inducir a vincular a Bryce con Palma. La distancia que los separa es mayor que los aspectos que servirían para relacionarlos, pero la comparación sería ilustrativa de cambios de actitud frente al lenguaje, por ejemplo. Este cumple, en ambos, una función especialísima, accede al primer plano de la narración y en los dos hay una oralidad manifiesta. Mas en Palma ésta es artificiosa, hechiza como la imagen del mundo que pone en escena. El lenguaje de Bryce, en cambio, no es un afeite sino una vía de acceso múltiple a la realidad que inventa; y una herramienta crítica también. Es decir, no disfraza: muestra.

En *Un mundo para Julius* el relato adquiere, pues, una abundante variedad de matices, multiplica el valor de sus signos y, al tiempo que transmite actitudes de los personajes, transmite también la actitud del narrador ante esas actitudes. Tanta complejidad no desconcierta ni dificulta la lectura pues no es sino el manejo sistemático y perfeccionado de recursos habituales en la conversación. Un manejo que revela exquisita percepción de las sutilezas del habla y una puntería verbal muy certera para trasmitirlas.

Todo esto hace de Bryce un escritor peculiarísimo, confiere a su voz un timbre propio. El salto que ha dado de su primer libro a esta novela es tan notable que puede compararse -por la distancia cubierta- al de Vargas Llosa entre *Los jefes* y *La ciudad y los perros.* Por cierto, no todas son virtudes en *Un mundo para Julius*, pero ellas cubren bastante bien los defectos. Sin embargo, la novela podría haber ganado mucho si el autor le hubiera hecho perder páginas; pues aunque tiene un gran encanto, en ciertos momentos se avanza en la lectura con algo de fatiga: hay digresiones narrativas y acontecimientos que redundan y el libro aumenta y no avanza. Paradójicamente, el desapego, mantenido con tanto cuidado por el narrador en su relato, parece no haber prevalecido en el autor frente a la obra concluida.

[«Suplemento Dominical» de *El Comercio*. Lima, 26 de setiembre de 1971: 22-23]

BRYCE: ELOGIOS VARIOS Y UNA OBJECIÓN[1]

Tomás G. Escajadillo
Universidad Nacional Mayor de San Marcos

Las presentes líneas son una meditación primera. Quieren reflejar el entusiasmo y, al mismo tiempo, el desconcierto que ha despertado en mí la lectura de una notable novela de un joven escritor peruano, *Un mundo para Julius* de Alfredo Bryce Echenique. Antes que un punto de llegada pretenden ser un punto de partida, formulación de un comentario en busca de un diálogo que juzgo importante, no sólo por el valor mismo de la novela, sino por la trascendencia de los diversos aspectos que su crítica implica: en especial, la incorporación de la «concepción del mundo», de la ideología o de la ética que subyacen o pueden subyacer en el texto, a través o no de la conciencia del autor, como materiales que la crítica debe tener presentes.

Haciendo recuerdo de mi antigua amistad con Bryce y de las coincidencias que a él me unen (compañeros de estudios de jurisprudencia en los vetustos claustros sanmarquinos; una misma experiencia desgarradora del Perú en colegios caros y universidades populares; un mismo amor por la literatura norteamericana; una similar actitud vital informal o irónica frente a nuestra sociedad y a nuestra

1 Ponencia leída el 11/8/1971 en el marco del XV Congreso del Instituto de Literatura Iberoamericana (Lima 9-14 de agosto de 1971).

129

«sociedad»), asumo la misma actitud -insólita en un medio como el limeño, que casi permanentemente oscila en forma pendular entre los extremos de las capillas que aplauden incondicionalmente y la diatriba que se murmura o se pronuncia impulsada por la enemistad o el resentimiento- con que Washington Delgado escribiera hace siete años críticas más bien severas a libros acabados de aparecer de los narradores peruanos más importantes en la actualidad, Ribeyro y Vargas Llosa:

> Los comentarios anteriores a los últimos libros de Mario Vargas Llosa y Julio Ramón Ribeyro, al acumular más reparos que elogios, pueden parecer malévolos, No es así, sin embargo, mis reproches y exigencias se dirigen a dos escritores que valen mucho. Ribeyro y Vargas Llosa representan la madurez de una generación que durante mucho tiempo estuvo compuesta solamente de jóvenes escritores, jóvenes poetas, jóvenes cuentistas. Soy exigente con Vargas Llosa y Ribeyro porque en la novela y en el cuento han alcanzado una calidad indiscutible, y sobre todo porque pueden escribir obras más importantes y más hermosas que las ya publicadas. Yo quisiera verlos elevarse a las más grandes alturas; y creo que sólo llegarán a esas alturas si, previamente se sumergen en un mundo real y profundo. La poesía, ha dicho Elliot, no descubre verdades, pero las hace más evidentes. *La misión de los poetas, de los narradores, de los artistas del Perú es revelar claramente, hermosamente, a través de su arte, una realidad que por desidia, cansancio o desamor, a menudo ignoramos.*[2]

Hago mías estas palabras y las relaciono con esta meditación en alta voz sobre *Un mundo para Julius*. «...Revelar *claramente*... a través de su arte, una realidad... que ignoramos» dice Delgado. ¿Cómo realía esta función Bryce? *Un mundo...* no es solamente una novela que recrea o refleja a la gran burguesía de un país concreto,

---

2 Washington Delgado: «Envío». En: *Visión del Perú*, Lima, No. 1, agosto de 1965, p. 30.

de una ciudad en particular, como son el Perú y Lima. Al indagar en la estructura cerrada de una casa familiar, microcosmos que posee la virtud de saber revelar iluminar un universo más vasto y completo. Bryce efectuó una elección concreta, adoptó una opción particular: conscientemente o no, abrazó una preferencia especial que acarrea responsabilidades específicamente artísticas, desde luego, pero también ideológicas, éticas. Bryce eligió la pintura o indagación de una clase social *dominante* en sus relaciones con una clase social *dominada*. En el microcosmos del hogar del protagonista, más precisamente, en los sucesivos ámbitos cerrados que engloban a la familia de Julius, se presenta o representa, se alude o dramatiza, las formas de vida de los señores en comparación, contrapunto o contraste a la recreación de las existencias de los servidores. En el mundo de los muy ricos de la oligarquía peruana recreado conjuntamente con el mundo de los servidores domésticos que ocupan simbólica y factualmente las «habitaciones de abajo» del mundo recreado de la casa de Julius. Y es aquí, en la axiología implicada en la representación de un mundo en combate, donde la «claridad» de que habla el poeta-crítico citado constituía, desde mi punto de vista, aquella responsabilidad *especial* del novelista.

En este mundo traidor
nada es verdad ni mentira;
todo es según el color
del cristal con que se mira.

Dice la conocida copla, y dice bien, creo yo, si referimos el dicho a la novela en especial. En el mundo autónomo cerrado, de eficacia, vivacidad y validez que responde a leyes propias, de la novela; mundo en especial «traidor», ambiguo, contradictorio y resbaladizo; todo depende del color del *cristal* con que el novelista percibe o recrea la realidad. Todo depende de la estructura o características del «lente» con el cual la produce, la fabrica de nuevo; sea buscando la «realidad-real» -como pretende la óptica de un realismo primerizo, ingenuo, superficial-, sea, como lo hace Bryce en *Un mundo para Julius,* deformando tal realidad, aludiéndola en mil diversas formas, reflejándola indirectamente por medio de parábolas o silencios y ausencias significativas, convirtiéndola en muecas y gestos trágicos, risibles o absurdos; sea -en especial- distorsionando «la realidad» leve y elegantemente con el velo de una ironía sutil que por momentos se acerca al sarcasmo.

Desde luego que no me es posible determinar con absoluta y definitiva exactitud lo que significa el *cristal* o «lente» del novelista, su «filtro» (H. James) o «ventana al mundo». Si alguien pudiera hacerlo, creo que se había producido lo que en inglés se llama un *breakthorough* en la teoría literaria relativa específicamente a la narrativa, un descubrimiento o «apertura» de importancia primordial. No me cabe duda de que estamos en una época de crisis, no en relación a la novela, sino en cuanto a la manera de leer una novela, más específicamente, en relación a criterios, válidos y claramente utilizables con eficacia y equilibrio, para «valorar» una obra narrativa. El desconcierto y por lo tanto, las posturas críticas antitéticas[3], son más acentuados posiblemente que en otras épocas. Diré pues, con el maestro Mariátegui.

Mi crítica renuncia a ser imparcial o agnóstica, si la verdadera crítica puede serlo, cosa que no creo absolutamente. Toda crítica obedece a preocupaciones de filósofo, de político, o de moralista (...). Declaro, sin escrúpulos que traigo a la exégesis literaria todas mis pasiones e ideas políticas (...). Pero esto no quiere decir que considere el fenómeno literario o artístico desde puntos de vista extraestéticos, sino que mi concepción estética se unimisma, en la intimidad de mi conciencia, con mis concepciones morales, políticas y religiosas, y que sin dejar de ser concepción estrictamente estética, no puede operar independientemente o diversamente[4].

Quiero, asimismo, recordar una frase de Lukács que me seduce por su genialidad, aunque hasta ahora no se consiga hacer de ella una herramienta de eficacia indiscutible para analizar una novela.

---

3 *Un mundo para Julius* es, precisamente, una buena ilustración de este último fenómeno.
4 Cito por: José Carlos Mariátegui: *7 ensayos de interpretación de la realidad peruana* (1928). Tercera edición. Lima, Biblioteca Amauta (Empresa Editorial Amauta), 1952, pp. 243-44.

Esta frase la recoge y estudia su discípulo[5] Goldmann el llegar a explotar todas las implicancias y posibilidades de aplicación práctica de esta idea sería para mí un gran avance en el desarrollo de una sociología de la literatura de la línea «Lukács-goldamaniana». Decía Lucien Goldmann:

> El problema de la novela es, pues, hacer de lo que en la conciencia del novelista es *abstracto* y *ético,* el elemento esencial de una obra en la que esta realidad no podría existir más que a modo de una ausencia no tematizada (mediatizada, diría Girard), o, lo que es igual, de una presencia degradada. Como dice Lukács, la novela es el único género literario en que la ética del novelista se transforma en un problema estético de la obra[6]

Goldmann reconocía que una *sociología de la novela* está todavía por hacerse en la actualidad, y por ella trabajó incansablemente hasta sus últimos días. No será tampoco el gran Lukács, que ha fallecido hace apenas algunas semanas, pocos meses después que su discípulo, quien contribuya a ello. Deberán ser otros teóricos quienes realicen -o más bien, completen- esta tarea crucial para la hora presente.

En todo caso, queda explicitada la ladera en que me sitúo y desde la cual formulo la objeción de oscuridad y ambigüedad, referente específicamente a la mostración en *Un mundo para Julius* de dos «mundos» que de hecho están enfrentados entre sí.

No debe pensarse, sin embargo, que por la atención preferente que en este texto de extensión inevitablemente limitada estoy brindando a esta objeción importante, acumule mi crítica «más reparos que elogios», como las de Washington Delgado sobre Vargas Llosa y Ribeyro. No. Yo creo que *Un mundo para Julius* tiene sobradas virtudes para construir una novela de gran significación en nuestro

---

5 Llamémosle así para simplificar las cosas.
6 Lucien Goldmann: *Para una sociología de la novela.* Madrid, Editorial Ciencia Nueva, 1967, p. 22.

panorama literario. Tiene a mi juicio innumerables aciertos, felicísimos hallazgos; es con no poco desagrado, pues, que en la presente oportunidad me vea limitado a detenerme preferencialmente en lo que para mí es, en realidad, la única aunque cardinal objeción que formulo a la novela: su ambigüedad en la índole y el uso del *cristal* con que se miran las relaciones de los dos mundos que conviven en el universo narrativo de *Un mundo para Julius*. Quisiera, sin embargo, examinar -aunque sólo pueda ser somera y rápidamente-, algunos de los múltiples aciertos de la novela.

*Una doble tradición: De **La casa de cartón** a **Un mundo para Julius; de Duque** a Oswaldo Reynoso y Alfredo Bryce*

En ocasión que parece ya muy lejana, al presentar al público peruano a «Alfredo Bryce, ese desconocido»[7], dije:

> Tan sólo he leído un cuento de Bryce: «Con Jimmy, en Paracas». En él se recrea la atmósfera de la infancia, ese permanente *El dorado* de los escritores; es una prosa que avanza lentamente -como el viejo Pontiac del padre del niño que narra la historia-, que se detiene de vez en cuando ante el detalle significativo, que consigue crear una atmósfera que por igual me hace pensar en Valdelomar o en Ribeyro. Y algo más: con «Con Jimmy, en Paracas», nos adentramos en esa atmósfera del mundo trágico en que vivimos, el mundo de los jefes ricos y de los empleaditos sumisos; con delicadeza no exenta de leve ironía, el relato nos hace ver el mecanismo de las relaciones entre seres de distintos niveles sociales, pero no hay en él denuncia virulenta ni protesta formal; ese «mundo», con sus crueles contrastes, está envuelto en una atmósfera poética, diluido en una anécdota familiar que consigue, sin embargo, ele-

---

7   Mi artículo «Alfredo Bryce, ese desconocido» (*Oiga*, Lima, No. 265, 22 de mayo de 1966, pp. 24-26) es indudablemente la primera noticia que se publicó sobre el autor de *Un mundo para Julius* (libro sobre el cual, asimismo, se dan las primeras noticias, cuando estaba todavía a medio redactar).

varse hasta brindarnos una imagen certera de la sociedad peruana[8].

Estas palabras pueden servirnos de punto de partida para analizar algunas de las virtudes de *Un mundo para Julius*. Una importante línea de la narrativa peruana del presente siglo podría postularse que se inicia o se remoza con la extraordinaria novela *La casa de cartón* (1928) de Martín Adán. No quiero decir que ello constituya una «escuela» o algo similar, sino una suerte de constante que entre nosotros ha dado muestras narrativas de excepcional calidad: la de los héroes infantiles o casi juveniles, sensitivos y algo melancólicos; la de una prosa fina, elegante, sobria e irónica. El antecedente de este tipo de escritura es, quizás, el narrador juvenil de tres notables relatos de Valdelomar, que se encarna en los protagonistas de «El caballero Carmelo», «El vuelo de los cóndores» y «Los ojos de Judas»[9]. Pero es en el punzante adolescente de *La casa de cartón* -libro que en apreciación de un crítico[10] inaugura el momento más reciente de nuestra prosa de ficción- en el que se plasma con mayor nitidez un determinado tipo de héroe que se complemente y unimisma con una prosa sensitiva e irónica, y que acaso continúe con algunos personajes infantiles de Ribeyro y que llega hasta la novela de Bryce. Si la juvenil novela de Martín Adán constituye un libro indispensable en nuestra narrativa del presente siglo, *Un mundo para Julius* hace honor al legado. En cierta medida Bryce sintetiza gran parte de los aciertos de los escritores mencionados. Julius es un personaje que ha hecho entrada definitiva entre las criaturas literarias

---

8 Art. Cit, p. 25. El artículo fue escrito con motivo de la Mención Honrosa de Casa de las Américas para *Huerto cerrado* («Yo tuve la primera Mención y perdí el premio por un voto (3-2), como "match" de fútbol. Me declaro feliz con el resultado, ya que consideraba el libro como balbuceante y primerizo», Ibidem., p. 24). Desde luego que, habiendo leído tan solo un cuento de Bryce al momento de escribir la nota de *Oiga*, el texto tuvo que ser necesariamente anecdótico y de tono reminiscente.

9 Las fechas de publicación en periódico de estos tres cuentos de Valdelomar son: «El caballero Carmelo»: 13 de noviembre de 1913 (*La Nación* de Lima); «Los ojos de Judas»: 24 de marzo de 1916 (*La Prensa* de Lima); «El vuelo de los cóndores: 28 de abril de 1918 (*Balnearios* de Lima).

10 Alberto Escobar hace comenzar la última etapa de la narrativa peruana («Los últimos: el prisma de la realidad») con un fragmento de *La casa de cartón*. C.F. *La narración en el Perú (Estudio preliminar, antología y notas or Alberto Escobar)*, Lima, segunda edición, Librería-Editorial Juan Mejía Baca, 1960.

que perduran. A través de él, en una prosa por momentos poética, por momentos irónica o tierna, pero siempre ágil y entretenida, penetramos en, por ejemplo, la ternura de un niño por su madre o por los seres humildes, de un Valdelomar; en la aguda percepción de un universo infantil con sus leyes propias, sus ingeniosidades específicas y sus pequeños triunfos y crueldades de un Ribeyro (compárese, por ejemplo, los similares aciertos de «Scorpio» con algunas deliciosas escenas de la novela de Bryce: el mago de la fiesta infantil, reiteradas estampas de la vida colegial, etc.); participamos de ese aire de alegre y genial desenfado que preside el modo de presentación de los objetos y seres del mundo de los ricos y de los pobres de Barranco que adopta el protagonista de La casa de cartón. Bryce asimila y, hasta cierto punto, compendia, una varia lección de talentosos maestros, en un mundo sumamente personal, nuevo y antiguo a la vez.

Pero hay otra línea que acaso sea más interesante examinar. Un mundo para Julius, proclamada rápidamente «novela antioligárquica» en forma casi unánime por los primeros comentarios que sobre ella han aparecido en el Perú, se entroncaría en tal condición con una poco significativa «línea» novelística que por el momento podríamos limitar a Duque (1934) de José Diez-Canseco y En octubre no hay milagros (1965) de Oswaldo Reynoso. Se ha afirmado que una de las limitaciones de la segunda -novela sin embargo importante y mal estudiada- es el poco conocimiento que revela su autor del mundo de la alta burguesía limeña que intenta demoler; su acercamiento a ella mediante la caricatura gruesa, el sarcasmo vitriólico, cuando no el uso directo -con frecuencia no sólo brutal sino de tono didáctico- de una explícita denuncia social. Todo ello, se ha afirmado, produce en la obra de Reynoso una sensación de falsedad o por lo menos de lejanía extrema en relación al mundo novelesco. Diez-Canseco, por el contrario, conocía perfectamente el «mundo» que intenta recrear. Sus personajes, inclusive, tuvieron modelos directa y abiertamente «calcados» del mundo real, apenas disimulados por un nombre distinto, a tal punto que bien puede considerarse a Duque uno de los pocos ejemplos de roman-a-clef en nuestra historia literaria. En ambas novelas, sin embargo, la cruda intención destructora -sea de personajes aislados, atípicos; sea de personajes «típicos» o representativos de la clase dominante deviene ineficaz, postiza, se acerca peligrosamente a lo panfletario. Bryce, en cambio, hiere finamente un mundo que el lector juzga descrito -e interpretado- *desde dentro.* Sus armas son una constante y sobria ironía, mezclada con un humor perpetuo y, por momentos, la sátira franca; sus personajes interpretan y enriquecen la realidad (aun aquellos contados personajes secundarios que parecen tener un referente identificable en el mundillo local) en vez de intentar «fotografiarla». Bryce ha sorteado los peligros distintos que no supieron evitar los otros novelistas. La intención demoledora -el escritor que, hacha al hombro, entró en la morada de la burguesía dispuesto a destrozarla- ha fracasado allí donde el joven narrador acertó mediante el leve toque de cincel, mediante una tenue pero permanente ironía corrosiva, mediante un humor que golpea disimulada pero eficazmente. En ese sentido, *Un mundo para Julius,* más que ninguna otra novela peruana, significa una profunda y certera penetración en el mundo de la burguesía nativa, a la cual se cuestiona, se zahiere, se ataca con eficacia y severidad no exentas de poética melancolía. Hay, sin embargo, notas contradictorias en la recreación de este mundo, en la actitud sobre él. Impugnamos por ello la tajante certeza con que un crítico afirma que *Un mundo para Julius* es una novela que constituye «un servicio a la revolución»[11]. En todo caso, es siempre interesante cotejar *Un mundo para Julius* con novelas como *Duque* para mejor apreciar los hallazgos de Bryce, pues no sólo indagan ambas novelas en el mismo grupo humano sino que existe una considerable cantidad de materiales extraordinariamente similares[12] usados en ellas;

---

11 Winston Orrillo: «Radiografía de *Un mundo para Julius», Oiga,* Lima, No. 427, 11 de junio de 1971, pp. 31-32.

12 Este hecho en sí carece, desde luego, de mayor importancia. Sin embargo es curiosa la coincidencia de os «materiales»: ambas novelas usan los interiores del Country Club como un recurso especial de *ambientación* en el más amplio sentido: como «marco» especial -«real» y «simbólico» a la vez- para reflejar en tal ambiente específico a la burguesía nativa. Así, los comedores, los salones y los jardines-con-piscina del Country, se constituyen en «espacio» y en pretexto para proyectar -en sí mismo- una imagen de la oligarquía limeña, y, asimismo, para ver actuar a los burgueses en el escenario que les resulta «natural»: en el Country están «en su salsa». Otros rasgos y materiales novelísticos llevarían desde estudiar el caracterizador uso de anglicismos por parte de algunos personajes «claves» -el Teddy de Diez-Canseco sería a este respecto (forzando un poco las cosas) una especie de Susan/Juan Lucas-, hasta reparar en el insólito uso de los *Links* de golf como escenario de algunas secuencias novelísticas (escenario ciertamente insólito en la narrativa peruana).

ello, acaso, puede ayudarnos a entender el por qué y cómo del fracaso (parcial) de una novela, y los aciertos de la obra.

El humor y otras cosas serias

Al vincular a Bryce con dos «líneas» distintas de la narrativa peruana, y señalar con motivo de ello varios de los indudables logros de su reciente novela, apenas si hemos iniciado el examen de las virtudes de *Un mundo para Julius*. No poca importancia tiene el hecho de que con *Un mundo para Julius* la narrativa peruana, tan absurdamente seria y formal por lo general, recupere el sentido del humor. Desde la ya algo lejana época del Diez-Canseco de *Estampas mulatas*[13] la prosa de ficción peruana parecería haber desdeñado las posibilidades artísticas del humor. Nuestros novelistas son francamente serios, protocolares, casi solemnes; todos ellos parecieran ignorar el humor; el más importante Vargas Llosa -según afirman él mismo y su comentarista más cercano y sagaz, José Miguel Oviedo-, lo considera inconveniente y perturbador para la narrativa, producíría una «baja de tensión»; sería en suma, «un tiempo muerto» en la novela.[14] El humor de Bryce, fresco y natural, consigue darnos -en situaciones y parlamentos; en las voces del autor omnisciente y los personajes- cuadros muy vivaces de distintos sectores de nuestra sociedad. Este logro, como muchos de los de Bryce, no es privativo de la pintura de la clase alta[15], si bien es de ella de la que se ríe más el lector. Para la alta burguesía que frecuenta el Golf, la Iglesia Central

---

13 A pesar de que se ha dado en hablar de Palma a raíz de *Un mundo para Julius* –y aun de Segura y Pardo y Aliaga, y hasta Caviedes– creo que tiene mayor sentido recordar, a propósito de este nuevo novelista, el mundo lleno de gracia y de picardía de las sucesivas «estampas mulatas» que José Diez-Canseco escribiera y publicara entre 1930 y 1940. También para Diez-Canseco una norma oral («popular» a diferencia de la oralidad de «clase alta») preside el discurso narrativo.

14 C.F. José Miguel Oviedo: *Mario Vargas Llosa: La invención de una realidad*. Barcelona, Barral Editores, 1970, p. 66. Ver También: Luis Harss: *Los nuestros*. Buenos Aires, Editorial Sudamericana, 2da. ed., 1968. pp. 445-46.

15 Refiriéndose a dos relatos (pertenecientes a la colección que después se publicaría con el título de *La felicidad, ja, ja)* Editados en un pequeño volumen en 1972 con el título de uno de los textos, *Muerte de Sevilla en Madrid* (Lima, Mosca Azul Editores, 1972, 65 pág.) dice José Miguel Oviedo que «todo forma parte de una visión [que tendría también *Un mun-*

de Miraflores y el Colegio Inmaculado Corazón -como lo hiciera años atras Diez-Canseco para sus zambos y mulatos de Bajo el Puente- Bryce ha sabido inventar o reinterpretar una suerte de *fabla limeñensis* que se destaca por su cursilería y vacuidad. Ningún estudio prolijo sobre *Un mundo para Julius* podría dejar de examinar en profundidad el humor y la frescura de un lenguaje cuyo tono coloquial deviene en forma rectora de la novela.

Deberíamos aunque sea mencionar el fundamental acierto de «tomar como conciencia moral de este universo la embrionaria sensibilidad de un niño», al decir de un crítico[16], y la compleja psicología, inusual sensibilidad y privilegiada inteligencia que se confiere al protagonista, todo lo cual nos permite acceder junto con Julius a notables, inusitados y vivaces enfoques de una realidad percibida desde la perspectiva de un ser tan especial, que nunca pierde, sin embargo, su coherencia interior. Debe destacarse, asimismo, la habilidad con que recrea Bryce ambientes intermedios entre los polos sociales señores-sirvientes sobre los que gira la novela; como también merece subrayarse que junto a personajes «normales», verosímiles, de corte realista, está la presencia de aquella criatura -la vieja profesora alemana de piano, su amigo el filatélico, alguna monjita «rara», el excesivo crápula Tonelada Samamé, por ejemplo- que representan la otra vertiente de lo fantástico, de lo desmedido, parabólico o esperpéntico. Washington Delgado sintetiza con acierto las virtudes esenciales de la novela cuando declara:

> la primera novela de Bryce nos muestra un escritor maduro, dueño de una técnica segura, capaz de escribir quinientas páginas apretadas sin embarullar el hilo argumental, sin torcer la psicología de sus personajes (...) resulta asombroso que una novela tan extensa se pueda leer de

---

do para Julius], entre regocijada y crítica, de una realidad». Ver: «Humor y neurosis en Bryce». En *El Comercio* (Suplemento Dominical), Lima 23/7/77, pp. 28 y 30. (Una prolongación y complemento a este artículo es el siguiente, que se reifere a la colección íntegra de los relatos que conforman *La felicidad, ja, ja:* (J.M.O.): «Bryce entre la felicidad y la facilidad». En: *El Comercio* (Suplemento Dominical), Lima, 23/6/74, pp. 24 y 26).

16 «Alat» (Alfonso Latorre): «Los dos mundos de 'Julius'». *Expreso* («Estampa»), Lima, 25 de julio de 1971, p. 6.

corrido y con un interés creciente[17]; que los caracteres presentados sean precisos, nítidos, singulares; que algunos aspectos de la realidad limeña aparezcan bajo una luz nueva, agria y deliciosa a la vez; que la fantasía juvenil del autor se mantenga siempre dominada por la sabiduría del escritor nato[18].

La ambigüedad inquietante del cristal

Si el Teddy Crownchield Soto Menor, con sus dos apellidos, significa para Diez-Canseco la sátira contra un burgués muy concreto, «identificable» claramente a través de anécdotas específicas con un referente del mundo real apenas disimulado por el cambio de apellido, el Juan Lucas equivalente de Bryce no tiene apellido: se refiere a ninguno y es al mismo tiempo representativo de todos los burgueses. Notemos, a este respecto, que tampoco la familia de Julius posee un apellido. Juan Lucas representa, pues, el modelo

---

17 Sobre este punto la crítica ha comenzado a dividirse. Abelardo Oquendo piensa, por el contrario (en por lo demás un comentario muy elogioso -y bien escrito- sobre *Un mundo para Julius*), que la novela hubiera ganado con algunas podas: «Cuanto y recuento no siempre se inbrican adecuadamente y la estructura del libro -ya algo laxa de por sí- se resiente por ello. Tal como se lleva el relato en ocasiones, la novela pudo seguir creciendo indefinidamente» (p. 22). Y: «la novela podría haber ganado mucho si el autor le hubiera hecho perder páginas; pues aunque tiene un gran encanto, en ciertos momentos se avanza en la lectura con algo que fatiga: hay digresiones narrativas y acontecimientos que redundan y el libro aumenta y no avanza» (p. 23). Ver: «El largo salto de Bryce». En: *El Comercio* (Suplemento Dominical), Lima, 26/9/71, pp. 22-23.

Luis Alberto Ratto, en cambio, en un breve y certero comentario a *Un mundo para Julius*, concuerda con Washington Delgado: «...una admirable unidad de construcción ha regido el relato. Y esto es lo que resulta, quizás, más destacable en la novela: pensada originalmente como un cuento corto -lo ha dicho Bryce- la historia se va desenvolviendo sola, natural, espontánea, pareja, sin altibajos, con una fluidez que entusiasma. Si saber narrar es mantenernos suspendidos del hijo de un relato, y si él es tan tenue que sólo puede sostener el peso de una araña, lo admirable es observar cómo se entreteje la tela para atraparnos definitivamente. Sí, Bryce sabe narrar. Dicho así, sencillamente, sin miramientos ni tapujos. Raras veces seicientas áginas pueden resultar en realidad tan pocas». Ver: «Alfredo Bryce: *Un mundo para Julius*. En: *Textual* No. 2, Lima, Instituto Nacional de Cultura, setiembre de 1971, p. 60.

18 W.D.: «*Un mundo para Julius* de Alfredo Bryce». En: *Creación y Crítica*, Lima No. 7, julio 1971, (p. 14).

buscado por todos los integrantes de ese mundo: en algún momento de la novela se nos presenta a un grupo de jóvenes burgueses que «estudiaban para Juan Lucas»; él significa el *sumun* de valores hacia el cual se encamina el mundo en que vive Julius, un mundo que delgado define así:

> El mundo que Julius ha de recibir un día, es sencillamente el mundo de la estupidez; un mundo brillante, fastuoso, placentero e inacabablemente estúpido (...). La estupidez del mundo que rodea a Julius es opulenta y vacía y se nos revela con una objetividad intachable, con un desapego encantador y éste es acaso el secreto de su amenidad: el narrador no desprecia ni ama a la mayoría de sus personajes, pero continuamente se divierte relatándonos sus peripecias[19].

No estoy de acuerdo con el tipo de lectura crítica de la novela que nos habla de la burla implacable que en ella se realiza al personaje Juan Lucas y que subraya la acidez de la visión distorsionada de la burguesía[20], sin anotar que esa acidez corroe con igual o mayor dureza también al mundo de la servidumbre y los personajes representativos de la clase media. Asimismo, a pesar de que Juan Lucas es zaherido en varias de las irrupciones directas del autor -«(probablemente el día en que haya terremoto aparecerá Juan Lucas gritando 'socorro' 'mis palos de golf', y perfectamente vestido para la ocasión)»-, la actitud del novelista frente al personaje es doble: también hay una suerte de fascinación ante la extrema eficacia y fatua elegancia con que Juan Lucas se desenvuelve en la estupidez de su mundo. Junto con la sátira, pues, una suerte de embelesamiento.

Insisto en señalar que los personajes del mundo de la servidumbre están vistos con igual o mayor irónica distorsión que los personajes del mundo de los amos. Junto con la ironía hay, sin em-

---

19 Ibidem, (pp. 14-15)

20 Por ejemplo, las críticas de Orrillo (nota 11) y «Alat» (nota 16). Ratto (Nota 17) es igualmente tajante: «La novela con fina ironía, con su tono aparentemente intrascendente, se convierte en implacable y despiadada denuncia»

bargo, piedad y ternura para «los de abajo», especialmente a través de la simpatía -en casos profundo cariño- que Julius siente hacia ellos. Mientras que los burgueses -especialmente Juan Lucas- son presentados como seres fríos que sufren -si es que sufren- elegantemente, que, por ejemplo, ante el engaño reaccionan con compostura y elegancia, sin dejar de ser «lindos», como Susan; las pasiones en el mundo de abajo se desenvuelven en un torbellino de gritos destemplados, de sudor y movimientos violentos, de unas lágrimas que a Juan Lucas le parecen antiestéticas. Todo esto, no obstante, insufla vida, humanidad a los personajes populares; pero junto a la ternura está también la crueldad y la caricatura. Por momentos también resulta excesiva la idolatría que los sirvientes de la novela sienten por Susan, por la pequeña Cinthia y por Julius. ¿Está justificada por los elementos internos de la novela? ¿Es coherente? La cocinera, por ejemplo, parece sentir más la muerte de Cinthia que la muerte de su propio hijito; los servidores se agrupan subyugados en «Disney-landia» (el comedor de Julius) para gozar en forma increíble con la presencia del niño de la casa. ¿No se habrá filtrado en todo esto traicionera o inconscientemente- una determinada *visión del mundo* a la que no es ajeno -por lo menos no todavía- el novelista? Hay con frecuencia un excesivo -carente de coherencia interna- amor y embelesamiento de los explotados y oprimidos hacia los señores; y si esto pudiera reputarse legítimo con relación a Julius que a su vez los quiere, resulta ya poco convincente, poco coherente incluso, en relación a Susan, que aparece en la novela casi como una suerte de opción aceptable: es la burguesa «buena» bien intencionada. Es una versión paternalista de la opresión (la burguesía tradicional, terrateniente), que por momentos parece presentarse como una alternativa tolerable (frente al otro tipo de burguesía: moderna, industrial, directamente proimperialista[21], representada en la novela por Juan Lucas y simbolizada fisícamente por el «nuevo palacio», de Monterrico así

---

21 Quien ha elaborado más sobre estos tópicos es Miguel Gutiérrez, en un texto desde una postura crítica tajante y dura, pero que sin embargo contiene no pocos elogios a *Un mundo para Julius:* «La muerte del padre no significa ciertamente el colapso económico de la familia ni una tragedia, sino el discreto relevo de este mundo noble, patriarcal, heráldico (…) por un mundo menos bello quizás, pero más reluciente, más práctico, más de acuerdo con las exigencias de la sociedad moderna» (p. 25). Y: «A medida que pasan las páginas, al lector no le cabe duda de que Juan Lucas es el representante de esa nueva burguesía intermediaria, ese espécimen de los

como «el palacio original» en la avenida Salaverry, con su calesa virreynal como restos de un naufragio, simboliza a aquella, la burguesía paternalista rural a la que pertenece la familia de Julius). Y ellos es así porque nadie, ni el narrador omnisciente ni los diversos y opuestos personajes, puede, en momento alguno, sustraerse al encanto de Susan (ni siquiera el chofer, un zambo «criollazo» a quien nadie le mete gato por liebre). Susan es buena, su belleza no se marchita, siempre es «linda» física y espiritualmente. No hay ausencia de ironía, desde luego, pero es una ironía que no hiere, que sucumbe ante la fascinación abrumadora, ante la ternura y la simpatía que todos sienten por ella; Susan linda es -para usar sus propias palabras- la verdadera «darling» de la novela.

Hay en Bryce, pues, junto con la sátira por momentos mordaz, una suerte de simpatía, que bien pudiera haberse plasmado «a traición» -pese incluso a los deseos conscientes del propio novelista-, por el mundo de la burguesía. *Un mundo para Julius* es una parodia de la oligarquía, pero tiene hacia ella algunas notas de ambigua fascinación; hasta cierto punto constituye un canto no exento de melancolía de un mundo que se va. Es precisamente a esto a lo que alude Julio Ramón Ribeyro -un gran amigo por quien Bryce siente enorme admiración- en una reciente entrevista:

> Por otro lado no estoy de acuerdo con los que creen que *Un mundo para Julius* es una novela francamente anti-oligárquica; yo pienso que Bryce conserva una ligazón con esa oligarquía que protagoniza su novela. Pero aclaro ligazón afectiva; no política[22].

Como él mismo lo ha reconocido en cercana ocasión, «la breve vida feliz de Alfredo Bryce» ha terminado[23]. La literatura en Hispa-

---

grandes negocios y peculados que entregó al país desde el gobierno de Leguía al dominio del capital financiero yanqui». Ver: *«Un mundo para Julius*, un fastuoso vacío». En: *Narración*, Lima, No. 2, julio de 1971, pp. 24-25 y 29.

22 «Ribeyro en Lima». Entrevista por Winston Orrillo. En: *Oiga*, Lima No. 435, 6 de agosto de 1971, (pp. 31 y 33), p. 33.

23. «El regreso de Julius». Entrevista de César Hildebrnadt. En: *Caretas*, Lima, No. 461, 24 de julio-10 de agosto, 1972, (pp. 36-39), p. 39.

noamérica significa -entre muchas otras cosas más- también responsabilidad frente a una sociedad en la que las burguesías de antaño y de hoy no tienen sentido, deben desaparecer. ¿Cabe frente a ello términos medios, ambigüedades o compromisos?

[*Revista de Crítica Literaria Latinoamericana* 6 (1977): 137-148]

Efectivamente a partir de su reencuentro con el Perú ha llegado para Bryce la notoriedad y la fama. Aparte de la extensa entrevista de Hildebrandt, me gustaría consignar dos valiosos reportajes colectivos: Carlos Ortega, Rodolfo Gershman, Hernán Zegarra: «Un mundo para Alfredo Bryce». En: *Expreso,* Lima 22/7/72, pp. 18-19 y 21; y: Genaro Carnero Checa, Abelardo Sánchez León y Alfredo Barnechea: "No una sino mil llegadas: Alfredo Bryce en Lima». En: *Oiga, Llma, 14/7/72, pp. 3-34.*

Este gran despliegue informativo –reportajes colectivos y muy extensos– nos habla ya del inusitado impacto que significó el regreso de Bryce al Perú en 1972, luego de largos años de ausencia. *Un mundo para Julius* había sido una revelación y un éxito de librerías: todo el mundo quería conocer a Bryce.

Los siguientes textos –artículos y entrevistas– publicados en 1971-72 nos ayudan a completar la imagen del impacto inicial de Alfredo Bryce y/o *Un mundo para Julius* en los medios limeños: Antonio Tovar (de la Real Academia Española): «Alfredo Bryce Echenique, un nuevo novelista peruano». En: *Oiga,* Lima 22/1/71, pp. 28-29; David Lerer: "El canto de cisne de un mundo» (Entrevista). En: *Oiga* No. 416, Lima, 26/3/72, pp. 28-32; Ana María Moix: «Alfredo Bryce Echenique y un premio» («Testimonio-reportaje» de A.M.M. precidido de una nota introductoria de W.O.). En: *Oiga* No. 426, Lima, 4/6/71, pp. 32-34; «Alfredo Bryce opina sobre opiniones». En: *El Comercio* (Suplemento Dominical), Lima, 5/9/71, p. 24.

NARRATIVE ACCESS TO *UN MUNDO PARA JULIUS*

Phyllis Rodríguez-Peralta
Temple University

Un mundo para Julius (1970)[1], first novel of Alfredo Bryce Echenique, belongs among the contemporary literary works which are structured from the temporal and spatial contours of Lima. But Bryce's literary space consists of the «limeño» world of the very wealthy («la oligarquía criolla»), and all other segments of the social order are seen in their relationships with the privileged class. Thus Bryce extends the boundaries of urban realism, which occupied so many Peruvian writers of the 1950's and '60's, in order to deal with different patterns of reality which also reflect the crisis of present-day society.

Julius, the central character of the novel, moves within this rarefied world from age five to age eleven. As he matures, his developing consciousness absorbs the social distinctions around him, and gradually he begins to touch the borders of existence in those positioned lower than his family. The title, *Un mundo para Julius*, poses many questions: Is this a world for Julius? How will this world affect him? Will he remain in it or, retaining his sensitivity,

---

1 *Un mundo para Julius* (Barcelona: Barral, 1970). All quotations will be taken from this edition. Alfredo Bryce Echenique was born in Lima in 1939. He has published three collections of short stories: *Huerto cerrado* (1968); *Muerte de Sevilla en Madrid* (1972); and *La felicidad, ja, ja* (1974). His second novel, *Tantas veces Pedro*, appeared in 1977.

will he find a better one, with more social justice and more human concern? Although Bryce insinuates answers -which in turn may be open to varying interpretations- he allows the reader to form his own opinions.

The respect that Bryce displays for contemporary narrative concepts puts him in complete agreement with Mario Vargas Llosa's statement that the authenticity of a fictional work does not depend upon its story line but on the way in which this is incorporated into the writing and into the structure.[2] Bryce begins with rigorous symmetry in both external and internal structure. Externally, the long novel is divided into five chapters, each with a varying number of divisions, Chapter I, «El palacio original,»introduces the members of Julius' family in the elegant mansion in the suburb of Orrantia. Chapter V, «Retornos,» a counterpart of the first chapter, presents a new family portrait six years later and set in their modern «palace» in Monterrico. Architecturally planned, the two chapters stand as pillars of the novel's structure, and each home functions as extensions of the people living in them. Between are three chapters that focus on details of Julius' life outside his home: Chapter II, «El Colegio»; Chapter III, «Country Club»; Chapter IV, «Los Grandes» (again in the Colegio, but Julius is now one of the «grandes»).[3]

Internally, the symmetry continues, particularly between the first and last chapters. A birthday party is the center of the second division of Chapter I. Here Cinthia, Julius' beloved ten-year-old sister, suffers a sudden hemorrhage, an unmistakable signal of the disease which will soon claim her life. In Chapter V, part of the first division is filled with a graduation party where many of Cinthia's former classmates are present. To Julius and his mother it seems for a moment that Cinthia is with them again. (Others who «return» are Julius' brother Santiago, who studies in the United States; Nilda, former cook; and even Vilma, Julius' childhood «ama» who returns in memory via the news of her «profession»). In this final chapter

---

2 See «En torno a la nueva novela latinoamericana,» in *Teoría de la novela.* Eds. Germán y Agnes Gullón (Madrid: Taurus, 1974), 115.

3 This symmetry is strikingly similar to the arch form (ABCBA) so prevalent in contemporary music.

Julius removes Cinthia's picture from the night table next to his bed and places it at the far end of his room, symbolic, perhaps, of his distancing himself from childhood. (Or from his world?)

Time, so essential to contemporary novelists, moves principally in personal chronological order, centering on Julius from age five to eleven. (In the initial pages, however, there are brief memory flashes of scenes in his life before the age of five). The lineal progression is not steady, but often accelerated or retarded, with segments missing or merely implied. There are no references to specific time periods, whether present of historical, and faithful to the child's perspective, no current military or political figures disturb his world.[4]

The recurring of events in related forms makes use of associated rather than cyclic time. In Chapter I, for example, Santiago abuses the servant Vilma, and in Chapter V, a younger brother repeats the action with her replacement. More complex are Susan's memories which mingle the long ago meeting with her first husband and the repetition of those circumstances in another meeting she has just witnessed between her second husband and «la sueca.» Associated time frames serve to extend the death and burial of Arminda, the laundress, which occurs in the new mansion. Bertha was taken out hastily through the servants' door, although Cinthia managed to arrange a little ceremony to bury a few of her belongings. Julius, in the Monterrico palace, goes farther in proclaiming her feelings as he manipulates the funeral attendants into removing Arminda's body through the principal door. Bryce himself commented later: «El entierro de Arminda no es más que la prolongación triunfal del entierro de Bertha.»[5]

In ordering the world of his creation, Bryce has adopted a narrative viewpoint and a consequent perspective which must be

---

4 Wolfgang Luchting thinks that the years were vaguely between 1956 to 1962. He bases this on several details, for example, that TV came to Lima in 1958. *Alfredo Bryce/Humores y malhumores* (Lima: Milla Batres, 1975), 28.

5 Ibid, 36.

accepted in order to enter fully into the veracity of the novel. Therefore the identity of the narrator must be established. Is he an author-narrator? A narrator-witness? A narrator-character? Julius himself? Julius as an adult-narrator? The reader's initial contact with the flow of the text does not immediately determine the narrating voice. Itä is someone with intimate knowledge of his materials, someone who easily identifies with the charachters, particularly with Julius, and wth the world in which they move, and who admits the existence of the reader and his freen entrance into the spatial context of the novel. Although aspects of one or anorther type of narrator are applicable, the author-narrator is the most satisfactory. Narrator and author can be separated, particularly if adhering to Oscar Tacca's restriction of a narrator who informs and an author who questions.[6] The actual proportions in the mixture of autobiographical and invented parts becomes unimportant in the overall development of the novel.

Without multiple narrating voices, or changes in narrator, a single narrating voice in a contemporary novel must have great flexibility and range. In *Un mundo para Julius* the narrator often imitates the manner of speaking of others, and frequently assumes their points of view. Thus multiple concepts reach the reader indirectly:

> Julius nació en un palacio... un palacio con cocheras, jardines, piscina, pequeño huerto donde a los dos años se perdía...; con departamentos para la servidumbre, como un lunar de carne en el rostro más bello, hasta con una carroza que usó tu bisabuelo, Julius, cuando era Presidente de la República, ¡Cuidado!, no la toques, está llena de telarañas, y él, de espaldas a su mamá, que era linda, tratando de alcanzar la manija de la puerta. (9-10).

> Sólo Julius comía en el comedorcito... Aquí lo que había era una especie de Disneylandia... Los espaldares de las

---

6 «Toda pregunta, aunque aparezca indistinta en el hilo del relato, no corresponde, en rigor, al narrador. Bien vista, puede siempre atribuirse al autor, al personaje o al lector.» *Las voces de la novela* (Madrid: Gredos, 1973), 67.

sillas eran conejos riéndose a carcajadas... ¡Ah!, además había un columpio, con su silletita colgante para lo de toma tu sopita, Julito (a veces, hasta Juliuscito), una cucharadita por tu mamá, otra por Cintita, otra por tu hermano Bobicito y así sucesivamente, pero nunca una por tu papito porque papito había muerto de cáncer. A veces, su madre pasaba por ahí,... (13)

The first voice appearing through the objective third person narration is probably that of Julius' mother, and in the second example, the voices of one or more of the servants. The «ah» in the latter passage comes from the narrator commenting personally on the scene he is describing.

The oral tone of the novel, which is sensed immediately, is continuously reinforced by a narrator who enters directly to break the third person omniscience. Using either «yo» or «nosotros,» or occasional conversational expressions like «parece que,» «hubiera podido pasar,» the narrator deliberately calls attention to himself

La muy idiota tenía, que dejar a sus dos hijos en cama antes de salir a cualquierparte, y él abajo, fumando más de la cuenta y espeando que terminara de arreglarse, para qué, no sé, mientras Susan y Juan Lucas recibían... (106)

En fin, ya de eso se encargarían las crónicas sociales con «inimitable mentecatería», según Juan Lucas. Hablaría de su viaje sin que ellos lo quisieran. (Ya por ahí no me meto: eso es algo que pertence al yo profundo de los limeños; nunca se sabrá;...) (97)[7]

¡Susan se había comprado cada juego de té! ¡Para qué les cuento! Definitivamente le dio por las cosas viejas. (182)

---

7 When Wolfgang Luchting asked Bryce who said the words in parentheses, Bryce answered: «Digamos que lo piensa el autor y lo dice un segundo autor que se sale del texto mediante el paréntesis.» op cit., 47. In other words, a separation of author and narrator.

In variation, the narrator occasionally addresses the «destinatario» directly with the «tú» form:

> ...ya después vendría la camisa de seda italiana, luego lo de escoger la corbata, ninguna mujer sabía hacerlo, cosas de hombres... Poco a poco iría quedando listo para un día más de hombre rico. En otro baño, uno que tú nunca tendrás, holliwoodense en la forma, en el color...(119)

> Si, por ejemplo, en ese momento, te hubieras asomado por el cerco que encerraba todo lo que cuento, habrías quedado convencido de que la vida no puede ser más hermosa; (146)

The author's own explanations of his narrating procedures, given to Wolfgang Luchting in 1972,[8] stress the spontaneity and the oral qualities of his work. According to Bryce, he saw himself seated in a café on the Jirón de la Unión conversing naturally with his longtime friend Alberto Massa. Bryce's desire to emphasize the lack of literary pretension is understandable, but his insistence that he never corrected his manuscript is farfetched. The careful structuring of the novel and the skillful use of contemporary narrative techniques belie the pretense of complete spontaneity. But the oral aspect, already caught by the reader, provides the final key for capturing the unique tone of this novel. Now the narrator becomes someone seated in a public café, telling his story directly to a listener. Perhaps the tale is overheard by other listeners who may not be directly involved in the conversation but whose presence is felt by the speaker. Possibly he even embellishes a few details for their benefit! The concept fulfills Tacca's division: «Entre el autor y lector (siempre virtual) se sitúan el narrador y su destinatario (o lector ideal).[9]

---

8 In a letter from Paris, and in an interview (1971-1974). op. cit., 17 and 105.
9 op. cit., 67.

Autor	Emisor	Destinatario	Lector
Bryce Echenique	Narrator	A. Massa B. Other listeners	Reader

Alberto Massa, like Bryce himself, belongs to Julius' privileged class; any other listeners in the immediate vicinity would have varying degrees of familiarity with this world. Only the anonymous reader, then, may not have ready access to Lima's rigid social structure. Bryce's complete confidence in the use of the «limeño: speech of the upper classes, coupled with this imitation of the manner of speech of the lower classes (re-created from the perspective of upper social stratum to lower) adds to the oral tone of the novel. In addition, the representative speech patterns and the nuances of Peruvian language and vocabulary help to orient the reader in his hierarchal ambience. The use of tag words, such as «Susan linda,» «Susana horrible,» reinforces the effect which the narrator wishes, and also heightens the intimate relationship of narrator and internal/external audience (listeners plus readers).

On another narrative level, there is the complicated relationship between narrator and characters. There are no purely narrator-character combinations, but the narrator telling the story of Julius and his world has an intimate bond with Julius, and the novel's perspective often blends with that of the child. Therefore, we closely follow Julius' maturing concepts of his reality, and we form many of our own attitudes toward his world through his perceptions and observations. Other characters are seen from without, and are often distinguished by narrative tone, by manner of expression (direct or indirect), or, occasionally, by the narrator's comments.

Exceptions to both the selected perspective and the oral tone occur in relatively brief segments dealing with Arminda and with Susan. In the case of the laundress, on two occasions there is doubt as to whether the thoughts expressed are her own or whether they are being described by an omniscient narrator. The resulting linguistic confusion aptly parallels Arminda's own confused and exhausted mental and physical state. This occurs the first time on the longä bus ride which she must take in order to deliver the family's laundry to the country club. The second time is immediately before her death:

> ...siempre el sol la cegó... El agua estaba ahí, en un extremo de la tabla de planchar; pestañeó... no le molestó quedarse sin ese trocito de pasado para siempre. Hay agua. Enchufar la plancha... la vio venir, sí, sí, detrás de todas las chispas la vio venir, cómo no lo supo antes para no abrir los ojos... (483-84).

Five pages of stream-of-consciousness (318-323)-or «el fluir psíquico» as Anderson Imbert prefers[10]-emanate from Susan's mind. Blotting out the reality of the careening car, and the reason for her husband's spped, Susan's jumbled flow of thoughts and memories reveals previously unknown portions of her past and present:

> ¡mío! ¡mío¡ ¡mío¡ ¡soy feliz¡, nadie se mete conmigo... iré a verte en cuanto pueda, Susan, gracias, mil gracias, linda tu carta, eres un amor, daddy, los negocios me obligan a ir postergando el viaje, Susan, y me corté el pelo más chiquito, te mando cinco fotos, «I love you,» daddy, tu madre reclama tus cartas, Susan, no me provoca escribir, no hago nada, no tengo tiempo para hacer nada, soy feliz, David, déjame abrazarte, Susan, no quisiera que nadie se meta conmigo, quisiera sentirme siempre libre, David, ¿son todas las peruanas como tú, guapa? ¿crees, David?, los más bellos dieciséis años, guapa, diecinueve, David, mentirosa, eres una peruana guapa y mentirosa... (318-19)

It is obvious that the attitude of an oral narrative, maintained carefully throughout the novel, momentarily dissolves during Susan's flow of thoughts, as well as in the shorter segments referring to Arminda. Puncturing Bryce's posture of pure spontaneity,

---

10 See "Formas de la novela contemporánea," in *Teoría de la novela*, 153.

these passages offer fleeting variations of perspective, time, and oral tone. On other occasions, where subjective levels take over, the oral tone is muted but not lost completely. An example of this modification occurs in the passages where an anxious Julius loses himself in daydreams in which he becomes Cano (a schoolmate in very different social and economic circumstances, whom he is going to visit for the first time):

> Esa misma noche empezó Julius el largo camino hasta la casa de Cano... Sintió pena y frío... No era tan peligroso ni tan solitario regresar por las calles... eran mucho menos inhóspitas que esos pampones donde a menudo se cruzaba uno con mendigos y raptores de niños... Abuelita se había acostumbrado a que llegara a una hora determinada... Era la única manera de evitar que abuelita se muera y de encontrarse solo en el mundo. En cambio, si eres un niño bueno y llegas siempre puntual a tu casa, abuelita podrá vivir tranquila hasta verte hecho un hombre... Pobre Julius, las palabras de abuelita lo conmovieron de tal manera que empezó a correr como loco para llegar a tiempo y encontrarla viva. Tenía miedo de perderse pero cómo se iba a perder si él era Cano. (418-19)

Eduardo Mallea stresses that order must be regulated by a sense of proportion among all parts of a creative work—whether a work of art or a judgment of people or life. And he points out that to obtain this proportion a subject must be positioned at the correct distance from both the creator (author) and the observer (reader).[11] In the positioning of Julius, it should be noted that Bryce places him at a distance which allows him to be seen clearly within his own environment. (Where Bryce momentarily loses this exquisite positioning -as in parts of Chapter III- the pages become cluttered with too much rhetoric wasted on nonessential characters.) Futheremore, in spite of the close bond between author and principal character, Bryce has placed Julius outside himself, thus permitting

---

11 See "Importancia del punto de vista en la vida y en las letras (o de la justa distancia)," *Teoria de la novela,* 133-144.

him his own existence. This is accomplished in part by the distancing of memories or, put another way, by the long view provided by memory. Wolfgang Luchting refers to what he calls «the proliferation of memories»[12] in the novel, but, in my opinion, it is the selection and rearrangement of memories, augmented by imagined happenings, which lessen the author's personality and increase that of Julius.

Julius functions on a personal level, and perhaps on a symbolic level if he is to be taken as a transitional figure or an end product of his class. In any case, the reader knows a great deal about Julius. Above all, he knows that Julius was born into a privileged «limeña» life of great wealth, that his care has been given over to the servants (who adore him), and that he spends much of his time alone. It is difficult to produce real feelings of compassion for a child born into such wealth (the usual reaction is irritation), but the narrator exposes Julius' authentic suffering. His father died when he was still a baby; his sister, the only person who really loved and understood him, died when he was five; his frivolous mother has no time for him; his stepfather considers him rather peculiar; his older brothers ignore him completely. Only the servants offer affection. In common with other young protagonists in recent Peruvian literature (for example, Ernesto of *Los ríos profundos* and Cuéllar of *Los cachorros*), Julius is an outsider. Different from the other members of his family, he is out of place within his own familial world, and he cannot really fit into the world of the servants. The resulting insecurity causes him to strive constantly to be pleasing and well-liked by everyone.

Gradually Julius begins to explore beyond himself. First he ventures into the servants; quarters. On one occasion he rides with the chauffeur to the laundress' house (but once inside, he is sickened by the conditions). He is curious about his piano teacher's brusque behavior and her sparsely furnished studio. He admires the construction workers who exhibit such skill (and he outdoes himself to gain their respect). In his school he is fascinated by Cano, an

---

12 op. cit., 16.

inhibited scholarship student with odd gestures of dejection, and the only one without a chauffeur. He observes his brothers' callousness and, with growing awareness, their debauchery and viciousness, which distress his spirit.

Through Julius we come in contact with the privileged, egoistic, and self-indulgent world surrounding him. Indifference toward others, rather than actual cruelty, characterizes this environment, and the attitude extends in all directions. The servants, so essential for the smooth functioning of the household, hover outside the protective covering of this indifference. Even Cinthia reaps its grims results when her tuberculosis, not taken seriously, leaps over the barriers of wealth and privilege. Frivolity must always be cultivated, as evidenced by Juan Lucas' displeasure with the sporadic sallies of his wife (Susan) into charitable endeavors. Life is to be filled with incessant partying, with world travel at whim, with gorgeous living conditions, with incredible extravagances. Elegance, money, and the right family name are tangible values.

The collective sin of this «limeña» class is its social irresponsibility, which appears even more shocking against the extreme economic poverty that exists in Peru. But there is no overt social protest in *Un mundo para Julius*. Rather, the author-narrator allows the social milieu simply to exist. It is the reader who must decide its worth. Bryce himself, who belongs by birth to this select group, has been marked by his background; yet at the same time he appears anxious not to remain within its ambience. Referring to these attitudes toward his original environment, and that of Julius, Augusto Tamayo Vargas writes: «... sentía una mezcla de complacencia y de repugnancia que se sublimiza en humor.»[13] It is the same frivolous, ironic humor with which the «limeños» have responded to life since colonial times, and which characterizes much of their literature. Peculiarly suitable to the oral tone of this novel, it substitutes for bitter social criticism. The light, unforced quality of the humor incorporates a certain air of tenderness when it touches Julius, which

13 *Literatura en hispanoamérica* (Lima: Peisa, 1973), 470.

in turn serves to build congeniality between author and reader (or between narrator and listener).

There is a natural tendency to compare any contemporary Peruvian prose with that of Vargas Llosa, Peru's most highly acclaimed novelist. To Bryce's credit, he has formed his own creative novel and his own social statement, without slavish imitation of Vargas Llosa's narrative techniques. At the same time, much of a traditional novel remains, particularly because Bryce permits the reader to become very familiar with this young boy -to see him at play, to watch him eat, to feel his sadness- before he actually begins to explore his solitude and his complex reality. As a result, there is a very human texture, and an attachment to the central character, which are not usual in the contemporary novel.[14]

Un mundo para Julius is marked by the congruity between narration and the manner in which it is narrated, and by the coherence of narrative viewpoint and social statement. The emotional quality of the work serves to lessen the great distance between most readers (as opposed to interior «destinatarios») and the privileged world of the «limeña» oligarchy. Memory does not flow freely merely to entertain or tell a story, but to reveal the world enveloping Julius. This retrospective adult memory, only a partial device, meshes with the confrontation of a child moving forward into an unknown adult world. Bryce's handling of narrative viewpoint and perspective makes possible a consideration of the questions implicit in the title. Because Julius is placed between this world and the reader -because access to this «limeño» world is through Julius- the world becomes static and Julius dynamic. Thus Bryce is relieved of overt protest against the anachronistic social structure which surrounds Julius in favor of focusing on one sensitive, caring indivi-

---

14 Mercedes López Baralt feels that the friendship which exists between author and reader is a derivative of the 19th century novel: «Pero hay un cambio cualitativo que agradecemos: el lector no se siente dirigido, sino más bien compañero y cómplice del autor, aunque de otra manera que en la típica novela experimental.» She credits Bryce's use of the diminutive and the adjective as augmenting author/reader relationship. «Otra forma de complcidad entre el autor y sus lectores: Alfredo Bryce Echenique y *Un mundo para Julius*,» *Sin Nombre* 7 (1976), 52-3.

dual who must make his way through his experiences in this world. Bryce follows Julius up to age eleven, close to the end of innocence, and then opens a door in from of him -and the reader.

> Por fin pudo respirar. Pero entre el alivio enorme que sintió y el sueño que vendría con las horas, quedaba un vacío grande, hondo, oscuro. Y Julius no tuvo más remedio que llenarlo con un llanto largo y silencioso, llenecito de preguntas, eso sí. (591)

As an adult, will Julius be capable of shedding the indifference and the emptiness of the world which has formed him? Especially if he remains in Peru? For each reader the answer depends upon his view of the force of social conditioning. Bryce Echenique's narrative concepts leaves Julius free to find his own path.

[*Revista de Estudios Hispánicos* 3 (1983): 407-418]

IV

TANTAS VECES PEDRO

UN TRATADO SOBRE LA PASIÓN

Luis Suñén

Aunque la obra de Alfredo Bryce Echenique no se reduce a esta espléndida novela, la aparición en 1970 de *Un mundo para Julius* descubrió a uno de los más interesantes narradores surgidos en aquellos tiempos ya del posboom. También a uno de los más personales, lejos en su estilo de esa como marca de fábrica inevitable que acompañaba a tantos productos surgidos un poco al amparo de sus mayores.

Desde su sorpredente arranque -ese pasaporte que otorga a su poseedor la primera oportunidad de reconocerse a lo largo de la novela- el lector de *Tantas veces Pedro* queda sujeto a una doble fascinación: la de un personaje que trata de convencernos de que es un escritor peruano que se llama Pedro Balbuena, pero también podría llamarse Alfredo Bryce Echenique y la que provoca un escritor que sí se llama así, que domina todas sus historias, aunque parezca que lo que en realidad quiere es ser dominado por ellas y, sobre todo, que posee una escritura que si primero encanta por datos como su especial sentido del humor, acaba luego por cautivar en estricta razón de una profundidad excepcional.

Curiosamente, tal profundidad nace de un especial distanciamiento frente a lo pretendidamente trascendente. Lo que tantas veces se ha mal llamado autenticidad, la peligrosa relación entre biografía y novela -que el propio Bryce expuso en Madrid hace poco más de un año- se resuelve aquí desde un habitual afán de no trascendencia

161

-no de ser intrascendente-, que es precisamente lo que hace que la peripecia de Pedro Balbuena -es significativo el título dado a la novela en su traducción francesa: *La passion selon San Pedro Balbuena*- se configure a su modo como un muy peculiar camino de perfección.

Tantas veces Pedro vuelve a desarrollar las líneas fundamentales de la narrativa de Bryce. Una narrativa profundamente unitaria, que a partir de aquel *Un mundo para Julius* -aunque algo de esto hubiera ya en los cuentos de *Huerto cerrado*- posee unas pautas de definición muy bien delimitadas. De aquella novela vuelve a aparecer ahora esta difícil mezcla -tan admirablemente equilibrada- de elaboración rigurosa y torrencialidad, con lo que tan bien sabe jugar Bryce y que tanto y tantas veces ha confundido a sus críticos. Una aparente unidad de contrarios que se muestra igualmente en la aparición simultánea de un sentimiento trágico que suele venir de la mano de ese tan peculiar sentido del humor del que hablaba antes. Tal sentido del humor suele resolverse bajo esa forma irónica que tiene su objetivo en el yo propio y que desde la lucidez que otorga tal ataque, sabe muy bien cuándo procede su transformación en sarcasmo.

Es esta una novela de pequeñas novelas, fruto del entrecruzamiento de los resultados de las diversas historias -al fin una sola- que la forman. Los encuentros de Pedro con Virginia, con Claudine, con Beatrice, con Julie o con Pamela no son sino distintos ensayos -convertidos, sin poderlo evitar, en algo más («siempre me cuesta trabajo despedirme»)- de ese otro encuentro con Sophie, que se mueve entre el pasado y lo que ha de llegar, entre la realidad y la ficción, en ese espacio dentro de la novela que es el texto que tratan de construir Pedro Balbuena y Alfredo Bryce desde esas experiencias compartidas entre el autor y protagonista que Wolfgang A. Luchting definió respecto a *Un mundo para Julius* y que -recuerdo ahora también la aparición de Bryce en ese magistral «Muerte de Sevilla en Madrid», un relato recogido en 1974 en *La felicidad, ja, ja-* es, sin duda, uno de los más claros caracteres de la prosa del autor de *Huerto cerrado*.

Las páginas de Tantas veces Pedro son una continua propuesta al lector para indagar en una vida que no es la suya, que ni siquiera piensa que pudiera serlo -lejos, además, el carácter de ejemplo, de lección, pues la proximidad nace aquí, sobre todo, de la profunda ternura con que (compatible con la ironía) el autor hace frente a sí y a su doble- pero que a través de avisos, indicaciones, burlas y hasta curiosos ejercicios de erudición, acaba por hacérsele emocional-mente propia. Por no hablar de las inteligentísimas referencias a esa suerte de apátrida peruanismo entre comillas o a las alusiones o otros escritores como su querido Julio Ramón Ribeyro. Y es que Alfredo Bryce es uno de esos narradores, tan escasos siempre, a quienes la perfecta articulación de un mundo propio les permite eludir esos puntos que el lector cómplice conoce. Lo complejo se hace así estimulante y la curiosidad acaba por convertirse -más aún en este tratado sobre la pasión que es *Tantas veces Pedro*- en pasión verdadera.

[*Oiga*, Lima, 29 de junio de 1981]

REALIDAD E IRREALIDAD EN *TANTAS VECES PEDRO* DE ALFREDO BRYCE ECHENIQUE

László Scholz
Oberlin College

En la obra narrativa de Alfredo Bryce Echenique se puede detectar una cesura muy marcada después de la publicación y rotundo éxito de *Un mundo para Julius*. No se trata de un simple desarrollo de los medios utilizados hasta entonces, sino más bien del inicio de una etapa de audaz experimentación. No cabe duda de que las novelas *Tantas veces Pedro*, *El hombre que hablaba de Octavia de Cádiz* y *La vida exagerada de Martín Romaña* constituyen obvias novedades en cuanto a su elaboración técnica y, si bien su realización cabal no nos parece perfectamente cumplida, los alcances artísticos son evidentes.

Veamos con cierto detalle la primera de esas tentativas. La lectura de *La pasión según San Pedro Balbuena que fue tantas veces Pedro, y nunca pudo negar a nadie* produce en el lector, más que nada, una sensación de caos. Al inicio se sospecha haber incursionado en una obra caótica que los capítulos posteriores aclararán dando una clave para armonizarlo todo, pero con el avance de la «trama» se hace el caos aún más denso, desembocando en un delirio estético total: *Tantas veces Pedro* es en sí una novela caótica. - Y lo es intencionadamente: «...quise hacer una novela astuta, quise hacer una novela caótica, quise hacer una novela sobre un personaje absolutamente loco...», confiesa Bryce en una entrevista.[1] De caos sí que ha habido ejemplos en la nueva narrativa latinoamericana -pensemos en las obras de Cortázar, Onetti, Elizondo-, pero casi siempre se trataba de un «desorden» aparente que podría ser descifrado y recreado en un mundo comprensible por el «lector cómplice». En el caso de *Tantas veces Pedro*, al contrario, el caos no cede; es de tal grado que llega a producir, al final, una sensación de vacuidad.

Según nuestra opinión, uno de los objetivos que persigue el autor con su obra «desordenada» -»...yo quise también hacer una novela de estructura caótica, desordenada»[2]- es justamente la representación artística de la vacuidad, más exactamente, de la inexistencia. *Tantas veces Pedro* es una novela de la inexistencia, del sentimiento de no ser: es una especie de furibundo *horror vacui* presentado por medios literarios.

¿Cómo dar existencia estética a la inexistencia? es la difícil pregunta a la cual nos respondió Bryce en los hallazgos técnicos de *Tantas veces Pedro*. Su experimentación tiene sus bemoles; a veces parece olvidar los resultados de sus coetáneos latinoamericanos y europeos, así como uno que otro medio suyo se maneja con exagerada reiteración. Con todo ello, las mejores soluciones del autor peruano merecen un análisis un tanto detallado, a saber, el concepto de héroe, el proceso de narrar, el uso y abuso del diáologo y de la oralidad.

La no existente dama

Macedonio Fernández había definido en los años 20 al personaje inexistente «cuya consistente fantasía es garantía de firme irrrealidad»,[3] bautizándolo NEC, es decir, No Existente Caballero.

---

1 «Confesiones sobre el arte de vivir y escribir novelas», en *Cuadernos Hispanoamericanos*, 417 (1985): 69.
2 Ibid.
3 Los «elementos» de la novela, en N. Jitrik: *La novela futura de Macedonio Fernández* Venezuela, 1973), 88.

Bryce creó, a su vez, una protagonista que cumple, con creces, con los requisitos del maestro argentino. En la «figura» de Sophie se nos representa -para volver a utilizar la terminología de Macedonio- un elemento de la novela que cobra tanta irrealidad que, a pesar de ser la entidad central de la obra, deja de existir. No se trata de un anti-héroe, tampoco de un personaje de rasgos inverosímiles o -a la Musil-, sin cualidades; es una figura que aparece y desaparece, que pertenece a las esferas ficticias del más dudoso origen y que no se ve sino en múltiples desdoblamientos y traslaciones.

Sophie nace doblemente ficcionalizada: es otro personaje nove-lesco, Pedro Balbuena, quien le da vida al descibir su retrato de adolescente en una revista. La «prueba» de su existencia se nos faci-lita, entonces, como una figura literaria: un confeso mitómano, quien recuerda, o más bien parece recordar en situaciones críticas aquella imagen publicitaria. La vaguedad del punto de partida se refuerza con unas referencias imprecisas al espacio y al tiempo: Pedro alude constantemente a un ficticio amor suyo «vivido» o sea, imaginado hace muchos años en su lejano país natal. En otras palabras, al ini-cio Sophie es el vago recuerdo de un amor nunca consumado de un joven soñador.

Su «existencia» tampoco se define en su futura vida novelesca: los planos y situaciones en los cuales aparece a lo largo de la obra son casi siempre intangibles. Surge ella cuando Pedro está delirando (129)[4], está confuso (191), cuando necesita de algún consejo o con-suelo de «otro mundo» (78); en un momento clave llegamos a saber que Sophie está en el cielo (99), y que, a lo mejor, es una espía do-ble, o la hija del Papa o la herdera del Emperador de Etiopía (182). Su comparecer siempre se ubica en una situación confusa, agitada, tumultuosa o, más exactamente, ella no se presenta por sí sola, ac-tuando de tal o cual manera, sino surge como parte de una situación sin la cual simplemente no existe; y en lugar de actos suyos, tene-mos sólo reacciones de los demás personajes ante su «presencia». La comunicación con Sophie es igualmente mediatizada: si bien Pe-

---

4 Todas las citas se refieren a la edición de Madrid, Cátedra, 1981.

dro -es decir, Petrus- le habla con cierta frecuencia, se trata evidentemente de monólogos solipsistas que merecen muy pocas y enigmá-
ticas respuestas de parte de Sophie. En una oportunidad Pedro le en-
vía «un telegrama mental» (112) como si conociera la opción inventada por Macedonio para guiar a NEC, a saber, poner avisos en los
diarios...; Sophie, a su vez, le manda a Pedro «señales desde otros
mundos» (55).

Sophie, por consiguiente, es una No Existente Dama o, según
lo dijera Noé Jitrik, es un personaje hipotetizado.[5] Y lo es de tal grado que su no ser no se limita a su figura, sino que llega a empapar
la irrealidad a todos los demás, a toda la obra. ¿Cómo consigue entonces Bryce que cumpla ella -según hemos dicho- un rol central en
la novela? Le atribuye un acto del cual depende la existencia del
propio Balbuena, y con él, la de todo el mundo: Sophie mata a Pedro. Es decir, la figura hipotética dispone de la vida de su creador, y
de esta manera tiene más importancia que Pedro. Esa lógica absurda
produce un círculo vicioso: Sophie no existe sin Pedro, pero Pedro
queda asesinado por Sophie; la doble inexistencia se debe a la figura
de la No Existente Dama.

Bryce no se contenta, sin embargo, con ese procedimiento y
recurre al conocido medio de la «grupalización».[6] Sophie se desdobla en numerosos alter-egos creando todo un sistema de relaciones
secundarias. Ella nos parece una idea platónica cuya realización cobra forma distinta en cada unidad de la novela. Se llama Virginia,
Claudine, Beatriz, Helga, Soledad, Clara, Julie, Pamela; es norteamericana, francesa, alemana, española, colombiana, inglesa, respectivamente. Cuando no «está» en Lima, se ubica en California, en París o en Italia. La vida de esas jóvenes no es sino cierto fragmento
del supuesto pasado de Sophie, revivido en nuevas circunstancias.
Tal variedad se complica extremadamente por otros trucos del narrador: los dobles no sólo llegan a tener contactos entre sí -sin la presencia de su dueña-, sino ocurre a veces que una muchacha toma a
la otra por Sophie (170-173); Pedro les habla simultáneamente, les

---

5 *El no existente caballero* (Buenos Aires: Megápolis, 1975), 75.
6 Ibid.

cambia los nombres y hace referencias indistintamente a Sophie ideal y a sus dobles de carne y hueso. Pedro naturalmente tiene sus propios desdoblamientos: Balbuena «fue tantas veces Pedro» cuantas chicas hay en la obra (su doble correspondiente a Sophie se llama Petrus); los demás personajes masculinos -el doctor Chumpitaz, el turco, Claude, etc- encarnan posibles vidas de San Pedro. Se duplica incluso el perro de Pedro (Malatesta, Alter Ego).

Esta vasta red de relaciones que implican infinitas variantes le permite al autor cambiar de planos con toda facilidad; y a través de los cambios Bryce refuerza el sentimiento de inseguridad en el lector o, según diría Julio Cortázar, el sentimiento de «no estar del todo». Se nos lleva a un universo jerarquizado en el cual los movimientos bruscos de peldaño a peldaño hacen imposible encontrar un punto fijo. A través de los dobles, naturalmente, se despliega una buena cantidad de rasgos reales -Bryce nunca renunciaría a ellos-, más el marco general los absorbe y convierte en inverosímiles. En última instancia, todos los caminos de todos los niveles nos llevan a Sophie, figura que nunca llega a existir de verdad: se nos escurre, se nos esfuma tan pronto como pudiera llenarse de vida.

Pedro el memorioso

A primera vista, el narrador protagonista de *Tantas veces Pedro* peca de menos inexistencia que Sophie. Su voz es perceptible a lo largo de la novela, sus dobles son fáciles de identificar, su humor parece de la misma estirpe. Mas engaña la apariencia: Bryce, en realidad, se vale de una complejísima máquina narrativa. La base de sus medios se articula en un sutil mecanismo de recordar. Pedro Balbuena no cesa de evocar: se acuerda de Lima, su madre, sus amores, amigos, viajes, libros. Los recuerdos fluyen, en gran parte, en la forma tradicional del monólogo interior; mas Bryce le da otras vueltas a la tuerca y explota toda la riqueza del recordar humano para matizar el proceso de narrar.

Siguiendo el ejemplo de Funes, Pedro Balbuena nunca llega a liberarse de su pasado: no olvida, «nunca niega a nadie». Los recuerdos de un momento dado no se excluyen, sino que se acumulan.

El efecto producido es una actitud de plena desconfianza de parte del lector; si en lugar de una secuencia de aconteceres rememorados se le presentan variantes de igual validez, con razón le asaltan las dudas. Después, esos recuerdos saturados ya en el mundo de la irrealidad, sufren otra traslación: cobran sentido tan sólo con referencia a Sophie; dado que ésta -como hemos visto- no deja de inexistir, todo lo relacionado a ella remonta un paso más hacia la vacuidad.

Bryce insiste, a la vez, en crear circunstancias particulares para las evocaciones de su narrador. Puede observarse que los recuerdos surgen casi siempre en una situación «loca», en pleno estado de «embriaguez», en estados febriles o desesperados (39, 64-68), o como en un sueño (64). Tal medio ambiente crea inmediatamente un nivel en el cual dejan de prevalecer las leyes de verosimilitud: desaparece lo poco que se ha conservado de la linearidad, se anula toda causalidad y nos queda, como el único punto firme, el momento de recordar. El resultado es una narración discontinua, atemporal, exenta de motivación; un recuerdo que no se refiere a un motivo anterior, que no establece relaciones y que no se remonta al pasado, deja de ser recuerdo.

Si los recuerdos no son recuerdos, el evocador nos engaña; y lo hace, además, abiertamente, con comentarios explícitos: confiesa ser un farsante (20) a quien se le permite aprovechar cualquier medio para dislocar el supuesto proceso de recordar. Le reprochan de ser «una máquina loca de recordar» (207) y, efectivamente, somos testigos de actitudes y comentarios histriónicos, si no escandalosos (39, 43-54, etc.). Después le acusan de ser mitómano (183), quien «ha inventado... mil historias» (213) de viajes nunca realizados, acusación que Pedro ni siquiera niega. Un paso más y el narrador -cuyos «recuerdos» nos parecían el único punto de apoyo en el proceso de narrar- renuncia a su identidad personal y se pone a hablar de sí mismo desde fuera, en tercera persona (150, 155, 164, 226), haciéndonos creer que no es el único narrador de la obra. Tal desdoblamiento autorreflexivo alcanza sus mejores momentos cuando uno de los Pedros se convierte en conocidas figuras literarias, entre ellas, en J.R. Ribeyro o en un narrador peruano, de nombre Alfredo Bryce Echenique.

Si los recuerdos del monólogo interior dejan de ser recuerdos, es forzoso que se anule también la temporalidad pretérita de las «mil historias inventadas» y que la sustituya el autor por un futuro hipotético o por un casi-presente. Bryce opta por ésta, y de una manera sutil, esparce sus frases minadas en toda la extensión de *Tantas veces Pedro*. Llegamos a saber que la historia nunca acabará («mis propias historias como que continúan siempre dándome menos impulsos y hasta empiezan de nuevo y terminan de nuevo», 65); que existe en «fragmentos, notas y materiales trabjables y hasta trabajados» (150); que, a lo mejor, es una novela sobre una gran pasión, sobre Sophie (11 y 167), es decir, una obra escrita por Pedro Balbuena, etc. De este modo, el mecanismo de recordar se convierte en una máquina autorreflexiva que nos entrega el texto en el momento de su producción y con todos sus accesorios, fallas, redundancias. Es la novela que se está escribiendo, y el supuesto narrador, San Pedro Balbuena, Funes el Memorioso, resulta ser una serie de Pedros anclados defintivamente en el presente.

El observador se observa observando

Los procedimientos narrativos señalados más arriba podrían dar, en principio, como resultado una obra demasiado «hecha» con una buena dosis de formalidad o artificialidad. Aunque tal peligro no está del todo eludido, a Bryce lo salva el bien conocido «tonito» reconocible prácticamente en todas sus narraciones. El ambiente estilístico se construye con un ritmo ligerísimo, de gran flexibilidad lingüística y de mucho humor. Al andamiaje supertrabajado de la forma se le contrapone la constante burla que le permite al autor «arreglar la realidad».[7]

De entre los numerosos elementos constituyentes de dicha actitud, destacaremos tan sólo dos logros mayores de la técnica de Bryce. Según nuestro parecer, el primero de ellos se define en el desarrollo sistemático de las posibilidades inherentes a la forma del diálogo. Entre las distintas variantes encontramos, naturalmente, diá-

---

7 Ver "Confesiones...", 68.

logos chispeantes de humor, (79, 223-224), diálogos que tienden puentes entre espacios y tiempos muy lejanos (156-157), otros que son en realidad monólogos solapados (55), pláticas forzosamente realistas (122), así como conversaciones cerebrales (79), rememoradas (78), intercaladas (191-192), absurdas (64-67), para nombrar las más características. Las palmas se las lleva, sin duda, lo que llamaríamos el «diálogo loco»: es la forma en la cual dicho autor ha llegado a realizar varios objetivos a la vez y con mucho éxito. Se trata de «diálogos» interlocutores múltiples del más variado origen, presentados casi siempre en situaciones quiméricas, de tal manera que los cambios de planos, personas y ambientes produzcan una confusión arrebatadora. Son como una vorágine que se lleva al lector, sin posibilidades de escape; son como las enumeraciones caóticas barrocas: una vez entrada en ella, no hay manera de interrumpir el vertiginoso viaje.

Veamos un caso relativamente simple (76-78): el punto de partida es una conversación entre Pedro y Virginia; de un momento a otro; es .decir, sin interrupción alguna, se intercala un diálogo rememorado como tal, en el cual a Pedro le tildan de Ribeyro (Julio Ramón Ribeyro) mientras él interviene, en español, con unos enmochilados mexicanos, y en inglés con una gringa que fuma marihuana. Los cortes rápidos de tal «diálogo» producen un compuesto vivísimo para noquearnos con el desenlace inesperado de que ninguno de los diálogos es «real», pues Pedro *pensaba* decirlo todo a Sophie. Es decir, se trata de un diálogo en el cual el narrador se dirige a un ser ficticio; por ende, se acerca inmediatamente a la forma de un monólogo interior e irreal que después se desenvuelve en diálogos sumamente vivos y reales; su realidad prevalece sólo entre los paréntesis abiertos por las respectivas traslaciones. Hay, pues, toda una dialéctica que envuelve al lector en un sutil juego entre realidad e irrealidad y entre personas íntegras y otras disueltas en confusos alter-egos.

Un caso más elaborado se da en las páginas 43-54, donde Bryce introduce formas y figuras que desembocan en un «diálogo loco» de verdad: el autor de *Tantas veces Pedro* se desdobla en Pedro, narrador de la obra, y ocurre que le llega una carta de Virginia, una de las dobles de Sophie. Pedro lee la carta en voz alta y después de cada fragmento recitado entabla un diálogo sobre lo leído con Malatesta, es decir, su perro. Esta situación, por sí sola absurda y ridícula, se complica más: el autor incluye citas en la carta, cambia los lugares aludidos y nos hace entender en las últimas frases que todo ha sido invención suya. Después, la capa más profunda del texto, como remate, lanza el elemento autorreflexivo que le permite al autor escrutar a sus creaciones en el momento de la creación: entre Malatesta y el narrador se comenta la figura novelesca de Virginia; entre Virginia y Malatesta se pone en tela de juicio la existencia de Pedro. Se crea un fragmentarismo sistemético en el cual cada partícula narrativa cobra sentidos múltiples: el propio perro le acusa a Pedro que «Un párrafo, y más aún una frase, puede cambiar completamente de significado cuando se le saca de su contexto» (44). Con este proceder -como en los demás casos, ver pags. 169-170, 218-222- Bryce forja una unidad entre fondo y forma, produce una entidad narrativa múltiple y autorreflexiva que trata, a nivel de contenido, justamente el tema «del observador que se observa observando».

El «diálogo loco» es portador también del dilema original del autor: su realidad es vibrante, múltiple, repleta de vida, mas lleva a vaciarse tan pronto como se lo ponen los paréntesis del mencionado marco narrativo. Si un mundo, por rico que sea, depende enfáticamente de una voz monologante, será un mundo proyectado; por consiguiente, inexistente.

El otro elemento clave en el cual nos gustaría hacer hincapié se define por el término de «la oralidad». En las entrevistas, Bryce se refiere insistentemente a la necesidad de crear «un tono profundamente oral» que tome la literatura «como una simple contación de historias»[8]. Formalmente la solución más frecuente consiste en el uso predominante de la primera persona del singular. No se trata sólo de un «yo» tradicional con las respectivas funciones de narrar, sino -como hemos visto- la primera persona está latente incluso en los diálogos más tumultuosos: Bryce les añade un marco doble o que conlleva un yo que habla, recuerda o escribe. Lo más importante, sin

---

8 Jean-Marie Lemogodeuc: "Entrevista con Alfredo Bryce Echenique", (Cali: *Poligramas*, 1982: 38.

embargo, se desarrolla a nivel del lenguaje de la novela: en la construcción de los estratos lingüísticos el autor de *Tantas veces Pedro* no cae en la fácil trampa de copiar el habla típica de sus protagonistas. No reproduce la manera de hablar peruana en el caso de Pedro, tampoco nos inunda el texto con mexicanismos cuando la trama se lo permitiría, ni aprovecha las frecuentes oportunidades de mostrarnos que algún personaje no es hispanohablante. Bryce crea un lenguaje «generalizado», claro que con unos pocos matices peruanos que, a lo largo de la novela producen la impresión de ser un lenguaje vivo y real. Tal invención de un español oral inexistente se justifica no sólo por las intenciones estilísticas del autor, sino por su concepto de héroe también: sus dobles son en gran parte intercambiables. Más exactamente -como vimos- todos participan del mismo personaje central ficticio; por consiguiente, su dependencia implica que haya un denominador común también a nivel de lengua.

Si analizamos los diálogos de *Tantas veces Pedro*, salta a la vista que las frases son cortas, acertadas, de mucho humor, pero sus secuencias no se definen suficientemente: tal como aparecen, podrían figurar en otra obra, de otro autor, incluso en otro género. Se desplaza tanto a un lenguaje neutro, inexistente en términos sociográficos que, en última instancia, su sentido depende más de la situación en la cual se desarrollan que de los propios eslabones sintáctico-semánticos. Bryce «piensa» en situaciones -situaciones límites, de quimera, de locura[9]- y pone en ellas a sus personajes con sus respectivas manifestaciones, sin individualización verbal.

Tomemos el caso del perro Malatesta/Alter Ego. A nivel lingüísitico, sus palabras son de la misma naturalidad que el resto del texto; no sólo son humanas, sino que están exentas de características individuales: habrían podido ser pronunciadas por cualquier figura, incluyendo al mismo narrador; el subyacente humor y las connotaciones de sus comentarios no se deben al hecho de que los formule un perro, sino a la situación que los incluye. (De esta regla se exceptúa sólo el doctor Chumpitaz, quien sí habla con todo el

9 Ibid, 89.

sabor del lenguaje limeño; pero su caso constituye la otra cara -rechazada por el protagonista- de la vida de Pedro Balbuena).

El uso intencionado de un lenguaje oral sociográficamente neutro le lleva a Bryce a la altura de una dialéctica casi borgiana: el autor de *Tantas veces Pedro* escribe una novela «imposible» por barajar constantemente los contextos de la trama, de los personajes, de los planos espacio-temporales, mas crea una obra a través de un lenguaje tan generalizado que su definición es plenamente dependiente de los contextos. El juego resulta sutilísimo: el lenguaje aplicado es «inexistente» y se llena de existencia sólo por las situaciones novelescas, pero éstas, en otro nivel, quedan sistemáticamente dislocadas quitando toda base de existencia a la estructura verbal. Como se ve, se produce otro círculo vicioso en el central cual «yace» la inexistencia.

Realismo/irrealismo

Habiendo visto algunas respuestas a la pregunta inicial -¿Cómo dar existencia a la inexistencia?-, es justo que volvamos al mismo planteamiento en busca de la motivación del proceso. Ante tanta inexistencia representada, surge una duda en el lector: seguirá, acaso, Bryce huellas borgianas al dibujarnos mundos irreales? En «Avatares de la tortuga», Borges define uno de los principios de su poética de la manera siguiente: «Admitamos lo que todos los idealistas admiten: el carácter alucinatorio del mundo. Hagamos lo que ningún idealismo ha hecho: busquemos irrealidades que confirman ese carácter».[10] Los medios que analizamos en el contexto de *Tantas veces Pedro* podrían crear universos alucinatorios, podrían llevarnos a territorios fuera de nuestra realidad, sea a espacios borgianos o a zonas de ciencia ficción.

Mas Bryce, a nuestro juicio, no renuncia, en ningún momento, a su tradicional realismo: la inexistencia de su múltiple representa-

---

10 *Obras completas*, (Buenos Aires: Emecé, 1974), 258.

ción en *Tantas veces Pedro* corresponde, de hecho, a un mundo inexistente, pero ése había existido en plena realidad, tan sólo lo perdió el protagonista, o sea, se trata de un mundo real que dejó de ser para una persona dada. Pedro Balbuena no sueña con unos mundos viables sólo para una metafísica; tampoco siente el *horror vacui* de los existencialistas; no profesa una variante moderna de la fenomenología para poner entre paréntesis el mundo real: simplemente es un peruano que vive en París con excursiones a California, México e Italia, y se siente confuso, esfumado desvaneciente. El proceso que vive es totalmente real: sufre una especie de abandono vital de su ego limeño y el autor nos lo pinta tal como es. Bryce no simplifica, no sigue un «realismo a secas»,[11] sino que intenta abarcarlo en su totalidad y en su simultaneidad.

Ese realismo[12] de Bryce conlleva algunos méritos que le asignan un lugar muy destacado entre las figuras del llamado *boom junior*.

Primero, el autor de *Tantas veces Pedro* asimila toda una gama de recursos técnicos del *boom* (incluyendo los de los precursores), pero los usa sin renunciar a los medios «tradicionales». El mejor ejemplo se da en la figura del doctor Chumpitaz: es un personaje novelesco de molde antiguo, es un carácter en el mejor sentido de la palabra; actúa y habla idiosincráticamente; y además, siguiendo una técnica archiconocida, representa una posible contrapartida de Pedro: en contraste con éste, él sí que guarda su peruanidad en el corazón de Europa. Huelga decir que la figura de tal doctor no alcanza la importancia de la de Balbuena -su opción queda, además, descartada-, pero de todas maneras está ahí, y con razón. Es que Bryce no exagera, en la mayoría de los casos, la experimentación técnica; no inventa por inventar, como algunos herederos del *boom*, sino que intenta llegar a un balance funcional.

---

11 Ver 89, nota 8.

12 En un texto de 1985, Bryce Echenique habla de un «costumbrismo de lo inacostumbrado», frase equivalente al «realismo de la irrealidad» arriba citado. Ver: «Entrevista con Bryce Echenique» por A. Bensoussan en *Co-textes*, 9, p. 65.

Tercero, Bryce nos parece audaz no sólo en la aplicación de procedimientos novedosos y antiguos a la vez, sino en volver, a nivel de contenido, al realismo más tradicional: en las peripecias de Pedro Balbuena el autor quiere mostrarnos una actitud típicamente peruana. La definió según sigue:

Yo creo, sigo creyendo, que los peruanos son maravillosos narradores orales y que son seres que reemplazan la realidad, realmente la reemplazan, por una nueva realidad verbal que transcurre después de los hechos.[13]

No nos preguntemos ahora si la alteración *post festam* de los hechos por la palabra es una tradición exclusivamente peruana o no; lo relevante, me parece, está en que el autor de *Tantas veces Pedro* insista en representar algo típico, en atribuir a un proceso psíquico sumamente individualizado *status* nacional.

Creo que Alfredo Bryce Echenique ha creado en su nueva narrativa un realismo sumamente moderno que por ello no deja de ser tradicional.

[*Revista Iberoamericana* 155-156 (abril-setiembre 1991): 533-542]

---

13 Véase «Confesiones...», 68

V

LA VIDA EXAGERADA DE MARTÍN ROMAÑA, EL HOMBRE QUE HABLABA DE OCTAVIA DE CÁDIZ

LA VIDA EXAGERADA DE MARTÍN ROMAÑA

Antonio Cornejo Polar
University of California, Berkeley

Con los elementos apropiados: extensión (631 páginas) y reiteración, Alfredo Bryce Echenique logra construir una novela amena
y en muchos momentos francamente divertida: *La vida exagerada de
Martín Romaña*. Y lo logra porque despliega varios tipos de humor,
desde el más grueso hasta el más sutil, porque sabe hilvanarlos con
eficacia e ingenio, pero sobre todo porque demuestra que el humor
puede ser una forma de conocimiento del ser íntimo del hombre y de
la realidad social. Como tal, como forma de conocimiento, no tiene
que agotarse necesariamente en el regocijo; al contrario, lo que es
la paradoja típica del gran humorismo, hace de él un instrumento de
exploración con el que es posible recorrer la vida toda, incluyendo
sus momentos de dolor y angustia. En *La vida exagerada de Martín
Romaña* hay largas secuencias en las que humor y ternura, o humor
y tristeza, comparten un mismo movimiento emotivo y hasta un mismo lenguaje. Tal vez éste sea el mérito mayor (y el más difícil de
alcanzar) de la última novela de Bryce.

La vida exagerada de Martín Romaña se ofrece al lector como
la reflexión evocativa de un escritor peruano que trata de explicarse
su vida en París, en un París nucleado en mayor del 68, aunque también se incluyen referencias a otros espacios (el Perú, España, Italia)
y a otros tiempos (que en alguna ocasión son los de la infancia).
Su perspectiva es, sin duda, la del recuerdo: se trata de un ejercicio
nemótico minucioso y obsesivo, maniático casi, que inmediatamente

se traslada, mediante un lenguaje de claras resonancias orales, al «cuaderno azul», que a la postre será el manuscrito de la novela que el lector tiene entre manos. Obviamente, como en toda evocación literaria, la sombra de Proust aparece una y otra vez y sirve para definir la índole del relato. El narrador-protagonista califica muy pronto su actividad que da origen a la novela como «un loco marcelprousteo sin asma», con lo que enfatiza el carácter de la actividad que da origen a la novela. Tal filiación no va mucho más lejos, sin embargo, pues los mundos rememorados por ambos escritores no tienen nada en común y las actitudes de uno y otro son tan incompatibles como la mesura y la exuberancia, al margen de que, por cierto, Proust sigue siendo Proust... Queda en pie, en todo caso, el punto inicial: la interpretación de la escritura novelesca como un acto de memoria, y tal vez la nostálgica certidumbre acerca de que es en el tiempo segundo del recuerdo («demasiado tarde» según se titulan dos capítulos de la novela) cuando el sentido del vivir se hace inteligible.

Aunque estrechamente ensamblados, tres son los principales niveles de experiencias rescatadas por el narrador: el amor, la política y la literatura, todos condicionados por el contorno europeo, especialmente parisino. El primero preside el relato, tan abiertamente que podría decirse que se trata de una novela de amor (o desamor), mientras que el segundo, también importante, aparece en el texto sólo como parte de las circunstancias que envuelven la relación afectiva. Las referencias literarias tienen otra situación mucho más englobante, pues como se ha dicho, *La vida exagerada de Martín Romaña* es la narración de su propia escritura.

En el tema del amor es donde mejor se aprecia la aptitud del humor para examinar con lucidez -y expresar con ingenio- los pliegues múltiples de un sentimiento, de su plenitud y de su deterioro, y el cambiante temple anímico de quienes lo viven. El asunto político tiene un tratamiento menos complejo: es una caracterización caricatural, como tal fidedigna pero exagerada, de los jóvenes peruanos (o latinoamericanos) que aligeran sus conciencias con un revolucionarismo espectacular o ingrávido que dura tanto, o menos, que sus permanencias en París. El narrador-protagonista se cuida de deslindar esta politización artificiosa de la auténtica, la de quienes al regresar

a sus países efectivamente se comprometen en tareas revoluciona-
rias, al mismo tiempo que deja constancia de sus insalvables dificultades para -hecho ese distingo-asumir una actitud positiva en el campo de la política. Así, aunque queda claro que «el Grupo» es una
falsificación de las células partidarias, el narrador-protagonista no
llega a encontrar otra alternativa que no sea el desenmascaramiento
de esa impostura.

También al campo político corresponden las referencias a
mayo del 68. Evocado ese acontecimiento más de diez años después,
conserva poco de lo que fue, como una fiesta de libertad e imaginación, para recordarse tan sólo con la opacidad del desencanto que
marcó a toda una generación: «me imagino que, en el fondo, (reflexiona Martín Romaña), lo que pasó es que tampoco hay fiesta que
dure cien años ni cuerpo que la resista. Y mucho menos un cuerpo
de policía. Pero lo que no logro entender hasta hoy, es por qué, ter-
minada la fiesta, la gran borrachera verbal, intuitiva, hermosa y poética, más tirada a lo Rimbaud que a lo Verlaine, eso sí, haya tenido
que ser tan larga la perseguidora, tan horrible para muchos». Aunque marginal con respecto a los sucesos de mayo, el narrador es
también víctima de esa desilusión colectiva. En este sentido es interesante observar que Martín Romaña parece especialmente predis-
puesto a observar el acabamiento y la desaparición de lo existente:
la triste dilución del entusiasmo juvenil de mayo condice bien con el
matrimonio que fracasa, con los amigos que mueren o viajan y nunca más son vistos, con la frustración de los estudios, con la decadencia de la familia, etc. Como se ha dicho, el humor de *La vida exagerada de Martín Romaña* no siempre es alegre: puede ser, y de hecho
lo es con frecuencia, escéptico y nostálgico, a veces hasta infinitamente triste.

Puesto que quien evoca su vida es un escritor, la novela contiene muchas reflexiones relativas a la literatura. Las más importantes se articulan mediante una oposición entre la novela realista socialista que se ve obligado a escribir cuando milita en «el Grupo» y
la escritura en el «cuaderno azul» de lo que será *La vida exagerada
de Martín Romaña*. Naturalmente, la primera falsifica grandilo-
cuentemente una realidad que el autor no conoce, la sindical, mientras que la segunda tiene la autenticidad de lo vivido por él. Curio-

samente, es aquí donde la novela pierde agudeza y brillo, pues a la larga, lo que se defiende no es más que un lugar común: el novelista tiene que ser auténtico y narrar el mundo que le es propio. Y esto, que evidentemente es indiscutible, es lo que cumple bien, aunque tal vez demasiado exhaustivamente, la última novela de Bryce: es una introspección sutil y certera y un examen subjetivo, pero esclarecedor, del entorno social, todo obtenido con las armas de un humor que es el más logrado de la literatura peruana.

[*Revista de Crítica Literaria Latinoamericana* 16 (1982):161 162]

DESAVENENCIAS CON MARTÍN ROMAÑA

Abelardo Oquendo

Sobre Julius, con cariño

Por varias razones, la aparición de *Un mundo para Julius* fue un deslumbramiento. La primera de todas, por la peculiarísima forma en que estaba contada la novela. Fresca y desenvuelta, su escritura hablaba, casi podría decirse que se oía. Era una suma feliz y perfectamente integrada de voces entre las cuales predominaban las de la burguesía limeña. El narrador se hacía eco del mundo al que se refería y era su comentario irónico a la vez. La novela, además, representaba con la misma y cómoda naturalidad diversos estratos sociales limeños, en especial el de la clase alta, donde sólo por excepción -y aun así de modo casi siempre penoso- había incursionado la narrativa peruana. Todo esto, por fin, con una gracia y un humor muy personales, fruto de la alianza de la afectividad con el distancia-miento, de la ternura con la burla, de la denuncia y la admisión.

En el proyecto de esa novela figuraba el deseo de divertir al lector. Desde Ricardo Palma, sólo los cuentos de Héctor Velarde habían logrado conferirle calidad literaria a una obra de ficción escrita con intención similar. Porque en nuestra literatura el ingenio ocupa -salvo en poquísimos casos- un lugar menor. En *Un mundo para Julius* Bryce rescata para el humor y la amenidad un rango principal pues con ellos no desfigura ni disfraza, como Palma, sino -como Velarde a su modo- los usa para evidenciar. Y así logra, con elementos insólitos en nuestra narrativa, una novela excepcional.

Tras ese libro que lo instalaba definitivamente en nuestras letras, Bryce confirmó, con los cuentos de *La felicidad, ja, ja* (en la misma línea marcada por *Julius* y un cuento anterior y memorable, "Con Jimmy, en Paracas") las virtudes de una imaginación y de un estilo en los que iba a evitar después encasillarse. Y ensaya la renovación con otra novela: *Tantas veces Pedro*. La crítica más entusiasta a este libro se publicó en *Le Monde*, donde Albert Bensoussan no vaciló al decir que se trataba "simple y llanamente de una obra maestra". En nuestro país nadie dijo tanto, tal vez porque la novela nos decía poco comparada con *Julius*. Obra de transición y desigual, para los admiradores de Julius -ese niño conmovedor que va descubriendo una realidad cruel que no comprende pero que aprende con tristeza y pesar- la vida exagerada de Pedro Balbuena suscitó comparaciones no demasiado favorables. Algo se había perdido en la historia de este hijo pródigo e impenitente de la burguesía limeña. ¿Qué?

Un salto peligroso

Pienso que en el proyecto del autor empieza a gravitar más, desde entonces, el propósito de entretener que la exploración de la realidad. De aquí en adelante, el antiguo equilibrio entre esas dos vertientes de su creación se altera en beneficio de una elaboración mayor para Pedro en tanto idea y desarrollo literarios, pero más lúdica también.

Estas breves consideraciones sobre *Tantas veces Pedro* podría aplicarse a *La vida exagerada de Martín Romaña*,[1] pese a la intención de exorcizar experiencias traumáticas que parece estar en el origen de la última novela de Bryce. Sin duda, ella representa un triunfo de la oralidad o, como dice Ribeyro, un "milagroso salto de la conversación a la escritura".[2] Y hasta cabe sospechar que los borradores del libro han sido hablados y no escritos, pues la inmersión en lo coloquial se extrema al punto de pretender ciertas cualidades

---

1 Barcelona, Editorial Argos Vergara, 1981, 631 p.
2 Habemus genio", En *El Observador*, Lima, 21 de febrero de 1982: XIV.

orales del relato anecdótico difíciles de mantener en lo literal. Una de ellas es el 'embrague' del receptor en el tono enfático y en la actitud emotiva al que ayuda decisivamente la presencia física del narrador y la gestualidad que tonifica su discurso y convoca en el auditorio una cierta complicidad. Los efectos logrados así no siempre se pueden esperar de un contexto exclusivamente verbal. Bryce no descuida este aspecto: dedica la primera parte del libro a amistar al narrador con el lector, ganarle su simpatía y asegurarle su crédito. Seguro de haber alcanzado rápidamente esa simpatía -como en efecto la alcanza- estriba en ella la segunda conquista y la da por efectuada. De aquí que, en vez de presentar hechos en base a los cuales el lector pueda formarse visiones y opiniones propias acerca de personajes y ocurrencias, opte por trasmitirle las de Martín Romaña, incluso acerca del propio Martín Romaña, quien deriva en una especie de apuntador oficioso del lector. Por ejemplo, uno no *conoce* sino *se entera* de las virtudes de Carlos Salaverry por los juicios del narrador, ya que el relato mismo no muestra esas virtudes. Los ejemplos podrían multiplicarse. Los numerosos habitantes del libro no encarnan ni se acusan como seres vivos porque todos son, en mayor o menor medida, esquemáticos integrantes de la comparsa que anima la engolosinada memoria del narrador sobre sí mismo, figuras de fondo capturadas en un tic o un rasgo físico o mental dentro del vasto autorretrato de Martín Romaña.

Todo esto resultaría natural en un libro que es -en palabras de Ribeyro- "confesional y expiatorio (...), que permite al autor exorcizar sus fantasmas". Pero no es como un "documento psicoanalítico" que lo entrega sino como una novela. Cualesquiera sean los manantiales y exteriores que se entrecruzan y confluyen en su producción el juego de proponerse como un texto plural lo hace aún más literario.

Me parece que lo apuntado es consecuencia -no necesaria, por cierto- de la oralidad radical de su escritura, del manejo de la primera persona y del propósito de divertir como el de más peso en la obra. El hecho de que junto a éste haya otros propósitos manifiestos en ella, la hace pluridimensional, abre variadas perspectivas para su apreciación, la enriquece. Sin embargo, esa diversidad no llega a organizarse en un todo donde el conjunto se equilibre y armonice plenamente como resultado de una definición precisa. Esta indeterminación, raigal aunque discreta, propicia ciertas laxitudes (las reiteraciones constantes, por ejemplo, y la falta de rigor en la selección de anécdotas, que abulta el libro innecesariamente), laxitudes a las que el ánimo humorístico es proclive y el modelo oral favorece.

Autor, actor y espectador

La narrativa de Bryce se ha estructurado siempre en torno de un personaje que, a partir de *Julius*, se percibe cada vez más como un elaborado *alter ego* del autor. Desde el Manolo de *Huerto cerrado* -el único pequeño burgués que figura como eje en sus libros-, todos esos protagonistas participan de una cierta orfandad espiritual, son conciencias más o menos solitarias y en formación. En sus dos últimas novelas el personaje, vástago final de una familia que declina pero pudo darle una educación privilegiada, ya no es un niño y pasó la adolescencia, aunque permanece inmaduro y desconcertado. Peruano en Europa, donde intenta hacerse escritor, ha opuesto una brecha de miles de kilómetros a su medio social, distancia sin embargo no tan larga que los giros postales o algunas oportunas cartas de recomendación no puedan salvar. Bajo el nombre de Pedro Balbuena lleva una vida mucho más exagerada y azarosa que como Martín Romaña, aunque ambos son, básicamente, el mismo sensible, sensitivo y enamoradísimo hijo de familia bien que, de un desencanto a otro, anda en busca de la felicidad. Este aspirante a escritor que ama la vida sobre la literatura, alcanza encarnado en Martín Romaña, a fundir vida y literatura en un libro donde ocupa todo el escenario de una suerte de hipertrofia del yo. Autor, actor, y espectador de su propia comedia sentimental, no solo posa (Woody Allen autocomplaciente) para su cordial escarnio, sino que maneja también los hilos de las figuras que, modeladas convenientemente por él, cobran vida a su paso y desaparecen cuando se va. Tan precarios los siente el memorioso autor del "cuaderno azul", que a cada reaparición de sus comparsas reitera un rasgo, recapitula un antecedente, repite, en fin, lo que ha dicho, en ocasiones, unas pocas páginas o unos cuantos párrafos atrás. Esta desconfianza en la capacidad retentiva del lector parece extenderse tanto a la inteligencia y sensibilidad del mismo cuanto a la eficacia de su propio relato para producir por sí solo los efectos y las imágenes deseadas, pues no son escasas las advertencias y los subrayados verbales sobre la naturaleza o el sentido de lo que se cuenta, ni la insistencia sobre el humor y otras cualidades distintivas de Martín Romaña.

Pienso que el creciente predominio del protagonista se da en desmedro del mundo que lo rodea, de la densidad y los matices con que Bryce transmitió su visión de la realidad en la novela de Julius. En ésta, así como la voz del narrador -instalado en el libro de un modo magistral- incorporaba las voces de sus creaturas, su mirada insumía las maneras de ver de quienes circulaban por la novela, todo ello sin perder su individualidad, amalgama de donde provienen la densidad y la riqueza de matices mencionadas. Esto posibilitaba, además, que los comentarios no interfirieran la vida, visible y propia, de protagonistas que, tanto en *Julius* como en *Huerto cerrado*, son fundamentalmente sus actos y existen en una estructura narrativa que no verbaliza sino refracta el impacto de la circunstancia sobre el yo protagónico y, de tal modo, transfiere ese impacto al lector.

Coda con un lamento

Es decir, echo de menos que la naturaleza temática y estilística de las recientes novelas de Bryce lo hayan llevado a preferir instrumentos de cuyo perfeccionamiento había aún mucho que esperar. Y esa nostalgia es la principal responsable de estos apuntes que disuenan dentro del coro de los elogios que *La vida exagerada de Martín Romaña* ha merecido. Son, pues, un desentono; y, para que se oiga peor, omiten los aspectos positivos del primer volumen del *Cuaderno de navegación en un sillón Voltaire*.

Ribeyro ha dicho que se trata de "una novela genial" y ha explicado que "la genialidad no tiene nada que ver necesariamente con la perfección, la medida, ni siquiera con el buen gusto, que son cualidades secundarias, al alcance de cualquier escritor de talento. La genialidad no se define, es algo que se siente, un soplo de aire desconocido, un aerolito que cae en un jardín cultivado y modifica instantáneamente el paisaje. Algo queda allí, algo que sirve de referencia y que es necesario escalar o contornear para seguir adelante".

Me pregunto por la sensibilidad de mi piel para discriminar ciertos aires, temo que uno de esos aerlitos, caído en alguna zona pantanosa de mí, haya naufragado. Y lo confieso con vergüenza y pesar, pues nada me hubiera gustado más que opinar aquí como Ribeyro.

[*Hueso Húmero* 12-13 (1982): 128-133]

HABEMUS GENIO

Julio Ramón Ribeyro

La vida exagerada de Martín Romaña es una novela genial y está llamada a dar la vuelta al mundo, cuando traductores inteligentes encuentren equivalencias a los acordes de su lenguaje y el mecanismo de su humor. Pero para el lector en español esta novela es ya un objeto de placer, un desencantado canto a la vida y al amor, un curso magistral de comunicación narrativa y un modo de empleo de París al uso de jóvenes latinoamericanos que siguen pensando en la Ciudad Luz como en el emporio del arte, la fiesta y la Revolución.

Digo genial y me explico. La genialidad no tiene nada que ver necesariamente con la perfección, la medida, ni siquiera el buen gusto, que son cualidades secundarias, al alcance de cualquier escritor de talento. La genialidad no se define, es algo que se siente, un soplo de aire desconocido, un aerolito que cae en un jardín cultivado y modifica instantáneamente el paisaje. Algo queda allí, algo que sirve de referencia y que es necesario escalar o contornear para seguir adelante.

Sería vano en una nota como ésta analizar este libro poliédrico, con sus numerosas facetas o puertas de entrada y de salida. Me limitaré a enumerar sus rasgos más saltantes.

El humor de Bryce, que en esta novela alcanza un registro sin parangón en la literatura peruana e hispanoamericana y lo sitúa en un rango universal. Extraña mezcla de ocurrencia limeña y humor británico, digamos de nuestros satíricos del siglo XIX y de Thomas de Quincey, pero con ecos del humor italiano de Italo Svevo y de esa comicidad judía que consiste en tomarse a sí mismo como motivo de irrisión. Referencias académicas, pues se trata de un humor donde situaciones, expresiones, deslizamientos lógicos se alternan o se enhebran hasta formar un tejido inconfundiblemente bryceano. Humor además que rara vez llega al escarnio o al sarcasmo y que es para Bryce una forma de simpatía, una filosofía de la vida y un instrumento de salvación personal.

El carácter ambulatorio de su narración, pues ella es el recuento de un viaje en un doble plano: un viaje a través de la memoria de Martín Romaña y un viaje de Martín Romaña por las tierras de Europa: Escocia, Peruggia, Grecia, Costa Azul, Vera de Bidasoa, Oviedo, Bilbao, Cabreada, Barcelona, etc. Movilidad que acentúa el carácter aventuresco de la novela y sugiere interesantes correlaciones con la picaresca española.

El tono confesional y expiatorio del libro, que permite al autor exorcizar sus fantasmas y neutralizar sus traumas infantiles y juveniles, tentativa de recuperación literaria de frustraciones y sinsabores, documento sicoanalítico en suma, que hará la delicia de los especialistas.

La demolición del mito París-Ciudad Luz, que ha hecho correr tanta tinta sensiblera, arrobada y huachafa en escritores de todos los horizontes. Bryce mira París sin ninguna complacencia, es implacable con el pequeño burgués mezquino, egoísta, racista y xenófobo y de una franca irreverencia con figuras tutelares como Sartre, Proust, Malraux, etc. Implacable también con el París de Hemingway, Miller, Fitzgerald, el París que los escritores norteamericanos de entre las dos guerras idealizaron para el encanto de sus lectores y el desencanto de sus seguidores.

La sátira fulminante de los medios peruanos y latinoamericanos de París, de aquellos grupúsculos seudorrevolucionarios, lenines de plástico, guevaras de papel, que se pasan la vida discutiendo los medios de acabar con la sociedad burguesa, sin moverse de sus cafés y buhardillas, hostigando y aterrorizando a los pobres artistas y escritores que ponen en duda sus planteamientos y que no desean ni pueden otra cosa que escribir alguna vez un buen libro.

La tierna y dolorosa historia de un amor fracasado, de un matrimonio que naufraga en los avatares de Mayo del 68 -y no sólo por culpa de los aguafiestas Carlos Marx y Segismundo Freud- y el retrato memorable de una mujer, Inés, retrato por momentos cruel pero siempre emocionado, lúcido análisis de la pasión amorosa y su trama de gozo, atracción, dolor y aborrecimiento.

Un mentís a la tendencia europea -y no solamente europea- a identificar la novela latinoamericana con naturaleza salvaje, indígenas con poncho, realismo mágico, dictadores antropófagos y tantos otros tópicos que durante tanto tiempo ha formado o más bien han simplificado la visión de nuestra realidad, al punto que toda otra visión era descartada como inauténtica. Bryce demuestra (término inapropiado, pues la literatura puede pasarse de las demostraciones) que se puede escribir una gran novela peruana y latinoamericana sin recurrir a los temas y lugares comunes.

La composición de la obra, tan sabiamente construida bajo su aparente espontaneidad, con sus simetrías del cuaderno azul y el cuaderno rojo, el relato de lo ocurrido y el anuncio de lo que vendrá, lo personal y lo histórico, lo vivido y lo imaginado. Y el haber escogido como narrador un personaje interpuesto, que es y no es el autor, lo que le permite utilizar los materiales de la autobiografía sin renunciar a las ventajas de la ficción. Bryce lleva esta ambigüedad al punto de presentarse en su libro con su propio nombre, como un conocido de Martín Romaña, con quien discute y hasta se pelea. Sutil juego de espejos en el cual Martín Romaña no es un personaje de Bryce sino Bryce uno de Martín Romaña.

Finalmente, la invención de un estilo, de una manera de contar tan familiar y directa, pero al mismo tiempo alerta, literaria y hasta poética cuando es necesario, prosa inventiva, verde y sabrosa, milagroso salto de la conversación a la escritura, que envuelve, subyuga y nos acerca al autor al punto de escuchar una voz, su voz, Bryce sentado en un sillón Voltaire contándonos la exagerada vida de su alter ego.

[*El Observador*, Lima, 21 de febrero de 1982: XIV].

SOBRE MARTÍN ROMAÑA

Luis Alberto Sánchez

Quien dude de que existe una narrativa auténtica en el Perú, deberá abandonar sus dudas con sólo leer *La vida exagerada de Martín Romaña* de Alfredo Bryce Echenique.

Obedeciendo a leyes invisibles como son todas las que rigen la creación, Bryce convierte en fin lo que para otros es medio, y solazándose en ese medio transformado en fin, produce una obra desconcertantemente amena y desordenadamente regulada. Si en *Un mundo para Julius* se advertían con cierta exagerada realidad los pespuntes joycianos, en esta nueva novela, un tanto diluvial, sigue imperando el caos joyciano en el trasfondo mismo de la novela va más allá de los recursos estilíticos del autor de *Ulises*; agrega un tono de picardía limeña que nada tiene de Dublín y se instala en un universo de disparates y esperpentos que no es en nada semejante al disparate surrealista ni al esperpento de Valle-Inclán, sino que regresa cabalgando sobre el lomo de los siglos a los estrambóticos años de Rabelais, uno de los padres legítimos de la novela latinoamericana de hoy y de una de las fuentes más seguras de la novela contemporánea.

Esto no quiere decir en modo alguno que Bryce sea un repetidor de nadie. Después de haberlo leído y tratado llego a la convicción de que el laberinto rabelaisiano no le es ajeno, sino que coincide con su propio laberinto, y la ironía y la burla y el sarcasmo característico del padre de las *Aventuras de Gargantúa y su hijo*

195

Pantagruel calzan cabalísticamente con la travesura, la burla, la ironía y el sarcaso de un limeño perdido en el mundo caótico de hoy, y cuyo nombre es Alfredo Bryce Echenique. El lema de Rabelais, en la portada de su estupendo libro, reza: «vale más reír que escribir con lágrimas». Bryce narra las peripecias vivenciales de Martín Romaña a quien considero el Julius redivivo, insuflándole un aire bohemio que impide protestar o llorar allí donde la pobreza, la desventura, la inconformidad deberían expresarse en tono alzado a lo que Bryce prefiere la levedad de un humorismo sin complicaciones, tan superficial que resulta alto y por ende profundo.

Siendo tan divertidas y tan tristes las peripecias de Martín Romaña en París y en España al margen del Vidasoa, las envuelve tan sutilmente con su estilo, con un estilo desgonzado voluntariamente, que debemos aceptar sus infortunios como buenos éxitos y sus fracasos como victorias. Todo ello se debe a la manera de contar que, en este libro, es mucho más importante que la materia que se cuenta. Por eso decía, al comenzar, que Bryce convierte el medio en fin y, como reacción, el fin parece medio.

En una página luminosa, me parece que en la *Deshumanización del arte*, Ortega y Gasset precisa que la narración consiste en el acto de narrar, no en el sujeto de la narración. El narrador es como el nadador congenial que se deleita moviéndose armoniosamente en el agua sin importarle a dónde va ni de dónde regresa, sin presencia por la orilla, feliz de estar en el agua regodeándose animalmente y, por tanto, angelicamente, con la inocencia de un niño: el nadador per se es siempre un niño juguetón; el narrador de por sí es siempre hechicero de la palabra, encanta con ella sin necesidad de flauta de encantador de serpientes, adormece a media vigilia con su relato como Sherezade al Sultán.

No importa el tema; importa el acto de narrar. En su novela, Bryce yuxtapone episodios, comentarios gozosos, a veces amargos, envueltos en una sonrisa pícara que se excusa por ser tan penetrante. Por ejemplo, los fragmentos sobre el hotel que no tiene baños, y sus habitantes, repetido a lo largo de varios capítulos, disimula con bromas el desamparo de aquellos jóvenes latinoamericanos que se engolosinan imaginándose líderes de revoluciones que saltan del libro a sus sueños y de sus sueños al café en donde agonizan sin gloria.

Igualmente, la evocación de sus abuelos y el amor de Inés en la habitación del techo y todo el relato entero constituye una formidable burla a la melancolía y una afirmación sin jactancia sobre la eficacia de no querer nada y vivir según la ley de una anarquía que escapa a los historiadores y a los teóricos psicológicos y sociales.

Sospecho que *La vida exagerada de Martín Romaña* es un hito, si no en la literatura en castellano, sí en la literatura latinoamericana y, fundamentalmente, en la peruana. Julius abandonado a los once años de edad en la última página de un libro se reencarna desde la primera en Martín Romaña; su cronista, Alfredo Bryce Echenique, mira desde su buhardilla este transcurrir alegre del lector que ha olvidado todo argumento para saborear la salsa en que se sirve un manjar cuya definición escapa del paladar y el diccionario.

[*Expreso*, Lima, 17 de agosto de 1983: 17]

UN PERUANO EN LA CORTE DEL REY LEOPOLDO

Abelardo Sánchez León

Con su reciente novela *El hombre que hablaba de Octavia de Cádiz*, Alfredo Bryce cierra el período de 20 años que vivió en París a través de ese maravilloso personaje que es Martín Romaña Parkingson. Desde que desembarcó en Dunkerque en 1964, hasta aquella fotografía en casa de Colón, en Génova, previa a su retorno al Perú todos los ríos han arrastrado sus aguas mansas y en revuelta, al estilo de Jorge Manrique, tan bien y constantemente citado.

Si a mediados de los años 60, el artículo de Mario Vargas Llosa: «Salazar Bondy y la vocación de escritor en el Perú» hizo furor entre aquellos que pretendían empuñar la pluma, el *Cuaderno de navegación en un sillón Voltaire* de Bryce, es el intento mejor logrado, más serio y conmovedor, de aquel joven que quiere ser escritor por sobre todas las cosas, cargando a sus espaldas el desagarramiento de confundir vida y ficción, sueño y realidad, compromiso y contemplación. Ya Pedro Balbuena, en su anterior novela, puente indiscutible hacia Martín Romaña, es un escritor que no ha escrito, que quiere escribir, en cuyo pasaporte dice «profesión escritor», sí, señor, hace mil años inédito, con sus cuarenta años sin dar con golpe. Hasta podríamos decir que Pedro Balbuena resulta el Alter Ego de Martín Romaña, su Signor Malatesta di Rimini, aquel perro de bronce, aquel boxer tan querido por él de su casa paterna en Lima, que lo tiene colocado en la chimenea de su departamento de la rue Aymot, 8 bis. Realmente es talentoso Bryce para maravillar en la descripción de su departamento: a un lado el sillón Voltaire prácticamente reconstruido a mano y al otro el diván donde caían los alojados, y donde en la novela es la cama-océano de su amor con Octavia. La ducha portátil es el baño cocina en la cual se debe ser muy astuto para quedar limpio sin ensuciar todo, donde hoy se bañan el charapa José Carlos Rodríguez y Chantal.

«¡Arre, bolígrafo!», como dice Martín, escribe mientras vivo, narra aquello que se vivió para volverlo a vivir, escribe en este cuaderno que es también mi novela, tal como dice la cita de Ives Navarre: porque sabemos contar nuestros sueños, pero ya no sabemos vivirlos. Martín Romaña es un «escritor sin estrella y estrellado» que termina siendo Maximus P. Camacho Solre, el escribidor de guías turísticas para la agencia Uniclam. Desde hace más de 15 años, todos los peruanos en París caen, resbalan, se embriagan y son amigos en esa oficina, en la cual Lalo Justo Caballero se encierra unas veces a trabajar y otras a tomar. Martín Romaña no es necesariamente un perdedor, pues ha hecho suya la máxima de su Alteza Serenísima, el Príncipe Leopoldo de Croy Solre, que una vez le dijo: «Hay dos tipos de hombres, los de negocio y los sentimentales». Bajo ese lema Martín ha organizado su vida que lo conduce al cielo y lo aleja de la espantosa modernidad del dinero.

Leopoldo es un noble antiquísimo que, en la actualidad, vive arruinado económicamente en Bruselas y se hizo muy amigo de todos los artistas peruanos a través del pintor Alfredo Ruiz Rosas. Una vez, en una reunión en casa del príncipe, Ruiz Rosas, Bryce y Manuel Cabieses, armaron una bronca colosal que llegó a los golpes entre la ternura y la aflicción. «Te voy a pegar por acá, protégete» le avisaba Bryce a Cabieses, y luego le pegaba con toda su amistad. Al final, destrozaron toda la cristalería del príncipe y al día siguiente, avergonzados, en el momento de las disculpas, Leopoldo exclamó: «Queridos amigos, me han hecho rejuvenecer». Nada, pero nada, tiene que ver la fiesta que da Leopoldo en la novela a los pintores peruanos, en la cual Octavia fue tan feliz, con aquella que Octavia, años después, y Eros, su esposo le ofrecen a Martín Romaña en Milán. En esta última se encuentra la espantosa modernidad del dinero, en aquellas cabezas coronadas de la nobleza europea reciclada en el tiempo. Esta actitud de Bryce frente a la modernidad económica de las clases dominantes tiene un parecido con la de

Martín Adán. En esta novela Bryce es muy hábil para mostrar cómo es que la sociedad europea califica a un extranjero tercermundista. En cierta medida, le hace a él lo que su clase social hace en el Perú. Ya Bryce ha expresado muchas veces sus ideas sobre la marginalidad y la doble marginalidad de su personaje, pero en esta novela se hace evidente: la familia de Octavia no lo acepta por ser mayor, casado y divorciado, pero también por ser escritor, latinoamericano y revolucionario. Octavia es como las rosas francesas que cultivaba la madre de Martín en Lima, y que Serapio, el jardinero indígena, cuidaba. ¡Eran las manazas toscas de Serapio tocando a Octavia!, para la familia de ella, y por eso Bryce recurre, con esa capacidad inaudita que tiene, a buscar la identidad de Latinoamérica, del Perú y la suya mediante el desdoblamiento, utilizando para ello miles de nombres. En su anterior novela Pedro Balbuena, también era Petrus, y en ésta Martín es Maximus, es Maximuski, es Romaña, es Solre, ¡hasta es Pedro Camacho!, es Maximus García Márquez, es Daniel Alcides Carrión, es, por equívoco, José Faustino Sánchez Carrión; se desdobla y se refiere a Alfredo Bryce Echenique, sueña con Juan Rulfo, «concisión, sí, pero no concesión» le dice el maestro mexicano, sé tú, no te traiciones, ¿Inca, quizá; conversa con su amigo, Julio Ramón Ribeyro, le habla a Octavia en medio de Mediterráneo del cholo Sotil, clama ayuda a Oscar Artacho a lo largo de toda la novela para que le dé «un comprendido», a la usanza de su programa deportivo... ¿Alguien me comprende? pareciera preguntarse Alfredo/Martín, y claro que sí, esa es una angustia latinoamericana y peruana. Romaña es un extraño en el paraíso europeo cuando sale del ambiente de latinoamericanos y su única arma es el desdoblamiento cultura en mil caras: porque también es el colonello, Richardo Cantwell, Hemingway, todas sus lecturas, todo su bagaje, toda su biblioteca. Y es, por eso, también una agustia humana, que permitía que Octavia, a pesar de ser francesa, recordara los versos de Vallejo, conociera letras de valses que jamás había escuchado y gozara con Toña la Negra y Bola de Nieve.

Y de desdoblamiento en desdoblamiento, Bryce corre el riesgo de extraviarse, pero no, llega a un excelente puerto y al más difícil: «A los reinos más felices, que son aquellos sin historia», epígrafe de Henry James cuando habla de Sophie en *Tantas veces Pedro*, mujer que tiene mucho de Octavia, y que en verdad tiene mucho de la real y maravillosa Sylvie, a quien le dedica sus dos últimas novelas, aquella alumna de Nanterre, que se vuelve peruana, porque se desdobla en Daniel Alcides Carrión y se inmola y es como dice François George en el libro que lee Martín: «El ideal que le juega a uno la mala pasada de sustituirse a la realidad». Yo conocí a Sylvie una noche ya lejana de 1972 y su recuerdo queda intacto a pesar, como dice Martín, «que la fueron cambiando todita». Se rompió las piernas. Y después ha vivido con Martín muchos años, incluso después que regresara a Lima, incluso después de la muerte, porque vive en este y en otro mundo, en el de la literatura, y como le decía Bryce Echenique a Martín Romaña, también vive en tus lectores, porque eras tú quien hablaba de ella. Pero ahora es Octavia.

[*Caretas*, Lima, 12 de agosto de 1985: 58-59]

LA NUEVA NOVELA SENTIMENTAL
DE ALFREDO BRYCE ECHENIQUE

Aníbal González
The Pennsylvania State University

En *Fragmentos de un discurso amoroso* (1977), Roland Barthes observa que, ahora que la ortodoxia estética y filosófica ha consagrado la transgresión radical como un sumo bien, la valoración positiva de un concepto como el del amor (no en el sentido sexual, que sí es aceptado por esa nueva ortodoxia, sino en el sentimental), resulta en una nueva transgresión:

> Ya no es lo *sexual* lo que es indecente [dice Barthes], es lo *sentimental* –censurado a nombre de lo que a fin de cuentas es sólo *una moral más*... La obscenidad del amor es extrema. Nada lo puede redimir, concederle el valor positivo de ser una transgresión... El texto amoroso (que escasamente es un texto), consiste de pequeños narcisismos, mezquindades psicológicas; carece de grandeza: o más bien su grandeza... es la de no poder alcanzar la grandeza. (193-95)

En efecto, Barthes destaca que hoy día la única forma de superar la tradición moderna, de ir más allá de su afán irónico y transgresivo, es cometiendo una «transgresión de la transgresión» la cual, retornando al pasado, le devuelva al amor sentimental el sitial importante que una vez ocupara. A mi juicio, la novelística de Alfredo Bryce Echenique lleva a cabo esa doble transgresión con respecto a

203

la tradición hispanoamericana que le antecede, y en esto reside una de sus contribuciones más profundas y amplias a la narrativa hispanoamericana actual.

Salta a la vista que gran parte de la narrativa del «Boom» de los años sesenta dejó de lado la exploración y evocación de los sentimientos humanos en favor de un proyecto novelístico más vasto, que algunos críticos han identificado con la creación de una metáfora totalizadora de Hispanoamérica (González-Echevarría, 86-97). Escritas desde una perspectiva irónica de estirpe borgiana, y con una amplitud de visión que aspiraba a abarcar, siquiera simbólicamente, como en el aleph de Borges, la abigarrada totalidad de la vida hispanoamericana, novelas fundamentales como *La muerte de Artemio Cruz* (1962), *Rayuela* (1963), *La ciudad y los perros* (1963), *Cien años de soledad* (1967), y *Tres tristes tigres* (1967), entre tantas otras, desterraban sin embargo lo sentimental a «los arrabales de la literatura» (para adaptar una frase de Borges). Lo sentimental no tenía cabida, al parecer, en novelas cuyo propósito era el de aclimatar los recursos de la narrativa de vanguardia al ámbito hispanoamericano, a la vez que el de lidiar con los enigmas y perplejidades de la identidad cultural del continente. Los remordimientos de Artemio Cruz, las nostalgias y neurosis de Oliveira, la melancólica muerte de Rocamadour, las inseguridades y conflictos de los cadetes del Leoncio Prado, la soledad de los Buendía, y las cuitas amorosas de los «tigres» habaneros, son elementos sentimentales que aparecen, sin embargo, subordinados a preocupaciones mayores de índole sociocultural y estética, así como a un evidente machismo, como el que inconscientemente desplegara Cortázar en su notoria distinción (que luego él habría de repudiar) entre el «lector macho» y el «lector hembra» (*Rayuela*, 452-454).

No tardó en aparecer, sin embargo, a finales de los sesenta y a lo largo de los setentas, una promoción de escritores que constituyen lo que se ha dado en llamar el «Post-Boom». La diferencia entre ambos grupos no es exclusivamente cronológica; también se manifiesta en sus intereses, técnicas, y temáticas. Los escritores de la promoción posterior al «Boom», en la que se pueden agrupar figuras tan diversas como los fenecidos Manuel Puig, Severo Sarduy y Reynaldo Arenas, así como Elena Poniatowska, José Emilio Pacheco, Miguel Barnet, Luis Rafael Sánchez y el propio Bryce, han tendido a rechazar las colosales narraciones de la «novela total» y en cambio han dirigido su atención hacia una crítica directa de los postulados ideológicos de ese género (como en los textos de Sarduy), o hacia áreas relativamente descuidadas por los novelistas del «Boom», tales como la narración testimonial, los medios de masa y la cultura popular, y el ámbito de lo sentimental. Por supuesto, hay obras en las que se dan todos estos elementos a la vez, en distintas proporciones: lo sentimental suele estar muy ligado a la cultura de masas, por ejemplo, y en las novelas de Puig, de Pacheco, y de Sánchez hay sin lugar a dudas rasgos de sentimentalismo en sus alusiones al cine, el radioteatro, el tango, y los boleros. Pero también hay veces en que se da un rechazo abierto de lo sentimental, como cuando, en *Biografía de un cimarrón* (1966) de Barnet, Esteban Montejo declara sobre los hechos de su azarosa vida que «eso no es triste porque es la verdad» (15).[1]

La narrativa de Bryce sobresale de entre la de este período por estar ligada más abierta y orgánicamente a la problemática de lo sentimental. Pero antes de glosar los textos de Bryce, debo explicar qué entiendo por «lo sentimental». Se trata de una modalidad estética que tuvo su primer gran florecimiento en Europa a lo largo del siglo dieciocho, y que en el ámbito de la novela produjo obras como *Pamela* (1741) de Richardson, *Tristram Shandy* (1767) y *A Sentimental Voyage through France and Italy* (1768) de Sterne, *La nouvelle Heloise* (1761) de Rousseau, *The Man of Feeling* (1771) de Mackenzie, *Las cuitas del joven Werther* (1774) de Goethe, y *Les liaisons dangereuses* (1782) de Laclos, entre otras muchas.[2]

---

1 Por otra parte, *Canción de Rachel* (1969) de Barnet reivindica abiertamente el ambiente de frivolidad y sentimentalismo de la Cuba de principios del siglo XX. La narradora-protagonista, una corista cubana de ascendencia centroeuropea, generaliza continuamente -como una antropóloga aficionada- acerca de la idiosincrasia del cubano, haciendo afirmaciones como la siguiente: «La cubana parece que camina en el aire, no por el pavimento. El cubano igual. Somos seres dotados para la felicidad pasajera. Una muerte no la esperamos, un accidente tampoco. Por eso la gente es tan sentimental y gritan y patalean si les ocurre algo que no esté en el plan del día» (41).

2 En mi discusión del sentimentalismo en las páginas siguientes me he beneficiado del utilísimo estudio de Janet Todd sobre la ficción sentimental inglesa, *Sensibility: An Introduction*. Conviene añadir que las llamadas «novelas sentimentales» españolas y france-

La estética del sentimentalismo dieciochesco se fundamenta en el vínculo entre la literatura de ese período y la filosofía moral de pensadores tan diversos como Thomas Hobbes, Adam Smith, el Conde de Shaftesbury, y David Hume. Para Hobbes, en su *Leviathan* (1651) y Smith en *The Wealth of Nations* (1776), la humanidad es irremediablemente caída y pecaminosa, y el egoísmo y el ansia de poder son el principal motor de los hombres en sus asuntos diarios. En cambio, Shaftesbury y Hume consideran que el hombre tiene un sentido moral intrínsico mediante el cual organiza y jerarquiza las percepciones que le llegan del mundo exterior; este sentido moral produce en el hombre una tendencia natural hacia la benevolencia, la filantropía, y la armonía social. La narrativa sentimental dramatiza la pugna entre estas dos visiones del ser humano mediante el choque de sus protagonistas benévolos, virtuosos y sensibles, como querían Shaftesbury y Hume, con una sociedad egoísta, calculadora y utilitaria, como la de Hobbes y Smith.

En la ficción sentimental los personajes no sólo despliegan abiertamente sus emociones, sino que lo hacen de un modo ejemplar, como modelos de virtud y bondad. A menudo sufren los golpes de una sociedad indiferente u hostil, y su sufrimiento se despliega como una lección de sensibilidad humana y un imperativo moral de ser bondadosos. El personaje sentimental -que puede ser tanto hombre como mujer- se proyecta siempre como un individuo frágil, delicado, de naturaleza amistosa y confiada. Su historia se da siempre en un variado contexto de relaciones familiares y afectivas que se caracterizan todas por su inestabilidad. El personaje sentimental es un ser errante y desamparado, pero no misántropo. Por el contrario, va en busca de amor y de compasión; de ahí que valorice en extremo los pocos lazos afectivos que la suerte le depara, ya sean los filiales, los amorosos, o los de la amistad. En materia económica, el

---

sas de los siglos quince al dieciséis son precursoras de esta vertiente; no obstante, su trasfondo ideológico es muy distinto, y su parecido con las ficciones dieciochescas del mismo nombre se debe principalmente al uso de los temas y la retórica del amor cortés. Para una comparación pormenorizada entre *Tristram Shandy* de Sterne y la novelística de Bryce, véase la tesis doctoral de mi alumna Margarita Krakusin, «La narrativa de Alfredo Bryce Echenique y la tradición de la novela sentimental».

personaje sentimental es anticapitalista (ya sea por prurito aristocrático o por convicción ideológica); si tiene dinero, lo regala a sus amigos, o lo gasta en obras benéficas; y cuando no lo tiene, se retira a la vida campestre, a cultivar su jardín, como el Cándido de Voltaire. Demás está decir que aunque el sentimentalismo tiene un aspecto eminentemente corporal, pues los sentimientos requieren expresión física (por medio de llantos, temblores, explosiones de risa, etcétera), la pasión sexual queda desterrada de este ámbito, pues genera emociones demasiado desgarradoras -como los celos- que pueden atentar contra la simpatía y la benevolencia.

Por otro lado, el lenguaje de la ficción sentimental procura evitar toda ironía, pues su intención es la de suscitar en el lector las mismas emociones que evoca. De ahí su tendencia a describir minuciosamente los sentimientos y los gestos de que van acompañados. Esta tendencia genera a menudo una disparidad excesiva -e involuntariamente jocosa- entre el gesto, que suele ser instantáneo y pasajero, y el torrente verbal con el que el narrador intenta capturarlo. Los signos de exclamación, los paréntesis, los puntos suspensivos, las lagunas en el texto y las aberraciones tipográficas figuran entre los recursos favoritos del escritor sentimental, quien trata de suplir con ellos la ineptitud de la escritura para comunicar el sentimiento: recuérdense las famosas páginas negras y jaspeadas en *Tristram Shandy* (pp. 33-34, 183-184).

A grandes rasgos, puede decirse que la retórica de la ficción sentimental está dominada por el tropo del *anacoluto*. Como lo define el diccionario: «solecismo que consiste en inconsecuencia o falta de ilación en la construcción de una frase, oración o cláusula, o en el sentido general de la elocución». El anacoluto, asevera Barthes en su ensayo sobre Chateaubriand, «es a la vez ruptura de la construcción y despegue de un sentido nuevo» (*El grado cero...*, 158), es un volver a comenzar cuando aún no se ha terminado. Por medio del anacoluto, el narrador propicia la digresión y el perspectivismo narrativo, y coquetea con la incoherencia, todo con el fin de involucrar al lector en las complejidades de la situación sentimental. Así se ve en las reflexiones de Pedro Balbuena, el protagonista de la segunda novela de Bryce, *Tantas veces Pedro* (1977):

Cuando los sentimientos quedan, la historia nunca se acaba, cualquiera que sea el desenlace la historia nunca se
acaba... Mis historias, Sophie, mis propias historias como
que continúan siempre dándome nuevos impulsos y hasta
empiezan de nuevo y terminan de nuevo, todo depende de
a quién se las cuentas, o de quién te pide que se las cuen-
tes, o del estado en que estás cuando te las vuelves a contar tu mismo. (66)

Apenas es necesario demostrar que la novelística de Bryce exhibe muchas de las características de la ficción sentimental. Los
personajes de Bryce, desde Julius y Pedro Balbuena hasta Martín
Romaña y Felipe Carrillo, son seres fundamentalmente bondadosos,
frágiles, e inocentes, arrojados a un ambiente insensible y áspero:
el de los adultos, en su primera novela, *Un mundo para Julius*
(1970), y el de la expatriación y las vicisitudes amorosas, en *Tantas
veces Pedro* y en el díptico de novelas protagonizado por Martín
Romaña (*La vida exagerada de Martín Romaña* [1981] y *El hombre
que hablaba de Octavia de Cádiz* [1985]). En *Un mundo para
Julius*, además, nos topamos con un contexto de relaciones entre padres e hijos, y entre amos y criados, que evoca al de las novelas de
Sterne; como en las novelas sentimentales inglesas, el niño Julius,
de familia rica, casi se siente más vinculado a los criados de su casa
y a las personas de condición humilde en su sociedad que a su propia familia.[3]

Demás está indicar que las novelas de Bryce rehuyen el sentimentalismo lacrimoso que era tan común en las obras del siglo
dieciocho. Sus personajes lloran, es cierto, a veces abundantemente,
pero también rabian, lanzan sarcasmos, se emborrachan y vomitan;
todo esto, sin embargo, sin abandonar la ingenuidad y la bondad inherentes que caracterizan al héroe sentimental. Por eso detrás de su

---

3 Este hecho de hace patente desde el principio de la novela, cuando se nos dice: «Sólo
Julius comía en el comedorcito o comedor de los niños, llamado ahora comedor de Julius.
Aquí lo que había era una especie de Disneylandia. (...) Pero, cosa que nunca sucedió
cuando sus hermanos comían en Disneylandia, ahora toda la servidumbre venía a acompa-
ñar a Julius...» (12-13).

lenguaje a veces violento e inconexo, plagado de anacolutos, no se esconde una pasión que puede llegar al crimen, como en la ficción romántica o en las novelas que ironizan lo sentimental, como *Le Rouge et le noir* (1829) de Stendhal. En cambio, el sufrimiento amoroso en Bryce está siempre matizado por el humor y la tolerancia. En *Tantas veces Pedro*, al despedirse de su novia norteamericana, Pedro Balbuena reflexiona: «Estaba pensando que ese era el tipo de experiencia que a mí me da la experiencia y que estaba queriendo a Virginia y al mismo tiempo también mi sentido del humor estaba captando algo bastante divertido: Virginia no cesaba de abandonarme, y yo no cesaba de consolarla» (64). Por otro lado, el personaje de Martín Romaña, en la novela homónima de Bryce, nos narra, con significativo oxímoron, su «crisis positiva» en el amor; no menos significativo es que lo hace sentado «en un sillón Voltaire» (13). La alusión es importante, pues aunque a Voltaire no se le suele asociar con el sentimentalismo ni con la tolerancia, lo cierto es que hay huellas de sentimentalismo en textos como *Candide*, y son no-torias las inclinaciones filantrópicas de Voltaire, alimentadas por su concepto uniformista del ser humano. Así, pues, a pesar de sus violentos anacolutos y de sus hipérboles, *La vida exagerada de Martín Romaña* revela una visión subyacente razonable y equilibrada de la vida que está mucho más cerca de la tradición dieciochesca de Voltaire y de Sterne que del nihilismo y la ironía de las vanguardias.

Hay en la narrativa de Bryce una búsqueda de un estado de *convalescencia*, de una cura o reparación, que no sólo se manifiesta temáticamente en las continuas visitas a médicos y psiquiatras de los protagonistas bryceanos, sino que se convierte en una suerte de ideología literaria. Escribir y leer, pero en especial escribirse y leerse, es decir, estos actos en su versión autoreflexiva, se ven como la vía hacia una reintegración psíquica y física del protagonista bryceano -aunque, paradójicamente, esa reintegración queda siempre diferida, pues la autocontemplación narrativa está siempre condenada a la *mise en abyme*. Como en el cuento «La busca de Averroes» (1957) de Borges, en la ficción de Bryce la autoreflexividad no conduce a la clausura y la coherencia, sino a la proliferación, la multiplicación de imágenes del «yo»: significativamente, un personaje llamado «Bryce Echenique» tortura con su presencia a Martín Romaña en *La vida exagerada* (187, 500-503).[4]

Ya los críticos de Bryce han reparado en el vitalismo con el que éste dota a su escritura;[5] desde el punto de vista de la textualidad, sin embargo, ese vitalismo escritural constituye un oxímoron, pues atenta contra una larga tradición en la que la escritura se ve como un monumento o epitafio, algo ajeno al mundo de los vivos.[6]

El vitalismo en la escritura bryceana es, sin lugar a dudas una ficción, una suerte de ilusión óptica producida no sólo por su oralidad, sino por la proliferación incesante de esa escritura abismática que no alcanza su fin, el cual es esa anhelada convalescencia o curación que le permitiría al narrador-protagonista descansar.

No quiero concluir sin tomar nota de la importantísima presencia de la canción popular hispanoamericana en la novelística de Bryce. Esta nos provee algunos de los indicios más fuertes de hacia dónde se dirige el «nuevo sentimentalismo» de este autor peruano. En todas las novelas de Bryce, pero particularmente en su reciente

---

4 En el relato de Borges, el sabio hispanomusulmán Averroes, al contemplarse en un espejo, «desapareció bruscamente, como si lo fulminara un fuego sin luz, y ... con él desaparecieron la casa y el invisible surtidor y los libros y los manuscritos y las palomas y las muchas esclavas de pelo negro y la trémula esclava de pelo rojo y Farach y Abulcásim y los rosales y tal vez el Guadalquivir» (100-101). Más adelante, el narrador explica: «Sentí que Averroes, queriendo imaginar lo que es un teatro, no era menos absurdo que yo, queriendo imaginar a Averroes, sin otro material que unos adarmes de Renan, de Lane y de Asín Palacios. Sentí, en la última página, que mi narración era un símbolo del hombre que yo fui, mientras la escribía y que, para redactar esa narración, yo tuve que ser aquel hombre y que, para ser aquel hombre, yo tuve que redactar esa narración, y así hasta lo infinito. (En el instante en que yo dejo de creer en él, 'Averroes' desaparece.)» (101).

5 Como señala César Ferreira, «si algo caracteriza a la escritura de *La vida exagerada* –y, por extensión, a toda la obra bryceana– es precisamente la convicción de que la literatura es un quehacer profundamente arraigado en la experiencia vital, es una extensión de la vida en sí, pues en el mundo bryceano, toda experiencia vital es materia literaturizable» (11).

6 Un estudio de los orígenes de esta tradición se encuentra en el conocido ensayo de Jacques Derrida, «La farmacia de Platón», recogido en *La diseminación* (1972). Consúltese además, de Paul de Man, «Autobiography as De-facement», MLN, 94 (1979), 919-30.

La última mudanza de Felipe Carrillo (1988), aparecen citas y alusiones a géneros de la canción popular como el bolero, la ranchera, el tango, y por supuesto, el vals criollo. Las letras de estos géneros musicales, como las ficciones sentimentales, tienden a evitar la postura irónica que ha caracterizado la literatura moderna desde el romanticismo; el bolerista echa mano tranquilamente de los lugares comunes de la retórica amorosa con el fin de comunicar sin ambigüedades su sentimiento, y entonces dice:

> *Es la historia de un amor*
> *como no hay otro igual*
> *que me hizo comprender*
> *todo el bien, todo el mal,*
> *que le dio luz a mi vida,*
> *apagándola después,*
> *ay qué noche tan oscura,*
> *sin tu amor no viviré.* (C.E. Almarán).

De hecho, este bolero -«Historia de un amor»- forma parte del amplio tejido de referencias musicales en el relato de Felipe Carrillo, relato que el narrador califica jocosamente de «Crónica de un bolero anunciado» (71).

La canción popular en los textos de Bryce simboliza, por una parte, el deseo de superar la ironía y de lograr una comunicación inmediata con el lector mediante un sistema de referencias comunes. Pero además, estas canciones se convierten en una suerte de guía para la «educación sentimental» de los personajes y del lector. Felipe Carrillo tiene dos tocadiscos que escucha simultáneamente y que usa para resolver sus dilemas amorosos: uno para la música de los «pro» (donde pone el tango «Cambalache») y otro para la música de los «contra» (donde pone la ranchera «Volver», 141).

Sobre todo, me parece significativo el *contenido* de esa «educación sentimental» que ofrece Bryce: contra la tradición machista, los textos de Bryce valorizan positivamente la expresión de los sentimientos por parte de los hombres, y promueven además una masculinidad que se afirma en el respeto mutuo, la ternura, y la comprensión entre el hombre y la mujer. Si bien las letras de algunas canciones populares hispanoamericanas son decididamente machistas, no pocos boleros, tangos, y valses son «andróginos», es decir, los pueden cantar tanto hombres como mujeres.[7] La novelística de Bryce comparte esta fecunda androginia, pues la tradición de narrativa sentimental dieciochesca con la que se vincula su «yo» narrativo da especial cabida también a protagonistas femeninos (recordemos las dos heroínas de Richardson, *Pamela* y *Clarissa* [1749]). Sería arriesgado, a mi juicio, aseverar que la novelística de Bryce incorpora una perspectiva feminista, pero no cabe duda de que hay en ella un nivel de reflexión particularmente intenso sobre los papeles sexuales en la sociedad latinoamericana. Sus protagonistas masculinos adultos -Pedro, Martín, Felipe-, retienen muchos rasgos infantiles, entre los cuales es dable ver un cierto polimorfismo: pienso, por ejemplo, en las veleidades de Pedro Balbuena con el cura homosexual en el Convento de San Pedro (*Tantas veces Pedro*, 198-201), o en la comparación grotesca entre la operación para extraerle el fecaloma a Martín Romaña y un parto por cesárea:

-¿Fecaloma, doctor?
-El más importante de mi carrera, señorita. Mírele la barriga. Son como nueve
meses de embarazo.
-*Baby is coming*- dije en voz alta, para mis adentros. (*La vida exagerada* 575)

Además, junto a estos protagonistas masculinos frágiles y sensibles, aparece toda una galería de personajes femeninos de fuerte personalidad y carácter independiente: Vilma (en *Julius*), Sophie (en *Tantas veces Pedro*), Inés y Sandra (en *La vida exagerada*), Octavia (en *Octavia de Cádiz*), y Eusebia (en contraste con la problemática Genoveva, en *La última mudanza*).

La transgresión del machismo (que de modo muy distinto también llevan a cabo autores como Poniatowska, Puig, Sarduy, y Sánchez, entre otros) es quizá la última transgresión posible en la novelística de Bryce, debido a la pervivencia de este tipo de conduc-

---

7 Véanse los comentarios de Iris Zavala, en su documentado aunque idiosincrásico estudio sobre el bolero, *El bolero: Historia de un amor* (75-81).

ta en la cultura hispánica y a la relativa escasez de un discurso feminista en esta cultura. Por lo demás, a Bryce sólo le resta, como a los demás escritores y escritoras del «Post-Boom», ir en contra de la propia «tradición de la ruptura» (para usar la frase de Octavio Paz en *Los hijos del limo* [1974]). Esta doble negación de la transgresión, sin embargo, desemboca en productos literarios de índole a veces involuntariamente arcaica y de rasgos formales en apariencia más «conservadores» que los de la narrativa vanguardista y postvanguardista: novelas «sentimentales» escritas en primera persona, repletas de alusiones a la cultura popular y musical, y de lectura menos retadora que los anteriores artificios del «Boom». Sin duda, si la «postmodernidad» se identifica no sólo con el colapso de las «metanarraciones» (según la fórmula de Lyotard), sino con este *impasse* de la «tradición de la ruptura», la novelística de Alfredo Bryce Echenique es paradigmáticamente postmoderna, pues explora el límite extremo hasta donde puede llegar la tradición moderna de la novela, tradición que tuvo su origen en la picaresca y el *Quijote*, y su primer florecimiento en la narrativa sentimental del siglo dieciocho.

Obras citadas

Barnet, Miguel. *Biografía de un cimarrón*, Barcelona, Ariel, 1968.

—. *Canción de Rachel*. Barcelona, Editorial Estela, 1970.

Barthes, Roland. *Fragmentos de un discurso amoroso,* México, Siglo XXI, 1989.

—. «Chateaubriand: *Vida de Rancé*» en El grado cero de la escritura. Seguido de Nuevos ensayos críticos, México, Siglo XXI, 1973.

Borges, Jorge Luis. «La busca de Averroes» en *El Aleph*, Buenos Aires, Emecé, 1957.

Bryce Echenique, Alfredo. *Tantas veces Pedro*, Barcelona, Plaza y Janés, 1987.

—. *Un mundo para Julius*, Barcelona, Plaza y Janés, 1986.

—. *La vida exagerada de Martín Romaña*, Barcelona, Plaza y Janés, 1987.

—. *La última mudanza de Felipe Carrillo*, Barcelona, Plaza y Janés, 1988.

Cortázar, Julio. *Rayuela*, Buenos Aires, Sudamericana, 1974.

De Man, Paul. «Auobiography as De-facement», *MLN*, 94 (1979), 919-30.

Derrida, Jacques. *La diseminación*, Barcelona, Espiral/Fundamentos, 1975.

Ferreira, César. «Autobiografía y exilio en la narrativa de Alfredo Bryce Echenique», tésis doctoral inédita, The University of Texas at Austin, 1991.

González Echevarría, Roberto. *The Voice of the Masters. Writing and Authority in Modern Latin American Literature*, Texas, U. of Texas Press, 1985.

Krakusin, Margarita. «La narrativa de Alfredo Bryce Echenique y la tradición de la novela sentimental», tesis doctoral inédita, Michigan State University, 1992.

Lyotard, Jean-François. *The Postmodern Condition: A Report on Knowledge*, Minneapolis, University of Minnesota Press, 1984.

Paz, Octavio. *Los hijos del limo. Del Romanticismo a las vanguardias*. Barcelona, Seix Barral, 1974.

Sterne, Lawrence. *The Life and Opinions of Tristram Shandy, Gentleman*, Nueva York, Signet Classics, 1962.

Todd, Janet. *Sensibility: An Introduction,* Londres, Methuen, 1986.

Zavala, Iris M. *El bolero: Historia de un amor*, Madrid, Alianza, 1991.

ON THE BORDER: CULTURAL AND LINGUISTIC TRESPASSING IN ALFREDO BRYCE ECHENIQUE'S *LA VIDA EXAGERADA DE MARTÍN ROMAÑA* AND *EL HOMBRE QUE HABLABA DE OCTAVIA DE CÁDIZ*

Marcy E. Schwartz
Rutgers University

Alfredo Bryce Echenique's narrative claims territories through language. His novels trace the geographical displacement and linguistic estrangement of travelers crossing into foreign terrain. His characters verbally renegotiate their identities in relation to the dominant language behaviors around them. As they traverse linguistic and cultural zones, they overstep boundaries. The characters' transgressions make room for other texts and cultural codes to infiltrate the fiction. This intertextual process in Bryce's later fiction presents characters struggling for intimate and group identity in an alienating transnational world.

Bryce's novelistic diptych, *La vida exagerada de Martín Romaña* (1981) and *El hombre que hablaba de Octavia de Cádiz* (1985), explores the cross-cultural dynamic of Latin American intellectuals in contact with Europe. These novels chart geographically distinct worlds that the narrator distinguishes through linguistic experimentation and intertextual jokes. His narration, a combination travelogue and personal diary that documents his European residency, records his blurred cultural boundaries and confused class identification. Martín writes to reaffirm and reestablish his confounded identity in strange surroundings. *MR* is composed of Martín's personalized language that stretches Spanish to accommodate new realms of meaning and experience. *OC* expands upon this cultural and linguistic mapping to document social class consciousness and its relativity.

This fictional project is one of many narratives about Latin Americans in Paris. The story emerges from the legend of Paris's prestige and promise, and the eventual demystification from real experience with European life. *MR* tells the story of Latin American university students in Paris in the late 1960s, with climactic episodes during the May, 1968 «revolution.» Martín's Peruvian girlfriend Inés joins him in Paris and they marry. Their marriage disintegrates along with Martín's mental health and his commitment to revolutionary causes. *OC* continues the story of Martín's professional and emotional life in Europe. He works as a lecturer at La Sorbonne after he and Inés are divorced. Octavia is one of his students and she becomes the interlocutor of his writing. He pursues an affair with her despite the obstacles of age, social class and nationality. As the sequel's title indicates, their liaison is reduced to Martín's longings and solitary conversation. Eventually, he leaves academic life for a career in writing travel guides, and returns to Peru.

The story intertextualizes its Latin American protagonist's European experience. Martín encounters the Paris dreamed of by generations of poets and artists in Latin America. Beyond a plot occurring in European places with a stock of allusions and references, these novels actually cite extra-American material as a textual corpus of history and signs. The narration incorporates and invents signs from European and Latin American cultural sources that structure the story. Paris becomes a Latin American cultural construction that synecdochically represents all of Europe. Martín describes a collaborative effort between Hollywood, French public relations and tourism:

Y desde la eterna primavera parisina, que la Metro Goldwyn Mayer se encargó también de eternizar, el general De Gaulle, cual sonriente arcangelote, bendecía este mundo *made in France* que llegaba hasta nosotros en

paquetitos enviados a las Alianzas Francesas, conteniendo
películas, diapositivas, profesores bien pintones, y alguna
que otra alusión a la libertad de todos los pueblos... [yo]
conocía tan bien París a través de los documentales sobre
Notre-Dame, Tour Eiffel, l'Opéra (me obligaba a pronun-
ciar así), Maurice Chevalier, Le Louvre, etc., vistos bo-
quiabierto y por toneladas durante mi adolescencia de limeño cinemero. . . .(*MR* 156-7)

Martín must adjust his expectations of this marketed, utopian
«package» of Paris he was fed in Lima to his «lived» experiences
there. He struggles against his own expectations as well as those
imposed by an entire culture that looks to established «European»
standards.

Europe participates in *MR* and *OC* as a constellation of
meanings, roles, fantasies and references for Latin Americans.
Paris in these novels becomes a filter of Latin American experience
abroad, where the play of illusions and disillusions surfaces. The
intertextual use of European culture creates a collage of literary
allusions, institutions, erotic references, and emotional expectations.
Martín's cumbersome cultural baggage intertextualizes Vallejo,
Darío, Proust and, Hemingway. He drops references to Edith Piaf
and Yves Montand. Literary references combine with music, film,
street life, travel, history and social class in a vast intertextual
display that considers any cultural material textual ammunition.

The literary elements of Martín's European construct especially draw on Hemingway. The Hemingway subtext permeates the
novels' Spanish and French terrain as Martín romanticizes Hemingway's fascination with Spain and his stay in Paris. He searches
for the «hemingwayana» (*MR* 70) dimensions in his own experience.
The protagonist uses these intertexts to try to reconcile a combination of his anticipated versions of places, based on his own
reading and imagination, with his own current circumstances. Spain
does not measure up to Hemingway's bravato, nor is Paris the feast
supposedly prepared for North American writers in the 1920s:

Claro, el pelotudo de Hemingway se lo trae a uno de las

narices a París con fracesitas tipo *éramos tan pobres y tan felices*, gringo cojudo, cómo no se te ocurre poner una nota a pie de página destinada a los latinoamericanos, a los peruanos en todo caso, una cosa es ser pobres en París con dólares y otra cosa es serlo con soles peruanos... qué pobres ni qué felices ni qué ocho cuartos... (*MR* 137).

Martín injects his own colloquial Spanish into his cultural text of Europe. Eventually, after enduring European life a bit longer, he begins to translate it back into a Latin American or specifically Peruvian[1] version: «Releía como siempre la poesía de Vallejo y empezaba a pensar que era una revisión, para uso de latinoamericanos, del París era una fiesta, de Hemingway»(*OC* 209).

Martín's European context, both in *MR* and *OC*, relies on literary readings and renderings that are frequently at odds with his own experiences. Martín attempts to realign his European intertext with his own language and cultural texts from home. Martín's discourse linguistically and intertextually yields to and reembraces his Latin American cultural identity. His diary paves the way for the return to Peru that concludes each of the novels.

Established institutions make up another central component in Bryce Echenique's intertext between Latin Americans and Europe. Characters' encounters with universities, cultural organizations, landlords and *concierges* orient their European experiences. These encounters constitute the major components of Bryce's unsettling humor, and mark an anxious interfacing between cultures. The

---

1 The adjective Peruvian to the expressions in Bryce's work that insist on Peruvian settings or are etymologically of Quechua origin. Martha Hildebrandt defines *peruanismo* as «todo uso lingüístico-fonético, morfológico, sintáctico-vigente en el Perú pero excluido del español general» in her *Peruanismos* (9). However, she also recognizes that *peruanismos* may have a variety of origins (not only indigenous), and that many terms and expressions are no longer exclusive to Peru, but have been assimilated into other Spanish American national uses of Spanish (15-6). Although the *peruanismos* studied here are used in other northwestern South American countries, as well as in Peru, referring to them as *peruanismos* in this analysis will distinguish them from other, more widely used Americanismos.

French university system structures Martín's life in Paris from the beginning as a student in *MR* and then as a lecturer in *OC*. He incorporates in his story the university cafeterias, parking lots, plumbing and construction problems, and campus neighborhoods among his many mappings of class and social status in Paris. Martín teases in *OC* that the students' cars are more valuable than the professors' at the Nanterre campus of the University de Paris. The novels also ridicule the traditions and prejudices of European domestic institutions. The first Parisian *hotelero* in *MR* decides Martín must have a serious tropical disease since he showers so regularly. Martín dubs the complaining and intransigent landlady in the Latin Quarter «Madame Labru(ja).» In Martín's next Left Bank apartment, the landlady accepts him as a tenant, but despite his friends' personal recommendation, she refuses to give him a lease. Martín finds himself at the mercy of the social institutions to which, he continually laments, Hemingway seemed immune.

Martín Romaña: The Narrator's Personalized Linguistic Defense

Bryce's humor derives from his characters' confusion and mistakes. He places his characters in humiliating situations that rather than obliterating them, heighten their anxious self- consciousness. Martín defends himself in *MR* by increasingly personalizing his language as protection against the bombardment of cultural differences. He narratively subjectivizes his world with translations, hybrids and word inventions to account for the cultural transpositions he endures. He redefines his foreign surroundings with Peruvian colloquialisms, regional Americanisms, even Limenian expressions, presenting the otherness of European spaces in personalized and intimate language.

Bryce practices a playful bilingualism, in which the narration communicates in two or more languages that lexically splinter the discourse in Spanish (see Grutman). *MR* includes lexicon from other national languages (such as English, Italian, French), as well as from other codified systems (such as Marxist and Freudian jargon). Martín's Spanish is transformed by an interplay of primarily French and Peruvian content. In his intertextual bilingualism, Bryce mixes angry references to Hemingway's *A Moveable Feast* with Proustian social climbing and American colloquial insults. Beyond the thematic and the semantic, the language in these novels experiments with sounds and syntax, poetically wrenching words and references from their habitual geographical and discursive contexts.

MR especially exploits the cultural polarity and ambivalence between Paris and Lima, purposefully blurring their differences. In Martín's narration, signs cross and overlap not only language boundaries but cultural modes, idiomatic humor and semantic codes. In Paris, *putamadre* becomes a verb («Putamadreé como loco...» [*MR* 21]); in Lima, Marcel Proust becomes a new noun («... en un loco marcelprousteo...» [*MR* 18]). The references to French culture are more than mere allusions; they are made Spanish, translated intertextually and gramatically woven into the narration. The narrator appropriates this new world of signs, embedding them into his language, although not without a tension that signals their otherness.

Bryce traps his narrator/protagonist in a hybrid world of signs. The narrator adopts French terms and expressions, transposing them into his own hybridized Spanish. Thus the French lexeme *clochard* is transformed into a new Spanish verb, clochardizarse («un latino-americano jamás se clochardiza» [*MR* 51]). The trash collection crisis during the strikes in May, 1968 was starting to «alcanzar alturas eiffelianas» (*MR* 247). The narration weaves in cultural references and marks their difference with translation and syntactical transposition.

As Martín increasingly subjectivizes his European experiences in his narration, his Spanish not only incorporates neologisms and translations but also applies Americanisms to European situations. At his most intimate linguistic personalization, Martín expresses his Parisian life in metaphorical Peruvian phrasings. He describes parties in Paris as a «huaynito tristísimo,» making reference to a popular song form (*MR* 95). His North American friend Sandra's hotel room in the Latin Quarter becomes a «pocilga andina» (*MR* 289). In Lima he used to measure things in the terms and even the language of supposed European (especially Parisian) standards, and now he comes to assess his Parisian experiences in Peruvian language. The France-Peru axis becomes his main semiotic gauge.

He judges trains, for example, by this scale of signs. Martín, his mother and his wife Inés travel to the Côte d'Azur on

> el tren más elegante de Francia, o sea el más elegante que había tomado en mi vida, porque trenes de lujo sólo había tomado en el Perú, y sólo cuando mi padre pagaba el billete, además, pero es sabido que el mejor tren del Perú equivale más o menos al peor de Francia...(*MR* 200)

On another trip, this time in Spain, when the train advances very slowly, Martín vents his frustration «maldiciendo el maquinista porque este tren parece peruano o es que el tipo conoce mi ansiedad y no quiere que llegue nunca» (*MR* 318).

Martín's regionalized, colloquial language helps him retain his Peruvian, even more specifically Limenian, identity. Regional expressions such as «vaina,» and indigenisms such as «estar chocho,» «cholo,» and «le importa un comino» abound throughout the novel. This is Martín's method of retaining his Peruvian identity in the throes of cultural bombardment. His conversational tone, even though he is often speaking French or English in Paris, or Italian in Peruggia, maintains the expressions and cadences of Peruvian Spanish. The Peruvian punctuations and exclamations such as «uyuyuy» and the repeated «Ah ya» of the attentive listener appear in his transcribed conversation with his neighbor Nadine, although she is French. In this way, he reports more thoroughly on his own emotional perceptions than on precisely what was said. He uses his personalized, frequently hybrid and resistantly Peruvian language defensively, for example with the term «ñangué»:

> Eran, como solía decir mi padre, de ñangué, palabra ésta que he buscado desde la Real Academia hasta los peruanismos, sin suerte para ustedes, porque a mí me basta con recordar el gesto de mi viejo diciéndola y lo entiendo todo (*MR* 98-9).

He insists on using a specialized lexicon, and he refuses to interpret or define it for his readers.[2] Frustrated and tired by the semiotic confrontation in his life and in his writing, Martín maintains his grip on his linguistic home ground even if it may exclude his audience.

The Paris-Peru polarity comes to define Martín himself. A fluctuating blend of these two worlds draws from a series of cultural conceptions and contexts: from student activist to Latin American writer in a Parisian garret to middle class husband of a beauty meriting the «Miss Seville» prize. Martín describes his own appearance as marked by his stay in Paris:

> ...con esa cara de ropa vieja ya marcada por el determinismo geográfico que significan un rincón junto al cielo parisino, años de restaurant universitario, una escuelita infame para ganarse el pan, más varios años en cuclillas en los waters de hueco en el suelo que me tocaban uno tras otro (*MR* 201-2).

Martín's self-definition seems unable to dodge either Peruvian or Parisian content. At the end of the novel, in a psychiatric hospital in Barcelona, Martín introduces himself to his fellow patients, «Vivo en París, porque leí mucho a Hemingway para ser escritor, y soy peruano» (*MR* 440). Martín's identity straddles both worlds.

Octavia de Cádiz: The Fiction of Social Class

Place and identity work together in *MR* and *OC* as Martín struggles to ascertain where he belongs. He experiments with an array of cities, groups, and lovers all of which pertain to different cultural worlds. In *MR* Martín relies on non-European, «foreign» alliances for his identity. In *OC*, Martín makes contact with more Europeans and has to contend with the complex hierarchies of their

---

2 According to Santamaría, the expression is an afronegrismo used in Peru meaning antiquated, «del tiempo de Maricastaña» (339). The same definition is given in Morínigo (427).

social structure. The issue of social class becomes particularly acute in his second volume. He tries to negotiate his own identity in relation to the social situation around him. Each new acquaintance presents a challenge in comprehending and integrating himself into what he judges a strangely archaic but persistent organization of social class.

Martín carries with him from Peru certain *topoi* about Europe that determine his class consciousness. Among these thematic associations is the bohemian as esthete who contests dominant or «high» culture. Martín assumes from the beginning of his experience abroad that «una vida en Europa suponía una buena dosis de bohemia» (*MR* 42). The bohemian subtext of *MR* and *OC* means enduring poverty and social marginalization, but all for the ennobling cause of social revolution (*MR*) and artistic achievement.

As a foreign student with limited resources during the first years of his residence abroad, Martín has little problem enacting the bohemian role he associates with living in Paris. Martín's living quarters initially provide the framework for his marginalization. He first occupies a room in a «hotel sin baño,» since he considers it too bourgeois to have a room with a private bath. This inexpensive housing solution helps define Martín as a potential international revolutionary. When he is evicted from the hotel for taking too many showers, he hesitates to take an apartment, concerned that it will change his image. He does rent a studio for a short time, but distributes numerous copies of his key to other «revolutionary» friends so that they can make use of his «socialized» private bathroom. Next he rents a ninth-floor walk-up servant's room among an assortment of laborers. This setting, he believes, gives him a real connection to the proletariat. This period coincides with his ambivalent participation in the Marxist group with Inés. Martín dubs his room «un rincón cerca del cielo,» a textualized motif of the poor artist's garret. The narrator evokes assumptions about social class and esthetics with these domestic spaces, only to ironically strip them of their romantic or glamorous trappings. There is no place for a Vallejo or a Darío, nor room for another Hemingway or Henry Miller. Martín and Inés eventually settle in an apartment in the Latin Quarter, married and with an elevator.

In *OC*, Bryce extends this geography of social space. Martín has to adjust to the shifting terms of his marginality. In the sequel to MR, Martín is still a Latin American in Europe but now he has earned a university degree and teaches literature in Paris. His world expands beyond the closed community of expatriates to include more Europeans. In his narration, Martín introduces every acquaintance with class commentary, from their family genealogies to their residential neighborhoods.

Throughout the second part of his story, Martín is plagued by the dilemma of having been too bourgeois for Inés yet not aristocratic enough for Octavia. Martín's bohemian marginality backfires when his social lineage is questioned from both sides of the Atlantic. He becomes enraged that he cannot meet Octavia's parents. Octavia argues that to her family, Martín has numerous strikes against him: he is older, divorced, Latin American, a writer and professor; in sum, he is dangerous to the family's class status. Martín counters defensively:

> Inés me abandonó porque yo era algo así como tú en Francia: un oligarca, una mierda, un oligarca podrido.... No me vengan con que los latinoamericanos de París somos todos guerrilleros, o escritores revolucionarios, más el buen salvaje que es un indio de mierda... Se trata de que me he pasado media infancia y adolescencia dando plata para las misiones del Africa en el colegio más caro del imperialismo yanqui... O sea que no soy un árabe de mierda ni un negro que barre el metro de París. Y además, cuando quise serlo, por amor a mi ex esposa, a los árabes y a los negros, no me dejaron serlo... (*OC* 128)

Appropriate class identification continually eludes Martín. His comic exaggeration traps him in the class crevices of his relationships. Love and romance, for him once erotic and emotional, pit him against the tensions of both American and European class identity. Martín's narration renders the social scale absurd, satirizing both cultures' racial and socio-economic rigidities.

Neighborhoods in *OC* present Martín's mappings of Europe's

divisive social classifications. Since he associates the Latin Quarter with bohemia, he notes a contradiction between his landlords, the Forestiers, and their neighborhood. They live a conventional bourgeois family life surrounded by what Martín considers counter-cultural elements: «cómo podían vivir en esa zona del barrio Latino, entre hippies, punks, gochistas, clochards y cafés poblados por una fauna cosmopolita que era todo lo opuesto a lo que ellos representaban» (*OC* 26). Martín's confusion is heightened by his pre-existing notions about the Latin Quarter as representative of life in Paris in general. He struggles once again to reconcile his dreamed Paris with his experienced Paris.

The Latin Quarter also functions in *OC* as polar opposite of Octavia's neighborhood. Octavia secretly visits Martín from 4:00 to 8:00 daily, to avoid arousing her parents' suspicions. In her foray from the Right Bank into the Latin Quarter, she crosses social class lines. She becomes a foreign presence, an emissary from a world that shares little more than the same city as Martín. When Martín crosses the Seine to approach Octavia's house, he is arrested by the police and threatened against continuing to see her (*OC* 200).

The Place de la Contraescarpe in the Latin Quarter is the capital of Parisian bohemia for Martín. The narration persistently depicts his neighborhood with a touristic multicultural tone. The novel includes a repeated scene there at an Asian restaurant called La Sopa China. There Octavia has «vino con tapita de plástico» for the first time in her life; «[e]s más, no sabía que existía semejante barbaridad proletaria» (*OC* 159). They frequently follow their meager, romantic meals at this local restaurant with a visit to the Rancho Guaraní, another «ethnic» establishment in the neighborhood with live Latin American music. Octavia expresses her enthusiasm over the exotic «otherness» of this section of the Latin Quarter by proclaiming her loyalty to «Che Guevara» and shouting «Vive l'Amérique Latine!» (*OC* 160). Octavia consciously collaborates in class renegotiations by lending Martín social capital. When Martín is feeling vulnerable as a foreign tenant without a lease, Octavia suggests that she arrive in her ex- boyfriend's «coche de lujo.» She parks conspicuously in front of his building to attract the landlady's and the concierge's attention. As in all the transactions and encounters between Octavia and Martín, neighborhood and class associations work together to define the characters and their motives.

Octavia also introduces Martín to European aristocracy. He meets her Italian and Portuguese ex-boyfriends, her Belgian cousin Prince Leopold, and her noble Milanese husband later in the novel. Martín tries to comprehend the internal hierarchies of these «cabezas coronadas,» «los que pertenecen a una familia con cierto tipo de título» (*OC* 174). His own conceptualization of European social life did not include this category. Confused, he badgers Octavia for clarification. He constantly compares his own name, lineage and family history to these illustrious old European families, those of «apellidos muy largos.»

An accumulation of last names or an «apellido largo» becomes one extreme of another Brycean polarity in these novels. On one end of this polarity are artists and writers, particularly if they are from Latin America. Toward the end of *OC*, Martín visits Octavia and her husband in Milan. Martín describes a party they give in his honor as «rota en dos enormes pedazos irreconciliablemente enfrentados» of «artistas» on one side and the «amigos de apellido largo» on the other. Octavia's husband is a count who falls into deep depressions if he is not serving as a patron to a marginalized artist. He adopts Martín in an absurdly inverted relationship of dependency in order to give his own life meaning. Martín agrees to this arrangement initially, in order to be nearer Octavia, implicating himself in a fictionalized reproduction of European Renaissance literary history. Martín's own marginal status offers him a way out. Octavia and her husband remain inscribed in their own fictions of social class, trying to perfect the roles assigned them by an elaborate fantasy.

The Metafiction of Identity

Bryce displays a range of metafictional artifice in his novelistic diptych. The autobiographical stance of *MR* and *OC* poses Martín in his «sillón Voltaire,» filling first his red and then his blue journals. *OC* even bears the subtitle, «Cuaderno de navegación en un sillón Voltaire,» referring directly to the very process and setting of the story's writing. The fictionalized journal intime introduces both controls and liberties on language. Language for Bryce

> no es simplemente una herramienta de comunicación o un espejo de la realidad; más bien es el agente creador de una realidad hiperbólica y satírica donde sus personajes no pueden desligarse de aquella voz que la expresa (Ferreira 135).

Martín remains a prisoner of his own language. His European settings invade his discourse, and his fictions overrun his life. He only partially escapes by disobeying the rules that delineate between fiction and «reality.» As narrator, he ignores his own narrative boundaries by allowing other characters to co-author his story.

Martín breaks the autobiographical frame with numerous mentions of Bryce and Ribeyro. He evokes his intimacy with the Latin American literary scene in Paris by including encounters at cafés with these published figures whose international recognition he strives to acquire. These tongue-in-cheek allusions blur the roles of character and «author,» suggesting Martín's «reality» within Ribeyro's and Bryce's circles. While these teasing references undermine authorial control, Martín yields his authority even more to Octavia when he empowers her to write her own identity. *OC* is the story of Martín losing control of his fictions. He is in pursuit of a woman under a false identity that he further fictionalizes. She conceals from Martín certain pieces of her life and falsifies her identity. Martín reads into her obscurity an invented anecdotal history. Octavia functions as an illusive figure who never occupies the full space the narrative seems to offer her. She is constrained by Martín's conflicting demands on her as well as by her family's class imperatives. Martín counters her deceptive development with a relentless insistence on his own private version of her.

Octavia's name becomes the central hermeneutic device of *OC*'s metafictional scheme. The narrator delays telling the reader Octavia's «real» name (Octavia Marie Amélie de la Bonté-Même [*OC* 173]), only to reveal at the end of the novel that her name was never actually Octavia at all. Martín's subjective world once again translates into his own naming system:

> Adoraba a Octavia y me encantaba el hecho de poderla llamar siempre Octavia de Cádiz. *Ella era Octavia de Cádiz para mí. Mi* suerte, *mi* mente, *mi* cuerpo, *mi* pasado, todo lo que yo era me hacía estar plenamente convencido de que mis sentimientos correspondían exactamente a cada partícula de la realidad (*OC* 103, emphasis added).

Martín may call Octavia whatever he pleases, because as a writer he «authorizes» reality. Martín's restricted access to much of Octavia's existence furthers the fantasy of her identity. He declares Octavia immortal (*OC* 122), and eventually questions her existence at all: «Octavia de Cádiz no era real, era una ideal, fue una quimera» (*OC* 364). He invents or redesigns reality to the extreme of believing it himself and no longer distinguishing between his life and his fictions.

Martín's exaggerated version not only rewrites other characters' identities but also revises his own. Octavia calls Martín «Maximus,» usually repeated three times, underscoring the hyperbole at the core of both MR and *OC*. Martín eventually adopts the pen name Maximus Solre, basing the invented surname on Octavia's cousin's property in Belgium. He grows so accustomed to it that by the end of *OC*, «Martín Romaña era aquel imbécil que siglos atrás había vivido en París» (*OC* 360). His «real» name is converted into a fiction that his recent pseudonym supersedes.

At the end of *OC*, Martín discovers that Octavia's name is actually Petronila. Rather than accusing her of semiotic betrayal, he realizes that they together fashioned her falsehood. In order to regain some semblance of control, he persists in his own naming categories. Even after death, another threshold the novel crosses, he declares to Leopoldo who accompanies him to heaven that «seguiré llamándola Octavia toda la... toda la ... Leopoldo, ayúdame por favor con el vocabulario del cielo» (*OC* 375). He is determined to access the proper language with which to account for his surroundings, continually conscious that wherever he is, he writes as an outsider.

228

Bryce works at erasing the borders between fiction and «reality» in *MR* and *OC*. Martín's language reigns in determining the regions of his story, to the extent that «la única frontera real es aquella que separa al 'yo' del mundo que lo rodea» (García Bryce 17). Martín attempts to define himself in the throes of cultural difference and class rigidity. His identity as a writer emerges out of the tropezones of his Peruvian self-consciousness in European territory. His meta-narrative becomes the custom house of his individual and collective border crossings.

Just as Martín crosses narrative boundaries in his journal writing, he crosses national boundaries in his travels between France and other parts of Europe. Although his linguistic boundaries are fluid, helping to defy the limitations of his situation, he unsuccessfully searches for fixed structures in national borders. Martín is convinced that his marital problems with Inés will be resolved in Spain: «Lograrían arreglarlo todo en España, bastará con cruzar la frontera, el amor conyugal renacería, y en estrecha colaboración con la Madrepatria» (*MR* 407, my emphasis). He expects that crossing the Spanish-French border will cure everything from his skin rashes to his depressions. These borders betray him, however, dashing his expectations. His rashes recur, he and Inés separate, and his depression remains a struggle wherever he lands. In a border episode in *OC*, Octavia disappears just north of the Belgian-French border. Martín's barely successful search for her in dense fog underscores her ephemeral identity. Borders promise to clarify and delineate, but only disorient Martín in their ambiguity.

Bryce situates himself along with his characters on these precarious borders. Early on in *OC*, Martín mentions that Bryce Echenique always pondered over the word métèque («meteco»), the crude insult so frequently encountered in Paris by foreigners. This classical Greek term referred to new residents of a polis who did not have the status of citizens. In French slang, it sends an unwelcoming message to Mediterranean or North African immigrants. According to Martín, Bryce Echenique made vain attempts to find «meteco» in a dictionary. Finally,

… se pasaba horas instalado en la frontera franco-españo-

la, gritándole meteco inmundo a cada automóvil con placa
francesa que entraba en España, basándose para ello en el
acuerdo de doble nacionalidad que tenemos los peruanos
con la madre patria, y en una aplicación muy estricta del
principio de la relatividad (*OC* 49).

On the borders between cultures and languages, Bryce pro-
blematizes the struggles for identity in Latin American writing. His
fictional language is a subjective, semiotic experimentation that
skips over the borders and the rules of any one national language.
His cross-cultural linguistic humor both maintains distance and
encourages proximity as he sits on the border to ponder pejorative
slang. He joins his characters in teasing and pitying the Latin
American writer in Paris who is never sure on which side of the
aesthetic border he is creating. He and his characters may be stuck
on the border of uncertain cultural belonging, but they confront that
uncertainty with the intimate play of invented language and pretend
identities.

Martín's story takes place in territories of transgression. He
bends the rules of language, oversteps the boundaries of class and
confounds the separation between «reality» and fiction. This dyptich
is the result of his exaggerated effort to «belong» and comprehend
«foreign» places and cultures. His esthetic resistance defies class
and cultural limits as he writes a borderless frontier.

Works Cited

Bryce Echenique, Alfredo. *La vida exagerada de Martín Romaña*.
    Bogotá: Oveja Negra, 1981.
—. *El hombre que hablaba de Octavia de Cádiz*. Bogotá: Oveja
    Negra, 1985.
Ferreira, César. «Vida y escritura: *La vida exagerada de Martín
    Romaña* de Alfredo Bryce.» *Selected Proceedings, the Seventh
    Louisiana Conference on Hispanic Literatures*. Baton Rouge:
    Lousiana State University, 1986: 131-139.
García Bryce, Iñigo. «Julius, Martín Romaña, y otros personajes

marginales de Bryce Echenique.» *Plaza: Revista de Literatura* 12 (1987): 16-20.

Grutman, Rainier. «Le bilingüisme littéraire comme relation inter-systématique.» *Candian Review of Comparative Literature* (1990): 198-212.

Hildebrandt, Martha. *Peruanismos.* Lima: Moncloa, 1969.

Morínigo, Marcos A. *Diccionario de americanismos.* Barcelona: Muchnik, 1985.

Santamaría, Francisco J. *Diccionario general de americanismos.* Vol. 2. Mexico: Pedro Robredo, 1942.

VI

LA ÚLTIMA MUDANZA DE FELIPE CARRILLO

LA ÚLTIMA MUDANZA DE BRYCE ECHENIQUE

Luis Eyzaguirre
University of Connecticut, Storrs

Ahora que ya bajan las luces encendidas por la producción novelística del tan merecidamente estudiado período del «boom» latinoamericano, y hoy que empiezan a apagarse muchas de las pirotecnias críticas a que estas novelas dieron origen, habría llegado el momento (diría Gabriel García Márquez) de acostar un taburete a la vera del camino recorrido por esta novela (antes que lleguen los historiadores), reflexionar sobre lo realizado hasta ahora para así imponer algún orden en todo este tráfago de producción, lectura y crítica. De seguro, este necesario ejercico de balance nos conduciría a examinar, también, lo que ha pasado y está pasando en el género novela a partir de la institucionalización del «boom». Esta labor que sólo comienza, con el estudio de los narradores y poetas de los ochenta, será la que corresponda llevar a cabo a los lectores y estudiosos cuya visión crítica no haya sido obnubilada por esas luces y por esas expresiones de elogio con frecuencia más efusivas que reveladoras.

Por cierto que estas notas no pretenden intentar tarea tan ambiciosa en esta oportunidad. Se procurará, eso sí, postular ciertas bases que pueden definir la obra de uno de estos narradores del postboom. Se trata de Alfredo Bryce Echenique, quien a veinte años de su inicio como narrador, ha logrado conquistar un espacio definitivo en el mundo de la novelística hispanoamericana. Las novelas y cuentos del autor peruano ya han logrado imponer un mundo de ficción original y coherente que empezó a ser elaborado con su primer

235

volumen de cuentos, *Huerto cerrado* (La Habana, Casa de las Américas), aparecido en 1968. Todas las narraciones o entregas posteriores ahondan en ese mundo, dándole forma y unidad total.

Esos cuentos y novelas son, en la obra de Bryce, pequeños mundos autónomos que, sin renunciar a su autonomía, en su conjunto contribuyen a conformar un universo totalizador. En este sentido, es fundacional la primera novela *Un mundo para Julius* (Barcelona, Barral, 1970), a la que se suman, en 1974, los cuentos de *La felicidad, ja, ja* (Barcelona, Barral, 1974), donde se discierne una notable apertura del espacio narrativo. Y ya para 1977, con la publicación de la novela *Tantas veces Pedro* (Lima, Libre I), el mundo-Bryce es claramente discernible y definible. De ahí que las dos novelas que vienen a continuación morosamente se recreen en los espacios conquistados por la ficción anterior. Por eso *La vida exagerada de Martín Romaña* (Barcelona, Argos Vergara), de 1981, y *El hombre que hablaba de Octavia de Cádiz* (Barcelona, Plaza & Janés), de 1985, se pueden considerar como «mudanzas» que no son tales. Martín Romaña, por ejemplo, protagonista de ambas novelas, llega a conclusiones que ya se habían establecido. Estas novelas representan, más bien, reafirmación de características del mundo del que son parte, así como la verificación de los límites de ese mundo. Y la última aventura en *La última mudanza de Felipe Carrillo* (Barcelona, Plaza & Janés), de 1988, es «última mudanza» del mundo-Bryce que deja al protagonista mudado sólo en cuanto parece que llega a aceptar la irrreversibilidad de su abandono.

Entre 1968, fecha de los cuentos de *Huerto cerrado*, y 1988, fecha de su última novela, Bryce ha conseguido establecer e imponer su concepción personal del término novela. Después de leer *La última mudanza de Felipe Carrillo* se puede reconocer que la morosidad de varias de sus novelas (*Un mundo para Julius*, 591 páginas); *La vida exagerada de Martín Romaña*, 631 páginas; *El hombre que hablaba de Octavia de Cádiz*, 314 páginas) era una labor introspectiva necesaria para asentar las bases del mundo intuido.

El de Bryce es un universo narrativo que se estructura en una serie de encuentros y desencuentros del mundo de una memoria poderosa e insistente con una realidad taimada y elusiva. Hay una lenta y progresiva inmersión en el mundo de los recuerdos del narrador que corresponde a los esfuerzos de una memoria que convoca esos recuerdos y que se resiste a aceptar el orden, peso y sentido que le proponen los hechos que revisa. Se observa que, a diferencia de la narrativa del «boom» que se estructura con significativa frecuencia, en base a trascendentales momentos de la realidad conocida, o en momentos epifánicos de revelación, la narrativa de Bryce se constituye gradualmente recorriendo los meandros de una memoria que se niega a olvidar y que se obstina en transformar el orden y sentido de la realidad. Esta narrativa llega a estatuirse, así, como *escritura*, entendida ésta como una «moral del lenguaje», según propone Roland Barthes en *Writing Degree Zero.*[1] Es una escritura que nace del compromiso entre el mundo de los recuerdos y la libertad de la memoria para convocarlos y reprocesarlos. Todos los diferentes contextos de los que surgen los recuerdos confluyen en el tiempo y el espacio de la memoria. Este largo diálogo entre recuerdos e imaginación rememoradora es necesario para establecer la *escritura* de Bryce como un signo total. Insisto en el término *escritura* por ser el que Bryce mismo usa para referirse a su obra. En una entrevista aparecida en la revista *Imagen* de Caracas, en 1972, Bryce dice: «Todo intento de esquema fue siempre traicionado por la escritura misma... no tengo una concepción de la novela como género literario, tengo simplemente una concepción de la escritura».[2] Escritura que se ofrece, en términos de Barthes, como «a formal reality independent of language and style; to try to show that this third dimension of Form equally, and and not without an additional tragic implication, binds the writer to his society; finally to convey the fact that there is no literature without an Ethic language».[3]

Al concepto de *escritura* que controla la obra de Bryce se suma la frescura y espontaneidad del concepto de *oralidad* asumido como un discurso oral que teje sucesos particulares que conforman un diseño total según se desprende de las reflexiones de Walter J.

---

1 Roland Barthes, *Writing Degree Zero*, Annette Lavers & Colin Smith, trans., New York, Hill and Wang, 1968.

2 Entrevista de Jean Michel Fossey, *Imagen,* II no. 53 (27 de junio-4 de julio, 1972)

3 Barthes, pp. 5-6.

Ong en *Orality and Literacy*.[4] Oralidad supone un «público», un «auditorio», y una voz que cuenta. En el plano de la relación interpersonal, frente al que cuenta hay alguien que escucha. Al satisfacer su propia necesidad de contar, esa comezón que a veces no nos deja, el narrador está asimismo satisfaciendo la necesidad del que escucha. Pero en el caso que nos ocupa, existe también la necesidad de que la narración no se pierda, no se olvide. Es entonces cuando el narrador asume el papel del «escriba». Al irse transmitiendo, el relato va conformando su propia escritura, expandiéndose o encogiéndose según los ritmos del discurso oral, dictados por el grado de curiosidad del «público escucha».

En una entrevista con Bareiro Saguier, aparecida en *Hispamérica* en 1974, Bryce esclarece este proceso: «Además, siendo mi literatura bastante oral, una narración que yo cuento a un presunto lector -(«oyente», «escucha», lo hemos llamado aquí)-, mantengo para mí el derecho a alargarla como se alarga a veces una conversación que es buena y agradable. ¿Y la estructura?, preguntarán sin duda los más. La verdad es que hasta hoy me interesa poco. Me interesa la escritura antes que la estructura. Simplemente pone mi historia oral en papel».[5]

La obra de Bryce comunica esa ilusión de oralidad. Existe un plan argumental muy libre que se organiza no por necesidad temática o cronológica, sino por el orden en que los recuerdos acuden a la memoria del narrador. «Escritura» y «oralidad» crean esos nuevos espacios en que la memoria reprocesará los hechos de la realidad. Los personajes también gozan de la libertad necesaria para elaborar sus propias mitologías, por ejemplo, de este escritor peruano que se llama Alfredo Bryce Echenique. Todo esto sucede en la novela. De ahí que se filtre por entre lo contado una sensación de intimidad entre narrador y lector, entre «escriba» y «escucha». Es como una historia que se cuenta en confianza, y privadamente, al lector, al oyente individual.

---

4 Walter J. Ong, *Orality and Literacy*, London, Metheun, 1982.
5 *Hispamérica*, II no. 6 (1974), p. 78

Ya se apuntó más arriba a un proceso de consitución de la *escritura* de Bryce. Correspondería, ahora, precisar los diversos momentos. El primer estadio lo comparten los cuentos de *Huerto cerrado*, de 1968, la novela de 1970, *Un mundo para Julius*, y algunos de los cuentos de *La felicidad, ja, ja* de 1974. Este es un momento que muestra a los protagonistas bregando con una carga de experiencias y recuerdos que no encuentran un orden. La escritura no logra todavía organizar los hechos de manera diferente a como la realidad se los entrega. El sentido del relato es, entonces, como un rito de pasaje a un mundo no deseado. La escritura no consigue hacer suya la experiencia que se nutre, no expande el mundo de lo vivido, no se estructura en el plano de lo imaginario. Aunque es verdad que al final de *Un mundo para Julius* el «llanto largo y silencioso, llenecito de preguntas, eso sí» (591) del protagonista -como dice el texto- señala un descontento que lanzará a futuros protagonistas a explorar espacios más abiertos. Esta exploración se definirá, fundamentalmente, en el plano de un peregrinaje amoroso en el que la mujer, objeto del deseo, adoptará las formas diversas que este deseo le imponga.

La segunda pulsión de la narrativa de Bryce se manifiesta en algunos cuentos de *La felicidad, ja, ja*, donde ya la imaginación se hace cargo, transformándolas a partir de experiencias reales. El mundo del relato se amplía y la imaginación empieza a darle a los hechos el orden del deseo. Es, precisamente, en el cuento «Antes de la cita con los Linares» donde el narrador asume el mundo de la realidad y conquista para los hechos de ese mundo un nuevo espacio y un nuevo sentido, organizándolos y estructurándolos en el tiempo extendido de la ficción literaria. El protagonista de este cuento supera la impotencia de protagonistas anteriores quienes no lograban «componer la realidad» -como decía uno de ellos- de acuerdo a sus deseos. La narración ha encontrado su «escriba». Paso ya firme hacia la constitución de una escritura autónoma autorreferencial, una escritura que al reflexionar sobre los hechos que ficcionaliza, está también reflexionando sobre sí misma.

Es en *Tantas veces Pedro*, en 1977, cuando el universo narrativo de Bryce conquista su autonomía. Esta novela permite ver reiteradamente el proceso de transmutación de la realidad de los recuerdos en la realidad de la ficción. La historia que el lector lee en la novela es la misma en la que Pedro Balbuena, su protagonista, se ve a sí mismo como «personaje de una historia maravillosa que nunca recuperará y que tal vez nunca logrará escribir porque de pronto fui expulsado de ella, de mi propia historia, y me quedé sin todo lo que me faltaba» (21). Al ir componiendo éste que él llama un «libro imposible», porque reconciliaría todas sus vidas posibles, el personaje alternativamente se adentra en su historia y se aleja de ella. Se crean, así, repetidas figuras entre el mundo de la realidad de la vida de Pedro Balbuena y la realidad de la «escritura» en la que éste quiere inscribir una vida anhelada.

En estas fisuras siempre está presente la figura de Sophie, el objeto amoroso de esta historia, la mujer inalcanzable. Sophie aparece en varias y conflictivas formas al pasar de uno a otro mundo. Es así como Sophie es, al principio, una estudiante de California con quien Pedro llega a París. Luego es Claudine con quien comparte episodios inolvidables por su excentricidad. Cuando la realidad de las relaciones entre ambos amantes no corresponde al anhelo de la imaginación, el narrador puede siempre volver a Sophie del modo original para reforzar el recuerdo. Cuado conoce a una Beatriz/ Beatrice -como él llama a una de las últimas mujeres de su larga búsqueda-, Pedro cree haber llegado a algún tipo de destino: «Por primera vez en su vida Pedro sintió que la vida no pasaba en vano»- dice (148). La semejanza física de esta Beatriz con la Sophie de los recuerdos hace más riesgoso el encuentro. A veces las dos mujeres se confunden, tanto en la vida de Pedro como en su escritura. Por eso, cuando se produce la ruptura con Beatriz, ya sólo le queda la Sophie de un recuerdo desgastado por las reiteradas convocaciones.

Queda aún otro episodio que desdibuja todavía más la realidad del objeto amoroso. Es la aventura con una mujer que sí se llama Sophie y quien pareciera ser la incitadora del primer recuerdo. Es ella, también, quien deja a Pedro al descubierto frente a sus lectores-oyentes. Incrédula, al darse cuenta de que Pedro recuerda un encuentro con ella, sólo hipotético, y, que de haber tenido lugar, habría sido sólo pasajero y de que hace ya quince años, revela su sorpresa al hombre con quien ahora viaja: «¡Qué barbaro! -dice esta última Sophie-. Es como una máquina loca de recordar. Ha vivido tanto para mí, te cuenta tales cosas que por momentos parece que siempre hubiese estado contigo... No sé cómo decirlo... conmigo» (231).

Sin defensas, se agotan las fuerzas de Pedro, fabulador y personaje de sus fábulas. Ha llegado el momento de poner fin al libro que parece haber proliferado ya demasiado. Para terminar la historia debe sacar de ella a Sophie, y su motivo. Consigue hacerlo fingiendo morir y, cuando está muriendo, hace que Sophie admita haber vivido en la realidad hechos ocurridos sólo en la ficción. Sólo entonces, cuando Sophie «sale» del libro, la historia puede concluir. Sin ella, esta historia no hubiese sido posible; con ella en el libro, éste no podría concluir. Y como para dejar en claro las precarias relaciones del texto con la realidad exterior, hay un «epílogo». En él, Pedro Balbuena corre con su cuento recién terminado a pedir la opinión de otro escritor (que resulta ser el peruano Julio Ramón Ribeyro). En la calle da con una mujer quien se le figura ser Sophie. Interrumpe su carrera y, cuando se le acerca, el perro de la mujer le arranca el cuento que llevaba en la mano y lo destroza. De esta manera, el texto que se acaba de leer, *Tantas veces Pedro*, habría quedado sin contar.

En el espacio extendido y conquistado por narraciones como *Tantas veces Pedro* se inscriben ahora las dos novelas que tienen por protagonista a Martín Romaña. Martín es ese personaje a quien Bryce se ha referido como «el apoderado de todos mis sufrimientos, alegrías, satisfacciones, tristezas».[6] En ambas novelas, el fabulador está firmemente instalado como personaje de sus fábulas. Establece su autoridad desde la primera frase de *La vida exagerada de Martín Romaña*: «Mi nombre es Martín Romaña y ésta es la historia de mi crisis positiva» (13). Esta misma página declara su intención de dar a los hechos la medida de sus deseos: «Cabe advertir, también, -dice- que el parecido con la realidad no será a menudo una simple coincidencia, y, que lo que intento es llevar a cabo, con modestia aparte, mucha ilusión y justicia distributiva, es un esforzado ejercicio de interpretación, entendimiento y cariño multidireccional, del tipo a ver qué ha pasado aquí» (13). En control de su mundo, el na-

---

6 *El País* (19 de mayo de 1985).

rrador puede ir y volver a los hechos a su antojo. Martín se desplaza libremente de espacio en espacio, y de tiempo en tiempo, habitante ahora de un mundo más expansivo y más inclusivo.

Tanto en *La vida exagerada* como en *El hombre que hablaba de Octavia de Cádiz*, los hechos (vividos o imaginados) y los personajes (reales o ficticios) tiene vida sólo dentro de la ficción. La palabra de esta ficción es una palabra cargada de tiempo que se usa para transformar hechos y personajes de la historia a la medida de los deseos del narrador. La «escritura», en el camino a su constitución, se ha liberado de las convencionalidades del género novelesco. Lo referencial externo pierde peso. Las coordenadas de la narración han de encontrarse sólo dentro de la narración misma. Queda ahora *La última mudanza de Felipe Carrillo*, de 1988, como verificación de la autonomía conquistada por la escritura de Bryce. Esta, su «última mudanza», parece ser, también, un postrer intento por reconciliar los hechos vividos en la realidad y los hechos recreados por la escritura. En Felipe Carrillo confluyen características esenciales de protagonistas anteriores. Genoveva es ahora el objeto de la pasión amorosa, la mujer por fin encontrada. A ella llega Felipe Carrillo a ocupar su «lugar bajo el sol, un verdadero hogar, raíces verdaderas... la última y definitiva mudanza» (127). El obstáculo a la consecución de estos anhelos en esta historia es Sebastián, hijo de Genoveva, a quien Felipe llama de maneras diversas como para exorcizarlo, eliminarlo de este nuevo plan de vida. Todos los obstáculos que en narraciones anteriores frustraran los deseos del narrador-protagonista parecen haber confluído aquí en Sebastián y en el irresistible amor incestuoso, mutuo, que lo une a su madre.

La tarea es, como la define Felipe, reducir este «ménage à trois» a sólo dos personas, pero, insiste, «sin excluir a nadie» (10). Esta tarea se hace más imposible cuando se entreteje con el fenómeno natural, anualmente repetido en el Perú, llamado Fenómeno del Niño. En febrero de 1983, año de los acontecimientos de la novela, la corriente de Humboldt, llamada también corriente del Niño, por ocurrir el fenómeno alrededor de la Navidad, fue afectada de manera catastrófica por otra corriente del Golfo de Guayaquil. Se produjo así el Fenómeno del Niño de 1983 que asoló las costas del Perú y, en la novela dispersó el «ménage à trois» eliminando, claro está, a

Felipe Carrillo. En la confluencia del fenómeno del Niño (Niño por la corriente y Niño por Sebastián) naufragan las ilusionjes de Felipe Carrillo. Trata de agarrarse a la tabla de salvación que le lanza Eusebia, un cuarto personaje de la novela. Pero no puede aferrarse a ella por eso de los «niveles» y «desniveles» a que alude el anticipador *Un mundo para Julius*. En este caso, es el nivel social. Eusebia es la cocinera que el trío había contratado en el Perú. Por los «desniveles» fracasan todos los esfuerzos de Felipe Carrillo para transformar a Eusebia en el objeto amoroso que lo salvaría.

En su última derrota, Felipe Carrillo muestra una sobriedad que lo diferencia de los protagonistas de las otras novelas. Felipe Carrillo acepta su situación. Es ahora un hombre sin Genoveva, sin Liliane (su esposa muerta), sin Eusebia, sin mujer real o imaginada. Huérfano de amor, ha llegado hasta sí mismo, parece que ya fuera de la «trama inconmensurable de la nostalgia» (215) a que lo arrastrara su imaginación. Entonces llega a decir: «Miren, nada ha cambiado en mi vida y todo ha cambiado en mi vida» (218).

En *La última mudanza de Felipe Carrillo* no hay capítulo primero ni último. La novela empieza con una sección que se titula «Música de fondo», música que tratará de enmascarar las derrotas. Tampoco hay capítulo final, sólo una sección titulada «Un departamento nuevo, sencillito y sin vestíbulo». Estancia apropiada para un personaje muy disminuído.

Es notable comprobar la unidad y coherencia que sostiene ese libro único en el que Alfredo Bryce Echenique ha venido ahondando en los últimos veinte años. Puede servir de ejemplo al respecto esta última transformación de este último personaje. Porque Felipe Carrillo es el hombre que empezó siendo Julius, sigue como Martín Romaña, para luego ser Pedro Balbuena. El personaje ha derivado, finalmente, en este Felipe Carrillo, a quien él mismo se refiere como «un tren sin pasajeros», como «un hombre sin final, una persona que definitivamente lo único que pudo hacer fue mudarse por última vez» (218).

Y la nunca saciada pasión amorosa del personaje de Bryce lo ha transformado en «ese hombre (que) cayó en una trampa inconmensurable de la nostalgia pero ahora ya se ha escapado de ella y de vez en cuando siente la brutal necesidad de llegar hasta los brazos de Catherine (un último objeto de sus afanes ya no amorosos), aunque sólo para comprobar lo muy desabrazado que se ha quedado para siempre» (215).

[*Hispamérica* 53-54 (1989): 195-202.]

TABÚ Y DISCRIMINACIÓN EN BRYCE

Ricardo González Vigil
Pontificia Universidad Católica del Perú

Por fin, con más de medio año de retraso, llegó a nuestras librerías *La última mudanza de Felipe Carrillo* de Alfredo Bryce Echenique. Nueva muestra del talento excepcional de quien ha logrado erigirse como uno de los novelistas hispanoamericanos vivos de mayor éxito (de crítica y de venta) internacional.

Al comentar *La vida exagerada de Martín Romaña* y *El hombre que hablaba de Octavia de Cádiz*, las dos partes del díptico novelístico *Cuaderno de navegación en un sillón Voltaire*, e igualmente los cuentos de *Magdalena peruana*, pusimos de relieve la maduración de Bryce dentro de su estilo personalísimo. De intransferible humor, tan triste como sapiente (indulgente con la pesadumbre de ser hombre), fluyendo en la cadencia recurrente y a borbotones de sus frases, atrapado por sus protagonistas desolados hasta la ternura.

Bryce es un *autor* en el sentido pleno de la palabra. Posee un universo propio, reconocible en cada uno de sus relatos. Y tan expresivo y cautivante, que lo festejan lectores de diversas latitudes, en los quince idiomas que se encuentra traducido. Hay quienes (especialmente, aquí, en su propio país) le reprochan su desmesura verbal, su dicción desatada, su aparente falta de rigor artístico y autocrítica. Reparos menores, cuando no infundados, ante su magia inconfundible, su innegable talla de autor.

Un autor que ha llegado a dominar sus recursos expresivos, a veces hasta el exceso de regodeos manieristas. Un autor que en 1988 enriqueció las letras hispanoamericanas con un estupendo cuento para niños, escrito en colaboración con Ana María Dueñas: *Goig*; y con la novela que motiva estas líneas: *La última mudanza de Felipe Carrillo*.

El argumento de *La última mudanza de Felipe Carrillo* entrelaza magistralmente nuevas frustraciones amorosas, con la fuerte base autobiográfica de los anteriores sinsabores que nutren *Tantas veces Pedro* y el díptico *Cuaderno de navegación en un sillón Voltaire*, y muchos de los cuentos de *Huerto cerrado, La felicidad, ja, ja* y *Magdalena peruana*. Frustraciones exorcizadas por la escritura al compás de los recuerdos: «a cada rato me doy cuenta de que lo único que sé hacer bien en esta vida es extrañar». Luego del amor, el dolor de la separación; finalmente, la escritura-memoria-ficción: «Dulce decir que uno ya había amado a Eusebia y que ya uno había sufrido por ella y que ahora sólo me quedaba la posibilidad de escribir sobre Eusebia».

Las frustraciones amorosas de Felipe Carrillo, además de resueltas con ingenio y con destreza imaginativa, están cargadas de gran riqueza simbólica. Por falta de espacio, nos concentraremos en las dos experiencias centrales, consignando de paso que se menciona el matrimonio previo de Felipe Carrillo con Liliane, y su relación (más camaradería de corazones afines, que pasión amorosa) ulterior con Catherine.

Por un lado, tenemos la enrevesada relación con la española Genoveva, quien mantiene una morbosa dependencia incestuosa (con concesiones sexuales, y todo) con su hijo Sebastián: «los dieciséis tiernos añitos de su hijo, que nunca cumplía años sino añitos, y que seguía siendo un niño, no un niñazo, como se me escapó a mí una vez, sin querer queriendo, porque la verdad es que el de marras superaba lejos el metro ochenta y los noventa kilos flácidos, celulíticos y adipósicos, motivo por el cual estaba terminantemente prohibido llamarle Sebito, como se me escapó a mí una vez, también sin querer queriendo. Dejando la intimidad de lado, Sebastián sólo respondía a dos apodos: Bastioncito, en sus momentos de grandeza y serenidad, y Bastianito Ito, en sus momentos de extrema fragilidad». Al juego con el nombre de Sebastián: Sebito (de sebo), Bastioncito (bastión) y Bastianito Ito (refuerzo del diminutivo cariñoso), se suman los de connotación sexual: «otros maternales apodos como Miplatanito, que no se pueden contar por pudor a Genoveva, o sea por un mínimo de respeto a la realidad».

Las referencias a Freud, y en particular al complejo de Edipo, son frecuentes y sabrosas, para calificar a Genoveva-Sebastián como la «pareja más estable» de Madrid. No faltan las alusiones al *Edipo rey* de Sófocles; hasta se apoda «coro trágico» a los animales que acompañan a la estable pareja madrileña en un maridaje estrambótico de sexo -el mono-, malacrianza -el loro- nerviosismo -el perro- y egoísmo -el gato-.

En alarde paródico, Bryce finge un artículo de la *Revue Psychoanalytique* dedicado al arquitecto Felipe Carrillo, barajando lo «paterno» y lo «materno», la necesidad de «exilio» y «sublimación», para explicar la obra arquitectónica de Carrillo. Vemos en ellos un guiño al lector, para alertarlo ante el material «edípico» rastreable en la vida y la obra de Bryce.

Y, con grandes dividendos para la trama del libro, el desastre de Felipe Carrillo tratando de labrar un vínculo con la pareja Genoveva-Sebastián, es ambientado en la playa piurana de Colán en febrero de 1983, cuando se produjo el Fenómeno del Niño. Humorísticamente, Bryce subraya el simbolismo de esa ambientación, aparentando negarlo: «Te puedo yo jurar ante un altar, Genoveva, que en esto del Fenómeno del Niño, hijo mejorado de Atila y los hermanos Karamazov, no hay alusión alguna a tu Bastioncito (...) recuerda todo lo que pasó porque a la maldita Corriente del Niño como que le dieron tremendo empujón y se desvió al máximo produciéndose de esta manera el Fenómeno del Niño. Por todo lo cual, Genoveva, te ruego una vez más no ver la más mínima alusión a tu hijo en esto del fenómeno ni en lo de la desviación máxima del Niño ni en nada».

Por otro lado, Felipe Carrillo mantiene un corto romance con Eusebia, una despampanante mulata norperuana que lo salva del diluvio de las lluvias en Piura de 1983 (los animales de Genoveva-Bastioncito acrecientan la imagen bíblica a lo Noé) y de la pareja violadora del tabú del incesto, pero que lo enfrenta con la barrera de la discriminación social y racial. Barrera que no sabrán vencer, cada uno demasiado arraigado a medios socio-culturales que no pueden congeniar (como sucede en *Los pasos perdidos* de Carpentier, entre el protagonista radicado en París y una encarnación del pueblo de nuestra América).

En este caso, hay varias referencias a Marx y Engels, a la división de clases, los prejuicios, etc. La discriminación resulta más fuerte que el tabú, ya que Felipe tiene que resignarse a perder a Eusebia, mientras que Genoveva mantiene su estable morbosidad con Sebastián. En concordancia con ello, Felipe llega a enamorarse más, luego sufrir más, finalmente extrañar más a Eusebia, hasta tornarla la figura más relevante de la novela: «ahorita me arranco con todita tu historia, Eusebia, para lo cual, qué pesadilla, tendrá que empezar desde aquel estúpido asunto de Genoveva y su hijo».

La dimensión social aflora con fuerza, en la memoria y la escritura de Bryce. De manera convergente, Martín Romaña no llegó a comunicarse adecuadamente con Inés, para luego enamorarse intensamente de Octavia de Cádiz, de quien lo separó la barrera de la discriminación (ahí Octavia estaba sometida a las exigencias aristocráticas; polo opuesto de la morena mulata popular Eusebia).

Una dimensión social que, en el caso de Eusebia, se liga con la nostalgia de la patria. Así: «se tragó todas sus nostalgias peruanas en forma de amor y mulata y Eusebia Lozanos Pinto».

Ese corazón peruano que anida siempre en Bryce, permanentemente nostálgico y dividido, padeciendo la marginación de no integrarse a la clase alta (la del mundo preparado para Julius) o a la baja (por la que siente inclinación), al derechismo o el izquierdismo partidario, a la patria o al exilio.

Otro aspecto notable de *La última mudanza de Felipe Carrillo* es la estructuración del libro, con «música de fondo» (boleros, valses y tangos), sin capítulo primero ni final, atiborrado de digresiones y urgido de confesarlo todo una y otra vez -como si quisiera escribir y le saliese espuma, al uso de Vallejo, poeta tantas veces parafraseado en *La última mudanza de Felipe Carrillo*, como antes lo era en el díptico del sillón Voltaire-.

La estructuración del libro, ha pasado a primer plano, como desautorizando a quienes han criticado los «descuidos artísticos» de Bryce. Fundamenta con lucidez el mundo y el estilo de Bryce. Por ejemplo: «El género policial me encanta, pero a mí nunca me quedaron bien los impermeables, y eso debe haber influido en mi temperamento tan profundamente que, no bien empiezo a contar una historia, suelto un ya mataron a la princesa, por ejemplo. La verdad es que, de arranque, ya no me queda prácticamente nada que contar, pero tampoco me queda más remedio que seguir contando, contando con la ayuda de Dios todopoderoso y Laurence Sterne, rey de la digresión y de la confianza en la ayuda divina, que muy seriamente llegó a calificar de religioso su método de trabajo». También: «esta es una historia sin principio ni final, un mundo al revés».

El resultado es que en las primeras páginas ya está supuesto todo el libro. El lector quizá se desconcierte, por eso, al entrar al volumen; pero le recomendamos seguir leyendo, con seguridad en el tercer capítulo ya estará atrapado por la lectura.

[«Suplemento Dominical» de *El Comercio,* Lima, 9 de julio de 1989: 16]

TRAVESÍA Y REGRESOS DE ALFREDO BRYCE: LA ÚLTIMA MUDANZA DE FELIPE CARRILLO

Ricardo Gutiérrez Mouat
Emory University

No se habla en las letras hispanoamericanas -a diferencia de las norteamericanas- de una «generación perdida» con nuestros propios Hemingways y Gertrude Steins y Fitzgeralds, quizás porque la expatriación a París es un rito de pasaje para literatos o intelectuales que encuentran *allí* lo que se les ha perdido *acá*: su cultura, sus mitos, su propia identidad. Pero si hubiera una generación perdida en las letras hispanoamericanas recientes -expatriada y dispersa, movilizando su fiesta bohemia por diversos países y ciudades -ésta se podría reducir a un solo escritor que sería Alfredo Bryce Echenique. Tal impresión surge de las más o menos mil páginas que componen su «Cuaderno de navegación en un sillón Voltaire» repartidas entre *La vida exagerada de Martín Romaña* y *El hombre que hablaba de Octavia de Cádiz*, libros en que el escritor peruano, en una especie muy propia de picaresca sentimental y cultural, detalla sus tribulaciones y aventuras europeas desde que abandona Lima rumbo a París hasta que deja de hablar de Octavia de Cádiz. Y se refuerza cuando en ambas novelas el protagonista se identifica con Hemingway o con sus personajes, ya sea para cimentar una complicidad con la tan mentada Octavia (que por supuesto se llama de otra manera) o para levantar un mapa imaginario de Europa: «Hemingway no sólo me había hecho sentir que amaba a España desde tiempos inmemo-riales».[1] Como si esto fuera poco, el estilo y tono de Bryce dan la apariencia de constituir un orbe literario autónomo y aparte, «perdido» con respecto a posibles precursores y sucesores literarios que podrían ubicar la obra bryceana en el contexto de la narrativa latinoamericana más reciente.[2]

Lo que la travesía de Martín Romaña sí tiene de rito de pasaje es una especie de bautismo por agua, no tanto del personaje en sí como de su bagaje cultural que literalmente naufraga al desembarcar en Francia. Toda la cultura «universal» (es decir, clásica y europea) del escritor en ciernes se hunde en el mar cuando el baúl/ataúd en que venían sus libros se desprende de la grúa que lo transportaba a tierra y se sumerge en una especie de cementerio marino no previsto por Valéry (aunque el poeta francés se refiere al mar como «templo de Minerva»). Quienes no venían en el baúl, sin embargo, eran los escritores latinoamericanos «porque ésos eran unos costumbristas bastante vulgares, a pesar de que Vallejo se había muerto ya en París con aguacero» (30). Este desplante ante la narrativa latinoamericana se puede explicar de varios modos pero en cualquier caso esboza un gesto de ruptura con la tradición que Martín Romaña y Octavia de Cádiz se encargan de redondear privilegiando las referencias y escritores europeos (o «perdidos» en Europa como Hemingway y Henry Miller) o a compañeros generacionales de Bryce como Julio Ramón Ribeyro. Esto hace más notable el repliegue sobre la novela hispanoamericana moderna que practica intertextualmente *La última mudanza de Felipe Carrillo*.[3]

---

1 Alfredo Bryce Echenique, *La vida exagerada de Martín Romaña*, Argos Vergara, 1981, p. 92. Todas las referencias a esta novela remiten a esta edición.

2 La marginación de una «familia» literaria cualquiera es un halago para Bryce -quizás para todo escritor-, como se desprende de la aprobación con la cual el narrador peruano cita un comentario de Carlos Barral al respecto: «creo que también es cierto lo que dicen algunos críticos de mi literatura, sobre todo Carlos Barral, el editor de casi todos los escritores latinoamericanos, ha dicho [sic] que es una literatura profundamente insular, que no tiene precedentes dentro de la historia de la literatura latinoamericana o muy pocos, y que no producirá ningún seguidor, ningún imitador, que apareció conmigo y que desaparecerá conmigo», Alfredo Bryce Echenique, «Confesiones sobre el arte de vivir y escribir novelas,» *Cuadernos Hispanoamericanos*, No. 417 (marzo, 1985) (71).

3 Bogotá, La Oveja Negra, 1988. Todas las referencias a esta novela remiten a esta edición.

Se trata en este nuevo capítulo de la educación sentimental del protagonista bryceano de un arquitecto peruano que se radica -el verbo es excesivo- en París, se desposa con una francesa que muere poco tiempo después, y aun más tarde se enamora perdidamente de una periodista madrileña divorciada. Esta navegación amorosa, sin embargo, pronto encalla en las pantanosas arenas de la obsesión edípica que une a Genoveva con su hijo Sebastián, quienes conforman la pareja más estable de Madrid, al decir de los vividores en el secreto. Después de una serie de exageradas peripecias para lograr restaurar la ley social entre amante y amada, Felipe Carrillo idea un viaje al balneario de Colán en la costa norte del Perú movido por sus películas de la luna de Paita y el sol de Colán...» (14). En este paraíso perdido de la costa peruana sobreviene el apocalipsis en la forma del fenómeno de El Niño, que reduce el balneario a escombros, y de una mulata local que de una vez por todas acaba con el amor de Felipe Carrillo por Genoveva. Eusebia y su «flaco» viven una temporada apasionada en la hacienda de unos amigos hasta que Felipe se regresa a París. La última mudanza de Felipe Carrillo («hombre sin final», 150) es a un barrio árabe de París donde supera la nostalgia del tiempo perdido con la ayuda de la arabista Catherine.

En este resumen aparecen desperdigados casi todos los elementos claves de *Felipe Carrillo*: la búsqueda de orígenes (desdoblada en el motivo edípico y en el acoplamiento con la mulata peruana) y el repliegue intertextual de *Cien años de soledad*, no declarado explícitamente por el texto que, en cambio, sí se refiere a otro de los intertextos fundamentales en la construcción de la ficción: *Rayuela*.[4] (Algo más obvias son las referencias a *El mundo es ancho y ajeno* y a *Los ríos profundos* que no llegan, sin embargo, a operar como conmutadores del sentido sino como marcas o hitos casi obligatorios en el acercamiento del narrador a sus orígenes peruanos). Nos en-

---

4 No apelo a una noción desconstructiva del intertexto que se opondría al manejo de conceptos tales como tradición y contexto y que desbordaría el campo de la intertextualidad literaria. Los índices o señales intertextuales de *Felipe Carrillo* son alusiones que en un sentido general remiten a la inserción en una familia o genealogía cultural.

contramos, entonces, ante un texto que reproduce en su discurso el juego de identidad y diferencia que despliega en la estructura del referente. La reinscripción intertextual de este juego entre el yo y sus otros y entre el aquí latinoamericano y el allá europeo se puede ver como un gesto de afiliación cultural que relegitima la escritura de Bryce dotándola de una autoridad tradicional y quizás canónica. También es una exploración del espacio cultural latinoamericano a través de la ficción, en la instancia de su producción, de la creación del sentido, y no sólo en las historias ficticias que se desarrollan en un espacio instaurado de antemano y amparado en la institución literaria.

Esto último es lo que Bryce viene haciendo desde *La vida exagerada de Martín Romaña* e incluso desde antes, desde su segunda novela, *Tantas veces Pedro*: «Esa ha sido la última búsqueda que he emprendido, la de buscar la quintaesencia de lo peruano a través de los enfrentamientos culturales».[5] Pero estos enfrentamientos no son abstractos sino que se encarnan en personajes femeninos, de modo que cultura y deseo conforman un solo signo (reversible) que apunta a la construcción (y destrucción) de la identidad. Así, Felipe Carrillo conocerá a varias mujeres para conocerse a sí mismo, pasará por varias mediaciones culturales y será uno y múltiple. Por ejemplo, el nombre propio del personaje no es propio sino ajeno y sufrirá varias mutaciones a lo largo de la historia: antes de la viudez se llamaba «Philip Pigma» (en referencia a Pigmalión); con Genoveva el nombre cambia a Felipe Carrillo, con el apellido siempre a cuestas; y en Colán Eusebia lo transforma en Felipe a secas. El paroxismo de estas mutables apelaciones sobreviene en el departamento de Catherine: «Mira, prueba llamarme... *Felipe Carrillo*, primero, después *Felipe Sin*, después *Felipe Con y Sin*, después *Felipe* a secas...» (146).[6] La síntesis de estas metemorfosis es de esperar: «lo único que ha cambiado en mi vida soy yo» (150).

---

5 Bryce Echenique, «Confesiones sobre el arte de vivir...», (70).
6 Incluso el nombre de base es sospechoso y parece designar un vacío impersonal más que una subjetividad específica pues parece pegotear los nombres de dos personalidades de la política española coetánea a la situación temporal del relato, Felipe González y Santiago Carrillo. En general, los nombres de Bryce (autor cuyas cinco novelas hasta la fecha, sin excepción, llevan el nombre del protagonista en el título) desidentifican tanto como lo con-

Para verificar que estos cambios de identidad existen en función de un relativismo cultural podemos reconstruir la cronología del relato desde que el protagonista se muda a París, no para ingresar al gremio de los escritores como Martín Romaña sino para ejercer la burguesa y postmoderna profesión de arquitecto.[7] La aventura con Genoveva se desarrolla inicialmente entre París y Madrid, figurando esta última ciudad como posibilidad sintática de las contradicciones del «peruano en Parìs o... peruano de París» (136), como se autodenomina Felipe Carrillo. Pero esta posibilidad de síntesis que provee la Madre Patria la obstruye el hijo edípico de Genoveva, que también tiene varios nombres. De aquí el viaje al «paraíso perdido» de Colán que idea el frustrado amante y que es una parodia de la famosa «carrera de las Indias» de la historia colonial hispanoamericana. Los índices textuales de esta parodia son sutiles: el nombre de Genoveva, sus referencias a Felipe II, la similitud fonética entre Colán y Colón, etc. Menos sutil es la parodia edípica efectuada por el coro de animales que se embarca con el trío y que pauta, como coro de tragedia griega, las desventuras de los viajeros[8]

Pero el motivo edípico tiene también una interpretación antropológica: así como la prohibición del incesto representa la incepción de la cultura, la transgresión del tabú marca su recaída en la entropía de la naturaleza, recaída cuya figuración simbólica en *Felipe Carrillo* es el fenómeno atmosférico de El Niño, «hijo mejorado de Atila y los hermanos Karamazov» (13). Naufraga el proyecto civilizador que traía en su agenda Felipe Carrillo al no conseguir separar a la pareja incestuosa y comenzar una nueva vida con Genoveva en el Nuevo Mundo. Se ahoga también una identidad «ciegamente» garantizada por la tercera posición (la del padre) en el trián-

---

trario: Liliane es siempre «la pobre Liliane», confundiéndole su identidad con la del anagrama de Paul Verlaine, quien se refería a sí mismo a «le pauvre Lélian». «Genoveva» es un nombre francés llevado por una española que remite a una ciudad italiana y, por supuesto, a Colón.

7 Entre estas dos novelas se traza un desplazamiento de la periferia bohemia al centro de la sociedad burguesa y de consumo, desplazamiento que se podría relacionar con el regreso de Bryce al «centro» de la tradición narrativa latinoamericana.

8 Pero el perro, el gato, la lora y el mono también operan como significantes antropológicos y glosan el pasaje entre cultura y naturaleza.

gulo erótico que, al deshacerse, Felipe comienza a ver «con lupa, antropología, y Sigmund Freud» (131). La situación edípica disuelve todo nudo cultural, y es justamente cuando se transgreden las leyes culturales que aparece Eusebia para reanudar la relación entre sujeto y cultura. [9]

Eusebia es un personaje telúrico que aparece en medio del cataclismo para ordenar el caos emocional de Felipe Carrillo y salvarlo de la barbarie, personaje, además, que nunca se describe en términos románticos o utópicos sino precisamente ubicado en el interior de un orden socioeconómico específico. Como tal, Eusebia hereda cierta cultura, y al compartirla con Felipe Carrillo (indiano en Madrid, señorito de Colán, conocedor de Proust en todas partes) lo educa. Como en gran parte de la narrativa latinoamericana postmoderna, las formas de la música popular, que conforman la cultura de Eusebia, acompasan el relato de *La última mudanza* de cabo a rabo. De hecho, la iniciación del protagonista en esta cultura coincide con la adopción de una nueva identidad: «Yo ya venía sintiendo algo delicioso en las palabras de Eusebia, en cada frase suya, pero sólo cuando me las dijo acompañado [sic] de unas cuantas palabras de bolero, me di cuenta. Por primera vez en siglos, alguien me había llamado Felipe. Sí, Felipe, deliciosamente Felipe a secas» (28). Pero esta identidad «Felipe Sin Carrillo»» no se restringe al ámbito de la comunicación privada entre dos amantes más o menos clandestinos sino que se proyecta al continente latinoamericano entero. Pocas veces como ésta se revela tan nítidamente la sobredeterminación cultural de la educación sentimental del narrador: conocer el cuerpo aborigen es entrar a todo un nuevo orden cultural y asumir una identidad en función de él : «En mi discoteca me esperaba casi el dispa-

---

9 No parece casualidad que Eusebia sea la *cocinera* del lugar, es decir un actante que reinstaura la separación naturaleza/cultura. Para el significado antropológico de la oposición entre lo crudo y lo cocido, ver Claude Lévi-Strauss, *Mythologies I: Le cru et le cuit*, París, Plon, 1964. Desde otro punto de vista Eusebia ordena el caos emocional (de Felipe) y natural (de El Niño). En esta función evoca a la Otilia del poema VI de *Trilce* de Vallejo, planchadora de «todos los caos». El arcaísmo «cuja» que pone de relieve el narrador de Bryce en el lenguaje de Eusebia remite a otro poema trílcico (XV) en que la misma palabra aparece en un contexto similar al del relato bryceano. El fantasma de Vallejo (que se materializa sobre todo en París) siempre ha habitado la escritura de Bryce Echenique.

rate y hasta el disparate sin casi. Me esperaban los caminos andados, mis nostalgias e ironías, mi reírme de esas palabras de tangos, rancheras, valsecitos, boleros, que sólo a nosotros los latinoamericanos nos pueden decir tantas cosas» (33).[10] Una masiva complicidad cultural quisiera legitimar una relación no menos exagerada que el amor de Felipe por Genoveva edípica, pero desde el momento en que esta relación mezcla a patrón y sirviente la complicidad cultural se fragmenta en adhesiones clasistas. Ya no se trata de la transgresión a la cultura *tout court* que lleva implícito el incesto, como en el primer caso, sino de una infracción a la moral burguesa cuyas reglas Felipe ha internalizado y que determinan que la ley social triunfe sobre la ley del deseo. El capítulo XII detalla los desencuentros, contradicciones y sospechas que lleva aparejada la jerarquización étnica y cultural que une y divide a los amantes. Abundan las justificaciones por parte del detentor de la palabra narrativa tendientes a dejar las cosas en su sitio. Llueven a granel las admoniciones del principio de realidad y de la censura del superego para no permitir que la fantasía de Eusebia exceda sus límites, límites impuestos por una identidad cultural anterior que resultan inamovibles. Sólo en el espacio soñado de la hacienda Montenegro puede existir Eusebia con Felipe, o en el recuerdo ya a salvo de la praxis cotidiana. La mala conciencia, por lo tanto, se instala en el lugar de la escritura y la rige: «Buen tema para todo libro. La cultura contra la mala conciencia. Gana la cultura» (149). Claro que ahora se trata de la cultura literaria encarnada en el epígrafe de Durrell, que implica que después de la pasión sólo queda la literatura: «Te amé, te sufrí, y ahora te escribo, Eusebia, ahorita me arranco con todita tu historia» (148).[11]

---

10 Antes de la «lección cultural de Eusebia, Felipe con o sin Carrillo mantenía una distancia irónica frente a la música popular latinoamericana: «Ahora sí que era real aquella historia de un amor como no hay otro igual, ahora sí que era lo que realmente era: una historia de tocadiscos, una interpretación de bolero en su salsa, un disco de Armando Manzanero escuchado por un peruano en París o por un peruano de París, un instante en que falló la ironía y la letra de una canción cualquiera logró convertirse en material bruta...» (36).

11 ¿No se reproduce la relación de dominación clasista y étnica en esta aventura también de dudosa legitimidad social? ¿Disimula o admite abiertamente el relato esta inevitabilidad? ¿Cómo articularía Eusebia el mismo relato que el narrador -hombre cosmopolita, sujeto hegemónico- nos presenta? Se podría compaginar una crítica ideológica del

La historia de Eusebia se complementa discursivamente con la Catherine, la arabista francesa que el protagonista encuentra al azar en una panadería del barrio árabe de París. Catherine y el peruano parisiense son personajes paralelos: ambos han vivido y viven la misma historia de amor y nostalgia con parejas situadas al otro lado de una frontera cultural: «érase una vez una especie de Eusebio, allí muy en las afueras de Fez y medio beduino con cuento de hadas mientras duró...» (140). Pero este paralelismo es meramente estructural; el contenido que organiza se empieza a diferenciar cuando se definen las respectivas posiciones culturales de los protagonistas. La «recordadora culta' que es Catherine implementa una estrategia cultural para convivir con el recuerdo de su jeque, estrategia que incluye amoblar su departamento en el estilo oriental y visitas periódicas al «Museo del Hombre», a veces en compañía del recordador *sentimental* que es Felipe. Es el propio narrador quien incurre en este contraste: «ella como que se tomaba realmente en serio estos domingos de pueblo en pueblo y de civilización en civilización y yo en cambio andaba ahí lo menos científico del mundo y me lo estaba tomando todo como una jornada sentimental...» (142).

Ya vimos, sin embargo, que esta oposición entre cultura europea y naturaleza americana se relativiza en la palabra dialógica del texto, pues la representación escrita de la autobiografía erótica del narrador es ineludiblemente un gesto cultural: «Duele decir que uno ya había amado a Eusebia y que ya uno había sufrido por ella y que ahora sólo me quedaba la posibilidad de escribir sobre Eusebia. Había leído una frase por el estilo en algún libro...» (147). Además, al museo cultural de la arabista corresponde el museo sentimental del intelectual peruano, o sea, las ampliaciones fotográficas de los amores paulatinamente perdidos que se van guardando como reliquias o fetiches más y más ineficaces a medida que pasa el tiempo: «Catherine y ese hombre... se han vuelto a besar... ¿Cuándo se van a confesar que lo que les duele es que ya nada les duela del pasado

---

relato a partir de estas preguntas pues el sentimentalismo y la sublimación literaria le permiten al narrador citar sin trascender las contradicciones que abocan en la mala conciencia.

aquel?» (148).[12] Le ocurre a Felipe Carrillo lo que al Cartaphilus de «El inmortal» de Borges, viajero legendario: «Cuando se acerca el fin ya no quedan imágenes del recuerdo; sólo quedan palabras». Palabras desprovistas de fuerza pasional y referencialidad mimética que regresan a su lugar de origen: la cultura literaria o subliteraria.

[*Hispamérica* 63 (1992): 73-79]

---

12 La fotografía de Liliane sobre todo es una reliquia arqueológica. Termina fondeada en un ropero/sarcófago: «Todo aquello se fue al trastero con Liliane, como en un Egipto antiguo muy venido a menos...» (89).

«NOSOTROS, QUE NOS QUEREMOS TANTO, DEBEMOS SEPARARNOS»: ESCRITURA Y ORALIDAD EN *LA ÚLTIMA MUDANZA DE FELIPE CARRILLO*

Jorge Marcone
Rutgers University

Quería no hablar como se escribe, sino escribir como se habla. El que habla relata al que oye sus propios movimientos. Lo que hago es una trasposición literaria de los hechos de mi propia conciencia. La trasposición no es una deformación sino el descubrimiento de formas especiales de sensibilidad. No es una cuestión de palabras. Siempre sobran, en realidad

.

Juan Rulfo

Aunque el episodio del helicóptero sugiera lo contrario, puesto que en *Los pasos perdidos* el viajero abandona a la pareja que encontró en la selva y en *La última mudanza de Felipe Carrillo* (1988) éste se llevó en él a la que encontró en Colán, en última instancia ambas historias tienen el mismo final: Felipe Carrillo también elige regresar a la gran metrópoli, en este caso París, sin la mujer amada. Esta comparación entre la novela de Carpentier y la de Bryce puede parecer, a primera vista, superficial y espúrea pero así como ésta hay otros puntos de contacto más que la justifican. Por ejemplo, la nostalgia del intelectual latinoamericano en el extranjero por el lugar de origen, el viaje de retorno que siempre tiene otro pretexto, el fracaso del romance con la compañera europea en tierras americanas y el nacimiento de uno nuevo con alguien de la localidad, más «auténtica», «elemental» o «natural». La que más me interesa ahora, sin embargo, es la comparación entre *El Treno,* la composición musical en la que trabaja en la selva el protagonista-narrador de *Los pasos perdidos,* y la escritura que Felipe Carrillo, el protagonista-narrador de la novela de Bryce, practica al interior de la ficción. Así como el musicólogo en la novela de Carpentier quiere enraizar su composición en el texto musical primigenio y origen de toda música, el treno o lamento fúnebre escuchado entre los indios, y ser fiel a él sin caer en la mera transcripción del mismo, de la misma manera Felipe Carrillo quiere enraizar su escritura en un lenguaje original y primero, supuestamente el de la oralidad, sin limitarse a ser una transcripción de la misma. Escritura que, de hecho, se define a sí misma con la cita de un famoso pasaje tomado de *Tristam Shandy* (1760-1967) de Laurence Sterne: «Writing, when properly managed (as you may be sure I think mine is), is but a different name for conversation» [Escribir, cuando es hecho como es debido (como puedes estar seguro que yo creo que es mi escritura), no es sino otro nombre para la conversación] (77).[1] ¿Es qué Felipe Carrillo triunfa allí donde fracasó el personaje carpentereano o es que su escritura está sujeta a contradicciones y limitaciones similares a las que afectaron a éste último?

La última mudanza de Felipe Carrillo es por esta razón la novela de Alfredo Bryce Echenique que más nos invita a reflexionar sobre la cuestión de la oralidad en la escritura.[2] Las propuestas sobre oralidad implícitas en la novela (a decir verdad, bastante más profundas que las que Bryce mismo ha formulado explícitamente en otras ocasiones) y las estrategias y convenciones asociadas con la

---

1 Todas las traducciones son mías.

2 Este ensayo es una versión ampliada y corregida del trabajo presentado a la 45th annual Kentucky Foreign Language Conference (23-25 de abril, 1992), así como una síntesis de algunos de los aspectos desarrollados en un estudio más extenso sobre la misma novela incluido en unmanuscrito inédito titulado *La oralidad escrita. Sobre la inscripción literaria del discurso oral.*

comunicación oral (especialmente las de la conversación coloquial) a las que esta novela recurre, nos proporcionan la oportunidad y el material para profundizar y plantear tal vez de manera más apropiada el asunto de la oralidad en la escritura bryceana. Por un lado, la reflexión sobre este mismo asunto ha sido el camino elegido por Bryce para formular una poética de su propia escritura. Por el otro, además de los recursos ya conocidos de una prosa cuya estructura gramatical, léxico y modismos evocan un registro coloquial, las estrategias y convenciones a las que Bryce recurre le proponen al lector «reglas de lectura» con las que el texto quisiera reemplazar otras que habitualmente se ponen en juego con un texto narrativo escrito. Estas estrategias y convenciones orales suscitan un efecto por el cual la comunicación literaria evoca la comunicación oral y el acto de lectura, la charla y hasta la conversación íntima. Rasgos, sin embargo, presentes en su obra desde *La vida exagerada de Martín Romaña* (1981) hasta *Dos señoras conversan* (1990), colección de tres «novelas breves» en donde se encuentra otro texto ejemplar de la oralidad como poética narrativa: «Un sapo en el desierto».

La impresión que deja la narración de Felipe Carrillo es haber logrado lo que Rulfo buscaba: escribir como se habla. Antes de continuar, quisiera adelantarme a una posible confusión común en estos casos y precisar qué es aquello frente a lo cual nos encontramos. A diferencia de otra novela publicada apenas unos meses antes, *El hablador* (1987) de Mario Vargas Llosa, el texto de la novela de Bryce no es la representación ficcional de un discurso oral sino de una enunciación escrita. En la novela de Vargas Llosa, el texto de los capítulos impares (con excepción del primero) representa sin mediación de instancia narrativa alguna la narración oral de un «hablador» de la tribu de los machiguengas (o de alguien que pretende pasar por tal, como se revela al final de la novela) a manera de lo que Gérard Genette llama *immediate speech* [discurso inmediato] en su conocido modelo narratológico (173-74). Esta técnica, así como las estrategias, modismos y convenciones orales a los que Vargas Llosa recurre en la construcción del discurso de su personaje, tienen una finalidad previsible: mayor *mímesis* o *ilusión de realidad* (cfr. Genette 162-70), aunque en casos como éste deberíamos hablar mejor de *ilusión de oralidad*. Gracias al recurso no sólo «escuchamos» el discurso sino que hasta «asistimos» al acto narrativo oral del hablador que ha sido «puesto en escena» de esta manera.

En *La última mudanza de Felipe Carrillo,* en cambio, a lo que asistimos es a la «puesta en escena» del acto de escritura que está llevando a cabo su narrador-protagonista, Felipe Carrillo. Y, sin embargo, el texto es capaz de suscitar una ilusión de oralidad similar a la de la novela anterior; resultado de estrategias comunicativas que James Paul Gee, en «Orality and Literacy» y «The Narrativization of Experience in the Oral Style», llama *oral* u *orally-based* por asociación con las que practican culturas en estado de oralidad primaria, como llamó Walter Ong en su influyente pero controversial libro *Orality and Literacy* a las culturas que desconocen la escritura o que, conociéndola, no la usan como el instrumento principal para transmitir y almacenar información (cfr. 31-75). Algunas de las características del pensamiento y de la expresión orales señaladas por gee y Ong son también propiedades fácilmente reconocibles en la escritura de Felipe Carrillo: (a) repetición de frases o expresiones formulaicas; (b) expresión aditiva en lugar de subordinativa y analítica; y (c) estilo redundante y «copioso», y lingüísticamente conservador o tradicional (Gee, «Orality» 44-45). Pero tal vez los rasgos de oralidad más importantes en esta novela sean el principio *in medias res* y la digresión, modalidades discursivas que, además, suelen estar en el centro de atención de las definiciones de oralidad y sobre los cuales regresaré más adelante.

Hecha esta precisión, vuelvo ahora al comentario e interpretación de lo que significa en esta novela de Bryce «escribir como se habla» y empiezo con una afirmación de carácter general: no obstante la ilusión de oralidad mencionada antes, «escribir como se habla», como lo define Rulfo en el epígrafe de este ensayo, es una contradicción o una imposibilidad. Con respecto a la relación de la enunciación oral y de la enunciación escrita con el discurrir de la actividad reflexiva, Wallace Chafe nos recuerda que al escribir, pareciera que nuestros pensamientos se adelantan constantemente a nuestra expresión de ellos de una manera a la que no estamos acostumbrados en el discurso oral. El resultado de esto es que tenemos tiempo para integrar una sucesión de ideas en una unidad lingüística completa de una manera que no ocurre al hablar, en donde normalmente una unidad lingüística corresponde con una unidad conceptual.[3]

No me cabe la menor duda de que la relación entre procesos mentales y las actividades discursivas oral y escrita puede ser descrita de manera más exhaustiva y satisfactoria, pero la reflexión de Chafe basta para destacar una de las peculiaridades del discurso de Felipe Carrillo que es imposible fuera de la ficción: la acción de escribir no le impone un ritmo al pensamiento sino que, todo lo contrario, la escritura recoge el ritmo de éste, ocurre simultáneamente. Tomemos, por ejemplo, ciertos monólogos en *La última mudanza de Felipe Carrillo,* como el de «Música de fondo» (primer capítulo del libro que no quiere llamarse «capítulo primero») o el del capítulo con el que se cierra el libro:

> Duele decir que uno ya había amado a Eusebia y que ya uno había sufrido por ella y que ahora sólo me quedaba la posibilidad de escribir sobre Eusebia. Había leído una frase por el estilo en algún libro, y se me había metido en la cabeza la idea de contarte, Eusebia, de decirte no sé qué cosas, y de decir no sé que cosas acerca de ti y acerca de mí, sobre todo. Por ejemplo, que me harté de los discos de los pros y los contras porque me harté de mí mismo y sin la ironía con que había escuchado toda esa música, hasta que la viví contigo, los pros y los contras eran ya mis pros y mis contras y embellecerte más en París ya sólo era posible en las noches sin esquinas cada vez más difíciles de atrapar. (14)[4]

La reflexión anterior de Chafe llama la atención sobre el hecho

---

3 «In writing, it would seem, our thoughts must constantly get ahead of our expression of them in a way to which we are totally unaccustomed when we speak. As we write down one idea, our thoughts have plenty of time to move ahead to others. The result is that we have time to integrate a succession of ideas into a single linguistic whole in a way that is not available in speaking. In speaking, we normally produce one idea unit at a time. That is apparently about all we have the capacity to pay attention to, and if we try to think about much more than that we are likely to get into trouble» (Chafe 37).

4 Todas las citas de Bryce son de *La última mudanza de Felipe Carrillo* a menos que se indique lo contrario.

de que la enunciación por escrito es en sí misma una actividad reflexiva que excluye el tipo de «monólogo interior» que aquí es representado por escrito. Un «monólogo interior» puede representarse con un texto escrito, «citarse» ficcionalmente como Bryce hace con el de Felipe Carrillo, pero no enunciarse por escrito, como Felipe Carrillo hace con el suyo al interior de la ficción. Monologar «espontáneamente» por escrito, por lo menos como este monólogo aparece en «Música de fondo» y otras secciones de la novela, es semiótica y pragmáticamente imposible fuera de la ficción. La peculiaridad de la escritura que Felipe carrillo practica es que buena parte de las estrategias y convenciones orales que aparecen en ella son incompatibles con la situación comunicativa de la escritura en la que ocurre la enunciación de Felipe Carrillo.

En cierto sentido, la narración de Felipe Carrillo es la objetivación de una de las más viejas aspiraciones de la novela hispanoamericana moderna: «escribir como se habla». Pero, al «escenificar» el acto de escritura, deja expuestas las contradicciones que nos llevan a reconocer que «la transposición literaria de los hechos de mi propia conciencia» de la que hablaba Rulfo es una prerrogativa de personajes ficcionales como Felipe Carrillo; para el propio Rulfo y otros novelistas como Bryce «escribir como se habla», en cambio, es un efecto de lectura creado por la escritura misma. Para algunos esta reflexión puede parecer una perogrullada que no merece el espacio que le he dedicado. Sin embargo, fuera de que nunca está demás, y aunque parezca contradictorio con su novela, no es más que la repetición, en otros términos, de una propuesta que el propio Bryce hace en reiteradas oportunidades. A continuación no sólo quisiera documentar esta afirmación sino, al mismo tiempo, interpretar la significación de esta aparente contradicción al hacerla dialogar con propuestas de Gee sobre oralidad y escritura. Creo que de esta manera llegaremos pronto al meollo de la posición de Bryce sobre el asunto de la oralidad en la escritura y a la contribución que ésta puede aportar al estudio de este tema.

No debe haber pasado inadvertido que las estrategias y recursos *orally-based* mencionados por Gee no sólo no son exclusividad de culturas en estado de oralidad primaria sino que ni siquiera lo son de la comunicación oral. Y, efectivamente, así lo reconoce Gee para quien, en el otro extremo del *continuum* de estrategias discursivas a disposición para la narrativización de la experiencia, se encuentran las *literate-based* o *literate strategies* que alcanzan su forma más pura en el ensayo y en los discursos orales que están bajo la influencia de este modelo discursivo («Narrativization» 75). Propuestas como las de Gee son de enorme utilidad para identificar características textuales que contribuyen a crear el efecto de oralidad, pero también nos introducen a las dificultades y contradicciones asociadas con la oposición «oralidad/escritura» como categoría para el análisis crítico. Quisiera comentar un par de ellas en Gee con la ayuda de algunas reflexiones bryceanas y pasajes de la novela misma.

(1) Cuando Gee recurre al adjetivo «oral» para referirse a fenómenos que no necesariamente tienen que serlo, pone en evidencia la existencia y vigencia de una noción o categoría de lo «oral», en donde se reúnen ciertas cualidades asociadas con lo efectivamente oral, que es más importante para producir un efecto de oralidad en un texto escrito que la fidelidad de éste a un discurso oral específico. A una conclusión similar apunta la siguiente reflexión del propio Bryce:

> La oralidad es una ficción dentro de la ficción porque hay que fabricarla, hay que crear la ilusión de la oralidad. Quien crea que la oralidad es hablar pues que se grabe y verá todo lo que se repite y todo el ripio que hay en los grandes narradores conversadores y, además, que no funciona en el aspecto escrito. Eso sí, se mantiene del aprendizaje que hice yo en la lectura de Hemingway, el diálogo hemingwayano que es tan oral y que tanto cuenta, es imposible de darse en la conversación real y sin embargo es conversación escrita. (Entrevista con Ferreira 11)

Este comentario de Bryce pone en entredicho la discusión del asunto de la oralidad en su escritura en términos de «incorporación» o «recuperación» de lo oral, puesto que aquello percibido como oral en la lectura no sólo no lo es ni física ni pragmáticamente sino que tampoco lo es en términos semióticos; es lo «oral», una noción cultural con la que se denomina ciertas prácticas y estrategias discursivas en las culturas «letradas». Pero más importante aun, es la posibilidad de entenderlo como un comentario pertinente también a otros textos, literarios o no literarios, incluidos aquellos que se conciben a sí mismos como transcripción de discursos orales particulares. Ya que el discurso oral y su versión escrita son dos actos comunicativos únicos (determinados históricamente) y semióticamente diferentes, es la satisfacción de alguna noción vigente de lo «oral», además de las convenciones que rigen una transcripción, lo que hace que tal o cual versión escrita de un discurso oral pueda ser considerada un repositorio de lo oral. Desde una perspectiva crítica (a decir verdad, metacrítica) no podemos leer estos textos como «incorporaciones» y hasta «transcripciones» de lo oral, aunque se entiendan a sí mismos de esta manera y este convencimiento sea necesario para producir los efectos que le interesan, sino como construcciones discursivas de lo «oral» por las que la escritura se justifica y legitima.

(2) La definición de Gee de las estrategias «orales» tiende a echar un velo sobre las particularidades con las que éstas ocurren en situaciones comunicativas orales, es decir, que sus estrategias «orales» no son lo mismo en una comunicación oral que en una escrita. Sin lugar a dudas, una novela como *La última mudanza de Felipe Carrillo* Podría ser manipulada para ejemplificar las propuestas de Gee, sin embargo, la novela de Bryce contiene proposiciones implícitas que precisamente no caen en la confusión antes mencionada. Su uso de la digresión y hasta del principio *in medias res,* por ejemplo, revela el reconocimiento de la especificidad, de acuerdo al medio, de modalidades discursivas que parecen ser la misma cosa cuando son descontextualizadas de su situación comunicativa.

Sobre el principio *in medias res* en la narración oral tradicional, frente a la función que el mismo principio cumple en la tradición literaria por lo menos desde Horacio, Walter Ong señala que las 'cosas" en medio de las cuales supuestamente se inicia la acción nunca han sido, con excepción de breves pasajes, alineadas en un orden cronológico con el propósito de constituir una 'trama". La *res* de Horacio es una construcción de la cultura de la escritura. Uno no encuentra listos argumentos con un desarrollo lineal y un clímax en la vida de las personas, a pesar de que vidas reales pueden proporcionar el material a partir del cual una trama de este tipo puede ser construida eliminando implacablemente todos los episodios con la excepción de algunos pocos cuidadosamente destacados.[5] Los referentes de principio *in medias res* y de digresión, para el caso de la novela de Bryce, no son estas modalidades discursivas tal como aparecen y son practicadas en alguna de sus variaciones literarias más conocidas. El tono del relato y la situación comunicativa evocada sugieren, en cambio, que estas modalidades discursivas tienen como modelo su uso y configuración en la narración oral coloquial:

> La verdad, acabo de decidir que no habrá capítulo primero en este libro. ¿Para qué? Basta con esa música de fondo que llevamos ya un buen rato escuchando y que nos acompañará muy a menudo, como agazapada detrás de este relato. Y no, no es que pretenda introducir una sola gota de novela experimental en esta historia. Me sobra con lo experimental que fue mi vida desde que conocí a Genoveva, a Bastioncito, y a Eusebia, sobre todo. (21)

> Si hay algo que no puedo es mantenerle oculto al lector, con eso de que el asesino anda oculto, un dato que ya tengo anotado en un papelito, para luego ponérselo al final de la novela. El género policial me encanta, pero a mí nunca me quedaron bien los impermeables, y eso debe haber influido en mi temperamento tan profundamente que, no bien empiezo a contar una historia, suelto un ya mataron a la princesa, por ejemplo. Y cómo y por qué, también. (23).

Una comparación con *Tristam Shandy* o, mejor dicho, con la lectura que Wolfgang Iser hace de esta novela, nos permitirá entender que estos procedimientos son en el relato de Felipe Carrillo estrategias destinadas a poner en el centro de la atención la conciencia de la ineludible diferencia entre lo dado y su representación discur-siva, así

---

5 «The 'things' that the action is supposed to start in the middle of have never, except for brief passages, been ranged in a chronological order to establish a 'plot'. Horace's *res* is a construct of literacy. You do not find climactic linear plots ready-formed in people's lifes, although real livesmay provide material out of which such a plot may be constructed by ruthless elimination of all but a few carefully highlighted incidents» (Ong *Orality* 143).

como la postulación de zonas de la experiencia impenetrables para la cognición racional y que sólo son accesibles a través de su «escenificación» en relatos (cfr. Iser 10). Pero también el análisis de la digresión nos mostrará cómo las prácticas y modos discursivos «orales» a los que recurre Felipe Carrillo hacen que el lector de la novela, al asumir el rol de narratario que su relato propone, se relacione con éste y su narración como si lo hiciera con un interlocutor y un discurso oral, aún a sabiendas de que al interior de la ficción el discurso de Felipe Carrillo es el resultado de un acto de escritura y no de una enunciación oral. La combinación del efecto de oralidad con la certeza de que el discurso de Felipe Carrillo es una enunciación escrita sugiere sin ninguna dificultad la interpretación de que este afán de «oralidad» tiene menos que ver con la reivindicación de un lenguaje o una comunidad marginados y/o subordinados (preocupación presente en buena parte de la narrativa hispanoamericana pero especialmente en la crítica que celebra esta literatura por esa aspiración) y más con la búsqueda de alternativas para que la escritura sea leída.

Las reflexiones, mejor dicho digresiones, de Felipe Carrillo sobre sus dificultades y vacilaciones para escribir su vida nos recuerdan a cada paso que cifrar las experiencias en un discurso narrativo es una forma de organizar la vida, no la forma como la realidad prefiere ser descrita. El discurso narrativo, a pesar de la ilusión de realidad de la que es capaz, no es más que una «puesta en escena» de la misma. En el discurso oral Bryce no ha encontrado, por fin, una estructura discursiva cerrada y suficiente para cifrar la experiencia de la vida (cosa que el discurso oral por sus propias características no puede ser) sino estrategias para escribir contra la ilusión de *mímesis,* de subvertir las convenciones en las que ésta se apoya en la escritura. Luis Eyzaguirre ha señalado ya que la narrativa de Bryce «se obstina en transformar el orden y sentido de la realidad» (196). Creo que esta observación puede hacerse más específica señalando que la obstinación de la escritura de Bryce, por lo menos con toda evidencia en esta novela, es subvertir aquellos discursos en los que la realidad adquiere un «orden» y un «sentido»: «Todo intento de esquema fue siempre traicionado por la escritura misma... no tengo una concepción de la novela como género literario, tengo simplemente una concepción de la escritura» (Entrevista con Fossey 182).

De acuerdo con una diferenciación propuesta por Wolfgang Iser, es preciso señalar que *La última mudanza de Felipe Carrillo* no es, al igual que la novela de Sterne, una «historia» sino una «Vida». Este tipo de *Vida,* afirma Iser, está en directa oposición con la *historia,* ya que en lugar de integrar todos los eventos en función de su sentido final, expande cada episodio suelto hacia su prehistoria, mostrando que la naturaleza de los eventos es tal que no necesariamente tenían que haber tomado el curso que tomaron. Mientras que la significación de su final orienta la redacción de la *historia,* la *Vida* estalla en lo imponderable.[6]

Las penurias por las que pasa Felipe Carrillo para escribir su vida proceden de su voluntad de capturar el ritmo de la vida cogido en su falta de «causalidad» a pesar de que ésta es la cualidad que asume al ser convertida en relato, en «historia». Una «historia lineal», aquella en que Felipe Carrillo no quiere convertir su experiencia, no se define por el orden en el que se presentan los acontecimientos vividos en el relato sino que lo verdaderamente decisivo es el encadenamiento de éstos de acuerdo a una causalidad. Para Felipe Carrillo es necesario encontrar una forma de narrar que no convierta lo vivido en algo que no fue, en la que la experiencia no asuma una coherencia proveniente de un esquema discursivo:

> ...y no voy a decirles *he dicho* porque ya les dije que, si bien ésta no es una historia interminable, sí es una historia interminablemente triste porque jamás la terminaré con un capítulo sin Eusebia, aunque siga sin Eusebia cuando ponga el punto final del penúltimo capítulo y así, ahora, entenderán ustedes mucho mejor por qué no hubo primer capítulo ni habrá tampoco último, salvo telegrama de Euse en el último instante y porque nunca se sabe, tampoco, señoras y señores, y porque, se los repito: ésta es una

---

6 «This kind of *Life* is in direct contrast to the *history,* for instead of binding all events together in an ultimate meaning, it expands each single incident out into its prehistory, showing that the character of events is such that they need not necessarily have taken the course that they did. While the *history* is drawn together by the meaning of its end, the *Life* explodes into the imponderable» (Iser 3).

historia sin principio ni final, un mundo al revés en que
uno va por lana con Genoveva y su monstruo y sale
trasquilado pero con una Eusebia que lo abriga de pronto
y unos amigos maravillosos que lo fugan a uno y lo acep-
tan con Eusebia... (141)

En la escritura de Felipe Carrillo, la digresión no es una manera de apartarse del argumento lineal, como en la digresión escrita,
sino una manera de hablar contra esa linealidad entendida como
causalidad y defenderse de las restricciones impuestas o los contor-
nos sugeridos por las formas narrativas (cfr. Iser 80):

Colán, año 1983 d. C., aunque para mí fue, antes que
nada, el año del Fenómeno del Niño, y el de la historia de
un amor como no hay otro igual, felizmente, y el año de
Eusebia, que le puso *happy ending* al muy *unhappy
ending* del trío que debía convertirse en dúo pero sin excluir a nadie, y el de los entrañables Jeanine y Eduardo
Houghton, allá en Querecotillo y la hacienda Montenegro,
y sobre todo el año de esa maravillosa historia sin principio ni final que es la de Euse y la mía en la hacienda
Montenegro, porque el mundo fue y será una porquería en
el año 506 y en el año dos mil, según afirma *Cambalache,*
un tango casi mortal cuando siento el cambalache que lle-
vo aquí adentro desde que regresé del Perú con todo lo de
mi morena enjaulado en el alma, demonios, cómo me
corcovea, cómo late lo de la negra y su Felipe *sin* Carrillo, lo de mi mulata y su flaco, su flaquito, lo que allá
viví con tanta fuerza pero que al mismo tiempo se de-
rrumbaba, hacía agua por todas partes, porque no es lo
mismo una palabrota pronunciada por una Jeanine que
una lisurita pronunciada por una Euse, porque yo, allá,
era así, y acá, todo, incluido yo, es asá, como Euse hubiera sido así y asá, allá y aquí, porque Juan Rulfo dijo que
no se puede contra lo que no se puede y porque hasta
Juan Pablo II, al hablar de las tensiones de clases y las
desigualdades sociales en la encíclica *Laborem Exercens,*
sobre el trabajo humano, está asumiendo la contribución
de ese viejo aguafiestas que fue Marx, a quien Engels

mantenía en Londres y se moría de hambre con su mujer de tan alta cuna que ya parecía cama, aunque sin calefacción en el caso de ellos, pobrecitos, también es verdad. (139-140).

La comparación con *Tristám Shandy,* sugerida por el texto mismo, en lo que respecta al uso de la digresión nos abre otras posibilidades para el estudio de la cuestión de la «oralidad» en la obra de Bryce: la de su inscripción en una tradición literaria que se caracteriza precisamente por su «incorporación de estrategias orales» como recurso o alternativa para una buena escritura literaria y, con ello, al asunto de la audiencia anónima a la cual Felipe Carrillo se dirige durante y a través de su escritura para hacer reflexiones sobre este mismo proceso:

> Pero yo, las huevas, *never,* y le pongo esa cara de elefante viudo que me he traído del Perú y me regreso aquí para continuar con la dialéctica de los pro y los contra y a éstos los odio por lo de Nicaragua también y así es la vida y además, ¿saben qué...?
> Adivinen. Sí, dígamelo usted, el de allá al fondo, no, no, el que está mirándome con esa cara de saberlo todo, ¿es usted loquero, por casualidad?, que así les llamaba mi Euse a los que, no siendo curas, curan el alma enferma y esto por la sencilla razón de que a los traumatólogos les seguía llamando hueseros en su mundo de brujos y curanderos de cuando era chiquita, pero algo queda siempre... Pero, a ver, señor, dígame usted lo que ha adivinado sobre mi condición humana en general.
> —Soy español, señor Carrillo, y usted perdonará, pero allá en mi tierra hay un refrán que dice, con su perdón: Quien nace burro, muere rebuznando. (142).

En los consabidos términos propuestos por Wayne Booth hace un buen tiempo ya en *The Rhetoric of Fiction* (1961), Felipe Carrillo convierte en *showing* lo que es *telling,* es decir, «pone en escena» el acto de la enunciación. No obstante, una de las cosas no mencionadas explícitamente por Booth al estudiar las técnicas del *telling as showing,* aunque se puede deducir de su propia argumentación, es

273

que esta técnica de dirigirse al lector, y hasta de representarlo al interior de la ficción, por lo general no tiene como modelo el uso del mismo recurso en la comunicación escrita (como, por ejemplo, en una comunicación epistolar), sino el de la conversación coloquial, como lo muestra el siguiente pasaje, tomado de *Tom Jones* de Fielding, con el que Booth ilustra esta técnica:

> Nos encontramos ahora, lector, en la etapa final de nuestro largo viaje, Ya que, en consecuencia, hemos viajado juntos a través de tantas páginas, comportémonos el uno con el otro como compañeros de viaje en una diligencia, que han pasado varios días en mutua compañía; y quienes, a pesar de las disputas o pequeños enfrentamientos que puedan haber ocurrido en el camino, por lo general se reconcilian al fin y al cabo, y se suben, por última vez, a su vehículo con alegría y buen humor.[7]

En el caso de *La última mudanza de Felipe Carrillo,* el o los interlocutores del narrador-escritor están presentes en el momento de la narración, como en la «conversación» a la que se refería Fielding, y hasta dialogan con Felipe Carrillo de una manera que sería imposible en una situación comunicativa escrita. La «puesta en escena» del acto de narrar está pensada de acuerdo a las coordenadas de la comunicación oral, a pesar de que Felipe Carrillo realiza una enunciación escrita, en la que la enunciación misma es siempre una creación dialógica, es decir, como respuesta a interlocutores que motivan la enunciación aunque sea a través de una presencia silenciosa. Bryce ya había llamado la atención sobre este procedimiento en su narrativa catorce años antes de que Felipe Carrillo lo pusiera en práctica en su propio texto:

---

7 «We are now, reader, arrived at the last stage of our long journey. As we have, therefore, travelled together through so many papes, let us behave to one another like fellow-travellers in a stagecoach, who have passed several days in the company of each other; and who, notwithstanding any bickerings or little animosities which way have occurred on the road, generally make all up ata last, and mount, for the last time, into their vehicle with cheerfulness and good-humour (citado en Booth 216).

Además, siendo mi literatura bastante oral, una narración que yo cuento a un presunto lector, mantengo para mí el derecho a alargarla como se alarga a veces la conversación que es buena y agradable. ¿Y la estructura?, preguntarán sin duda los más. La verdad es que hasta hoy me interesa poco. Me interesa la escritura antes que la estructura. Simplemente poner mi historia oral en el papel» (Entrevista con Bareiro Saguier 78).

En todo caso, la «puesta en escena» del acto de narrar en *La última mudanza de Felipe Carrillo* le exige al lector implícito de la novela de Bryce que desempeñe un rol de «audiencia» (el de narratario del relato de Felipe Carrillo) por el que, para ponerlo en términos de Walter Ong, le es asignado al lector el papel de acompañante cercano del escritor.[8] Esta «escenificación» del acto de la enunciación narrativa, por lo tanto, es la que hace posible esa «complicidad» entre el lector y el narrador que ya se ha señalado acertadamente sobre el estilo de Bryce (Ferreira «Autobiografía» 291). Aunque, si tomamos en cuenta algunas especificidades del rol de audiencia que el texto le propone al lector, haríamos mejor en llamar a esta condescendencia afectiva «solidaridad».

Todos los efectos de «oralidad» en esta novela de Bryce están encaminados, en última instancia, a una misma finalidad: propiciar la ilusión de una aproximación entre el lector y el sujeto de la enunciación alternativa a la habitual distancia que hasta hace poco tiempo era recomendación indiscutible. De la misma manera, la importancia de la digresión como un escribir contra la ilusión de mímesis que reduce la variedad de la vida es inevitablemente una reacción contra una novela «totalizante» que pensó que sí podía escribir la vida en toda su variedad. A pesar de dar muestras de entender que no existe tal recuperación de lo oral a través de la escritura, Bryce no obstante insiste en regresar a una suerte de estructura fundamental del narrar, el acto narrativo original: el de la conversación oral.

---

8 «The reader -every reader- is being cast in the role of a clase companion of the writer» (Ong *Interfaces* 63).

Y, para complicar aún más las cosas, este afán por recuperar en la escritura una historia oral y una manera oral de contarla es entendida por Bryce como un acto de fidelidad a lo que es verdaderamente esencial en la literatura.

Lo que esta contradicción o inconsistencia refleja, así como la generalización indiferenciada de lo oral en que incurre Bryce,[9] es precisamente la noción clásica de la escritura, por lo menos tal como la ha planteado Jacques Derrida en diversas oportunidades. La presuposición básica es que el discurso hablado es exterior al pensamiento y dependiente de él, así como la escritura es exterior al discurso hablado y dependiente de él (cfr. *Os Grammatology* 75-83). El discurso oral, por lo tanto, ha gozado de mayor prestigio puesto que precedería a la escritura y estaría más cerca del pensamiento; pareciera unir significante y significado de una manera absoluta y necesaria, mientras que la escritura es un instrumento imperfecto que altera la pureza del pensamiento original (cfr. *Speech and Phenomena* 77-80). A lo que Bryce «regresa», entonces, es a uno de los mitos fundacionales de la literatura, sino de la escritura en general: la oralidad no puede ser recogida en la escritura pero es el modelo de ésta. En tanto discurso crítico sobre la oralidad en la escritura, *La última mudanza de Felipe Carrillo* tiene la virtud de mostrar con toda evidencia, sino con toda conciencia, que el asunto de la incorporación de la oralidad a la escritura no es una opción por el discurso oral sino por una «vuelta a las fuentes originales» de la literatura, a su inspiración original. Mientras más «oralidad», ilusión de oralidad, estrategias y recursos «orales» haya en la escritura, más «literaria» será ésta. Cabe preguntarse también, como Derrida hace con Rousseau, Lévi-Strauss y Saussure (cfr. *Of Grammatology* 118-140), si no habrá alguna vinculación entre este mito fundacional y otras formas de escritura como, por ejemplo, una\ teoría literaria

---

9 Por lo que respecta a la noción de *oralidad,* Bryce incurre, en otros textos, en generalizaciones discutibles. la «literatura oral» a la que se refiere Bryce constantemente, por ejemplo, es una generalización de distintos tipos de comunicación oral que van desde la conversación coloquial (incluyendo narración y digresión) hasta la música popular que circula en los medios de comunicación masivos. Un texto de enorme utilidad para introducirse también a la variedad de perpectivas que han ido apareciendo para su estudio, es el irremplazable manual de Ruth Finnegan *Oral Traditions and the Verbal Arts.*

cuyo modelo interpretativo procede del análisis discursivo del diálogo (en tanto acto de comunicación oral) o una crítica literaria que encuentra en la recuperación o incorporación de lo oral la legitimación y representatividad de una escritura.

No sólo es imposible regresar a lo oral a través de la escritura sino que, a decir verdad, es la condición que precisamente hay que evitar:

> Muchos casos he conocido de escritores que han sucumbido totalmente a la fatal atracción de contar hablando. Como las prostitutas, no suelen gozar mientras hacen el amor. Y suelen beber copas y dejan la vida en ello y nada detestan más en el mundo que a la gente que los interrumpe con la misma trágica y estúpida pregunta de siempre: «¿Y por qué no escribes eso, si es genial?». («El narrador oral» 57)

Es verdad que la relación amorosa de Felipe Carrillo con Eusebia es una metáfora de la fascinación por la oralidad. De hecho, Eusebia es la personificación de la oralidad. En lo que el lenguaje de uno era para el otro estaba representado todo lo que los separaba y, por eso mismo, los atraía: «Y, de hecho, nos las decíamos, aunque lo malo era que ni ella captaba nada de lo que yo le quería decir ni yo le entendía a ella ni papa tampoco» (174). Felipe Carrillo se enamora de ella, en otras cosas, por y a través de su lenguaje. Eusebia y su oralidad son el objeto del deseo. Pero, por otra parte, así como Felipe Carrillo no puede renunciar a todo para quedarse con Eusebia, Bryce no puede renunciar a la escritura, no debe hacerlo: «Y al caer ellos [los narradores orales] en la atracción fatal de contar historias en vez de escribirlas, al caer en l goce triste de lanzarlas a los cuatro vientos con el más grande desinterés, también nosotros los perdemos» («El narrador oral» 57).

Bryce comparte con otros textos de la narrativa peruana, como *Canto de sirena* (1977) de Gregorio Martínez y *El hablador* (1987) de Mario Vargas Llosa, la nostalgia por el «origen» oral ahistórico de la literatura, simbolizado en el «cuentero» o *storyteller*. Pero *La última mudanza de Felipe Carrillo* se distingue de ellas por su cinismo, es decir, por mostrar que tal nostalgia es una marca de «literariedad». En lo que sí no hay cinismo alguno sino aceptación del desarraigo y las diferencias de clase es en sustituir la representación de la oralidad de Eusebia por la propia. Si de algo no podemos acusar a Bryce es de haber confundido distintas realidades con el mismo término. Felipe Carrillo está dolorosamente consciente de que, aunque atractiva, la oralidad de Eusebia no es la suya. Su conciencia de clase («ese viejo aguafiestas que fue Marx», Diría Felipe carrillo) y su desarraigo europeo se lo impiden.

El latinoamericano en Europa, en cambio, vive una experiencia de transculturación percibida por el propio sujeto como una de desarraigo. Su soledad parisina justifica el afán por una identidad latinoamericana que encuentra, forzadamente hay que decirlo, en su oralidad (los modos discursivos del discurso oral, cierta variantes del habla coloquial limeña, la jerga, los refranes) y en la música popular de los boleros, tangos y valses que «sólo a los latinoamericanos nos puede decir tanto» (44). En todo caso, lo cierto es que su escritura es, evidentemente, resultado o respuesta a una experiencia de transculturación. Tal vez como la Eusebia rememorada por Felipe Carrillo en la soledad de su última mudanza en París, la «oralidad» en cierta literatura hispanoamericana no es más que un sustituto de aquella que sólo se quiere como objeto del deseo y una «presencia» inventada por la escritura para que el escritor no se quede solo.

Obras citadas

Booth, Wayne. *The Rhetoric of Fiction*. Second edition. Chicago: University of Chicago Press, 1983.

Bryce Echenique, Alfredo, «Entrevista con Alfredo Bryce Echenique». Con Jean Michel Fossey. *Galaxia latinoamericana*. Las Palmas de Gran Canaria: Inventarios Provisionales Eds., 1973: 197-219.

—. «Entrevista con Alfredo Bryce Echenique». Con Rubén Bareiro Saguier. *Hispamérica* 6 (1974): 77-81

—. *La vida exagerada de Martín Romaña*. Barcelona: Argos Vergara, 1981.

—. «Cuando 'uno escribe para que lo quieran más': Entrevista con Alfredo Bryce». Con César Ferreira. *Dactylus* 8 (1987): 8-12.

—. *La última mudanza de Felipe Carrillo.* Barcelona: Plaza y Janés, 1988.

—. «El narrador oral». *Oiga* 5 de febrero de 1990: 56-57.

—. *Dos señoras conversan.* Barcelona: Plaza y Janés, 1990.

Chafe, Wallace. «Integration and Involvement in Speaking, Writing, and Oral Literatura». En *Spoken and Written Language: Exploring Oralily and Literacy.* Ed. Deborah Tannen. Advances in Discourse Processes 9. Norwood, New jersey: ABLEX, 1982. 35-53.

Derrida, Jacques. *Speech and Phenomena.* Evanston: Northwestern University Press, 1973.

—. *Of Grammatology.* [1964] Trad. Gayatri Chakravorty Spivak. Baltimore: Johns Hopkins University Press, 1976.

Eyzaguirre, Luis. Reseña de *La última mudanza de Felipe Carrillo* de Alfredo Bryce Echenique. *Hispamérica* 53/54 (1989): 195-202.

Ferreira, César. «Autobiografía y exilio en la narrativa de Alfredo Bryce Echenique». Disertación presentada a la Universidad de Tejas en Austin, 1991

—. «Bryce Echenique y la novela del posboom: lectura de *La última mudanza de Felipe Carrillo*». *LA CHISPA '93 Selected Proceedings.* Ed. Gilbert Paolini. Nueva Orleans: Tulane University, 1993: 84-91.

Finnegan, Ruth. *Oral Traditions and the Verbal Arts: A Guide to Research Practices.* London: Routledge, 1992.

Gee, James Paul. «Orality and Literacy». *Journal of Education* 17.1 (1989): 39-60.

—. «The Narrativization of Experience in the Oral Style». *Journal of Education* 17.1 (1989): 75-96.

Genette, Gérard. *Narrative Discourse: An Essay in Method.* Ithaca, Nueva York: Cornell University Press, 1980.

Iser, Wolfgang. *Laurence Sterne: Tristam Shandy.* Cambridge: Cambridge University Press, 1988.

Martínez, Gregorio. *Canto de sirena.* Lima: Mosca Azul, 1977.

Ong, Walter, *Interfaces of the Word.* Ithaca: Cornell University Press, 1977.

—. *Orality and Literacy: The Technologizing of the Word*. Londres y Nueva York: Methuen, 1982.

Sterne, Laurence. *Tristan Shandy*. Ed. Howard Anderson. New York: Norton, 1980.

VII

DOS SEÑORAS CONVERSAN

DOS SEÑORAS CONVERSAN Y LAS LECCIONES DE BRYCE

Daniel Córdova Cayo

Del Perú de ayer y de hoy, de la elite en decadencia con su admirado Miami, de la Cerro de Pasco Copper Corporation clavada en el centro de nuestro mapa, de intelectuales peruanos chupando y recordando en el extranjero, de la contradictoria ingenuidad de alguna izquierda de fines de los setenta... Una vez más encontramos en Bryce Echenique, cuando nos sitúa en estos escenarios, una simple y aguda visión de la historia reciente del Perú, apreciada desde un punto de observación ubicado en el submundo burgués limeño.

Pero también de la complejidad de la naturaleza humana que nos sorprende siempre por la enorme diversidad en carácter, en sentido moral y en inteligencia que puede haber entre individuos de idéntica educación y hasta de idéntico destino. De la entereza posible en algún personaje que forma parte de una organización inescrupulosa. Y, por supuesto, de la amistad, de los afectos sinceros opuestos a lo huraño, a lo arisco. De todo ello y de mucha más tratan las tres breves historias compiladas bajo el título de la primera de ellas, «Dos señoras conversan».

La incursión de nuestro autor en la novela corta puede marcar el inicio de una nueva etapa en su obra, la de una madurez durante la cual, para nuestro deleite, nos podrá bombardear de historias de las que el análisis de lo social y de lo individual se combinan con verdad y humor. Todo ello casi sin que nos demos cuenta, por la elegancia de su estilo y por su capacidad para divertirnos con las situaciones más trágicas.

Es frecuente en el Perú que los escritores nos enseñen a comprender la historia mejor que los «científicos sociales». Lo ha subrayado implícitamente Alberto Flores Galindo recurriendo a Arguedas, por ejemplo, y ha parafraseado a Sartre para manifestarlo explícitamente proponiendo la historia total como método: «Yo pensaba que si la verdad es una, es menester, como ha dicho Gide de Dios, no buscarla en ningún lugar que no sea en todo. Cada producto social y cada actitud, la más íntima, la más pública, encarnan alusivamente esa verdad. Una anécdota refleja toda una época lo mismo que una Constitución Política». Las tres novelas escritas por Bryce en 1990 no sólo están impregnadas de aquella «historia total». Más importante aún es su análisis de la psicología individual.

Dos señoras conversan

En el primer relato, Bryce escapa de su habitual personaje (Julius, Pedro, Martín, Felipe) para dedicarse enteramente a la contemplación. Dos viejas pitucas, más viejas que las pitucas de Alfredo (el caricaturista), viven de recuerdos y de diarias y falsas copitas de Bristol Cream, en la Lima de inicios de los ochenta.

Las dos hermanas Foncuberta, «viudas las pobres de los hermanos Juan Bautista y Luis Pedro Carriquirí», convergen por la añoranza de la República Aristocrática, adorando formalmente la imagen de su papacito. Pero divergen porque Carmela es una vieja arisca, bruta y autoritaria, y Estela, por el contrario, es simpática y en extremo tímida.

Estela demostrará siempre, sutilmente, que Carmela es «corta de entendederas», pero muerta de miedo lo negará cada vez que se hace evidente: «Pero si la más inteligente has sido siempre tú Carmela. Acuérdate que eso nos lo enseñó nuestro papacito desde que éramos chicas: tú siempre ibas a ser la más inteligente porque siempre ibas a ser la mayor de las dos». Y para calmarla le cambiará de tema: «Qué linda era Lima entonces ¿no?»

En aquel mundo oligárquico de antaño la rebeldía individual existió siempre. Se trataba de personajes sensibles como la madre

de las señoras, quien le hizo una broma de heces al presidente
Benavides, y terminó loquita (es decir hiperlúcida) o como Luis Pedro Carriquirí, quien murió de infarto en el lecho de su amante. Rebeldía adecuadamente reprimida por los más beatos, cucufatos y ra-
cistas, los que llevaban las riendas.

Ahora ya no es lo mismo. Ya no se consiguen sirvientes de
Cajamarca («hasta blancones y educadísimos»). Los respectivos hijos de las señoras están en Miami muy ocupados en sus pequeños
negocios. Estos, a pesar de ser muy diferentes (el bacán avezado y
el gordito bonachón), se quieren como hermanos. No como sus padres, hermanos de verdad, quienes no se dirigieron la palabra desde
jóvenes y hasta la muerte, a pesar de que durante décadas, maneja-
ron grandes negocios y compartieron amicales reuniones en el Club
Nacional. El hijo de Juan Comunión-hijo ya no es el negro criollo
chofer de la familia, como le hubiese correspondido: entró a la universidad y se volvió terrorista. Susana Mendizábal, secretaria debe
ser, porque a pesar de su gran afecto por los primos Carriquirí
Foncuberta, no soporta estoicamente la dictadura de la vieja de eme
de Carmela. El Perú ya no es el de antes.

Un sapo en el desierto

Regresa el hipersensible personaje de Bryce, hijo de buena familia, bajo el nombre de Mañuco Cisneros. Ahora está en Austin,
Texas, como profesor invitado. Está chupando cerveza Budweiser
con buenos y nuevos amigos hispanos, en «The Tavern», alias el bar
«La Cucaracha». Les cuenta la historia de una especial amistad que
hizo en la adolescencia con una pareja de gringos especiales, Don
Pancho Malkovich (de complicadísimo origen croata-austro-húngaro-
italiano, con Primera Guerra Mundial) y su esposa Sally.

Don Pancho tenía un cargo importante en la Cerro de Pasco
Copper Corporation. Era un gran tipo. Apreciaba la comida criolla y
el chifa, el buen trago, la ópera italiana, y fumaba Inca, «que sí era
yanqui, pero que no era yanqui del todo, otra vez. No sé cómo explicarlo, pero digamos que había algo de Trieste y de ópera italiana en
todo el asunto».

Un acto de honestidad realizado por Mañuco a los quince años es el origen de su rara amistad con la pareja cincuentona. Mañuco es adoptado por Pancho y Sally, quienes lo invitan a Cerro de Pasco varias veces. En cierto medida éstos compensan la ausencia de su hijo, que les salió con vocación piloto de guerra, ansioso de bombardear Corea o Vietnam. Es decir, muy diferente a ellos y a Mañuco: *un clin d'fiil* entre tantos para mostrarnos la irracionalidad de la naturaleza humana. Evidentemente, Mañuco debe inventar ante sus padres que quienes lo invitan son los padres de un cómplice amigo del colegio, porque «para mi viejo toda aquella amistad entre un hombre de su edad y yo, sólo podría ser fruto de la mariconería de un gringo sinvergüenza». Entre litros de Budweiser, Mañuco, el profesor de literatura peruana en Austin, les cuenta a sus amigos con esa habilidad que le permite a Bryce aventarnos cien años de historia a partir de la letra de un valsecito criollo, su historia con don Pancho, a quien quiere visitar ahora, veinticinco años después. Mañuco lee y juega «sapo» con don Pancho en Cerro de Pasco, pero también observa. Es la historia de una amistad profunda pero también la de uno de los pedazotes de tierra que el Perú puso a disposición de los Estados Unidos para colaborar con su desarrollo.

«Yo siento que las novelas de Scorza y la historia de don Pancho se complementan señores ¿cómo decirlo? A veces me parece que Scorza y yo hubiéramos vivido a uno y otro lado de la reja electrificada que separaba dos mundos», declara Mañuco. Dos mundos incompatibles bajo aquellas condiciones de explotación. Don Pancho pagó el pato de su inocente entereza. Cuando la revuelta, los mineros le dan una paliza a él, que había tratado sin éxito de «humanizar» aquella explotación. Se quedó hasta el final, como el capitán de un barco, y los bastardos de sus colegas yanquis -porque don Pancho y Sally eran humanamente marginales en aquel grupo- huyeron sin preocuparse de su suerte.

Sí, pues, desde el otro lado de la reja puede uno darse cuenta de que la historia social es también la historia de los individuos, y de que por lo tanto no es tan simple. Evidentemente, un gringo así puede terminar jodido y autoexiliado en su propio país, perdido en medio de un desierto, con el «sapo» de sus tardes con Mañuco abandonado en el patio trasero de su casa. Jodido, sobre todo si su hijo se ha convertido a una de las cuchucientas iglesias integristas de los Estados Unidos, y no le quieren dar vino tinto, ni chile con carne bien picante, «con arroz, como en el Perú».

Los grandes hombres son así. Y también asá

Un irónico pero efectivo análisis de las contradicciones psicológicas y de la histórica ingenuidad, cargada de buenas intenciones pero ingenuidad al fin y al cabo, de un hombre de izquierda en el Perú, a fines de los setenta.

Una gran amistad une a Santiago, el personaje típico de Bryce, y a Raúl, un joven y avezado dirigente de una fracción producto de «las nuevas divisiones en el seno de la contradicción FEP y FIP», opuesta a la tendencia ONUC (y qué importa en quién se haya inspirado Bryce). Como en «Dos señoras conversan», resalta el contraste de personalidades entre dos individuos educados en el mismo medio. Tienen en común, aparte de Eugenia y su propia amistad, la infancia en el Inmaculado Corazón. Pero la diferencia de caracteres, como suele suceder, se dibujaba desde aquella época.

Santiago, como Mañuco y los otros, es aquel tímido y agudo observador, que -esta vez- carga desde la infancia con un problema que busca resolver con la ayuda de Raúl: le tiene espanto a las arañas. Raúl fue desde primaria el guapo líder, campeón innato, aunque no abusivo, como un buen héroe. Era entonces casi lógico, en los años sesenta, que de católico devoto se convirtiera en marxista-leninista, para así satisfacer su instinto heroico motivando «la transformación radical que la sociedad peruana necesitaba a gritos: la conquista del poder político y económico por el proletariado y por Raúl».

Raúl se encuentra en la clandestinidad cuando Santiago llega de París. Debían verse después de la muerte de Eugenia, esposa de Raúl e «ídolo bis» de Santiago. Es la época de la Constituyente, en la que el paro de 1977 había anunciado la inminencia de la revolución. Habían quedado en hacer juntos un viaje a la selva para que Santiago terminase de una vez por todas con su problema de las arañas y para hablar de Eugenia.

Sin embargo, desde el velorio de ésta Raúl había iniciado la conquista de otra amiga de la infancia, la riquísima Nani Peters («los caballeros las prefieren pelirrojas y lindas y ellas los adoran marxistas leninistas), recién llegada de Suiza, y bautizada «La Nana», *gauchisme oblige*. Finalmenté, una mujer de puta madre. En consecuencia, el viaje no fue como Santiago esperaba, porque Raúl, como en el recreo treinta años atrás, estaba concentrado en su rol de héroe, activando las bases de Tingo María.

La riqueza de los personajes y la connotación que encierran son remarcables porque son verdaderos. Desde Luchito Camino (el nombre no pudo ser mejor), amigo de Nani, a quien sólo le interesa su maderera en la selva y es capaz de correr riesgos por los buenos amigos, hasta Oscar, el marino buena gente, que los invita nada menos que a la base, la guarnición Estrecho Río Napu.

Lo irrisorio de esa clandestinidad política llega aquí a su límite. «Santiago soltó la carcajada y miró a Raúl como diciéndole que era el clandestino más desconocido del mundo, bien-hecho». Y «Raúl terminó comiendo hasta con los altos mandos, interesándose por el trato que se le daba a los marineros: «Pero el colmo de los colmos fue que algunos oficiales, maravillados con la gran capacidad de organización que había demostrado Raúl, le pidieron que asistiera a una reunión con motivo de las próximas fiestas de la base». «...Nani Peters y Santiago asistieron con él, en prueba de su total solidaridad con el compañero en desgracia, y vieron cómo éste, con verdadera hidalguía, hizo gala de una gran serenidad, de un enorme coraje en la adversidad, y dejó los próximos festejos de la guarnición perfectamente bien preparados en los rubros referentes a los gastos, música, seguridad, menú y otros pormenores más».

Pero una tal ironía no puede ser real sin ser imparcial: a la llegada a Tingo María, Raúl fue reconocido por el compañero León de Huánuco (inmediatamente después de haberse quitado una de las setecientas pelucas rubias donadas por la China Popular). Fue reconocido también en el avión de regreso a por un exministro del Interior que lo había torturado una vez, aterrado porque Raúl fue invitado a la cabina del Focker y «este comunista de mierda es capaz de cualquier cosa. Recen, por favor». La ridiculez del anticomunismo (sinónimo explícito de racismo para nuestra elite económica) es graciosamente presentada en boca de la madre de Santiago: «Porque estoy completamente segura de que todo ese viaje a la selva que andan preparando con el tal Raúl, no es sino un pretexto para complotar contra el general decente Francisco Morales Bermúdez, que por fin nos libró del impresentable chino Velasco, un cholazo que entró al ejército de soldado raso y al que ni un millón de galones de condecoraciones le enseñaron a hablar bien el castellano».

La capacidad de Bryce para ironizar sobre los revolucionarios de su generación, sin caer en el mal gusto de tomar el partido contrario, la habíamos encontrado en *La vida exagerada de Martín Romaña*. Allí son los mocasines de los izquierdistas que planean la revolución desde París a fines de los sesenta, los que delatan el arribismo de aquellos que regresarían a trabajar con burguesa panza en algún ministerio; aquellos conchudos personajes que con cara de camaradas eran capaces de violar la intimidad -»privada» por definición- de un reaccionario de mierda, aprovechando de su amistad por supuesto. Acá el asunto no es tan simple, porque el pituco que se volvió marxista-leninista es consecuente. La entereza moral, que es lo más importante en el individuo, es discutible en éste. No obstante, el problema de lucidez es similar.

Desde los años sesenta, Bryce supo situarse por encima de la moda ideológica y analizar, desde un punto de vista auténtico, las contradicciones entre la actitud individual y el compromiso político afichado, la oposición entre el carácter utópico de algunos sueños y la complejidad de la realidad, los límites intelectuales de posiciones «ideológico-religiosas».

A diferencia de otros, Bryce nunca se ha visto en la necesidad de cambiar abruptamente de óptica (de la izquierda radical al liberalismo virulento, por ejemplo), sin dejar de evolucionar como un crítico implacable. Es, tal vez, la diferencia esencial entre alguien que buscó pensar, crear y vivir feliz -y nos sedujo automáticamente-, antes que cómo pensar y cómo crear, para seducir, ser querido y admirado y en consecencia ser feliz. La sed de poder antepuesta a la pasión de crear se delata cuando un intelectual cambia de principios (y no únicamente la forma de aplicarlos) de manera radical. Ello significa sobre todo que nunca pensó por él mismo, que se adaptó al ambiente ideológico reinante, que no fue capaz de tomar la distancia necesaria.

La grandeza de un escritor, como la de todo intelectual, no es ajena a la del personaje que lo encarna. La grandeza de la obra de un intelectual, sea éste pintor, escultor, escritor o economista, se aprecia por la constancia y por la coherencia de sus sucesivos trabajos. Alfredo Bryce Echenique es, creo, el más grande escritor peruano contemporáneo.

[*Quehacer* 75, Lima, enero-febrero 1992: 106-111].

LA ESCRITURA ORAL DE BRYCE ECHENIQUE

Rafael Conte

Como buen humorista, Alfredo Bryce Echenique no sólo nos hace reír: sus lectores experimentamos ya desde *Un mundo para Julius* (1970) -su primera novela- ese brutal empujón hacia la sonrisa que la prosa de este escritor impone siempre de manera apremiante; al final, en *La vida exagerada de Martín Roma*ña (1981) nos hacía llorar hasta la exasperación, de tan dolorosas como eran las carcajadas. Desde el principio supimos que era un escritor desbordado, al que se le acumulaban sucesos y personajes , vueltas y revueltas, obsesiones y fulgores que chisporroteaban en todas las direcciones, como si las medidas le fueran concedidas para ser rotas. Y así, desde las instantáneas de sus cuentos -con tres libros, *Huerto cerrado*, *La felicidad, ja, ja* y *Magdalena peruana*- hasta sus grandes novelas, siempre alargadas pero que siempre terminan demasiado pronto, lo característico en Bryce Echenique es que lo mezcla todo, lo trágico y lo cómico, el dolor y la risa, la desmesura y el matiz, lo personal y lo colectivo, y así sucesivamente.

Y ahora, tras convencernos de que es un espléndido cuentista y un gran novelista, aborda un género más complicado, menos claro, poco frecuentado además entre nosotros, el de la novela breve, que siempre oscila entre el cuento alargado y la novela comprimida, y sale otra vez triunfador del empeño.

A veces, leyendo los libros de este singular escritor, recuerdo una frase de aquel gran humorista injustamente olvidado, Wenceslao

Fernández Flórez (a quien siempre habrá que volver), quien hizo decir a un personaje llorón en sus *Visiones de neurastenia*: «Lloré tan a gusto que me daban ganas de reír».

Pues bien, el caso de Alfredo Bryce Echenique es posiblemente su antípoda y contradictorio, ya que nos hace reír tan espasmódicamente que a veces nos dan ganas de llorar. Es entonces -como siempre pasa con el humor cuando lo es de verdad y se separa definitivamente de todas sus trampas y ambigüedades- cuando el escritor se levanta sobre sí mismo, desborda su irreprimible humor universal y accede al terreno de la gran literatura, y todo se nos aparece como escombro y destrucción. Y, sin embargo, allí lejos, frágil y leve, sigue brillando una lucecita que acaso sea de esperanza, por si alguien quiere aferrarse a ella.

Los narradores peruanos de esta segunda mitad del siglo XX, tan estrechamente ligados al renacer de la novela latinoamericana de hoy, suelen verse clasificados según sus escenarios y tonos. A Vargas Llosa se le acusó de desconocer la sierra -y nos dio su fallida *Historia de Mayta*-, a Scorza de no salir de ella, y se fugó con *La danza inmóvil* antes de desaparecer, y a Bryce Echenique se le etiquetó como limeño y ya vemos lo que ha pasado, que escapó en todas las direcciones hasta París, el sur de Francia o España, en sucesivos viajes de ida y vuelta. A Vargas Llosa le prohibieron salir del Perú y edificó *La guerra del fin del mundo*, le dijeron que no conocía a los indios y fabricó *El hablador*, también que carecía de sentido del humor y levantó *Pantaleón y las visitadoras*. A Bryce se le ha acusado de no salirse de su inicial pacto autobiográfico desde *Julius* hasta *La última mudanza de Felipe Carrillo*, y no digamos del díptico escrito en un sillón Voltaire pasando de la historia de *Martín Romaña*, ya citada, a la de *El hombre que hablaba de Octavia de Cádiz*, que es la otra cara de la anterior. Y ahora llega con estas *Dos señoras conversan*, y cada una de las tres historias que la componen se van por su propio lado, de Lima a Cerro de Pasco, a los Estados Unidos, o a la selva de Iquitos otra vez, porque hay que seguir rompiendo. La sierra es tan horrible como Lima, y además se nos presenta plagada de norteamericanos y recordada desde Estados Unidos, y la selva, como siempre, está repleta de arañas venenosas que pueden llegar hasta París. ¿Ha desaparecido el tan cacareado pacto autobiográfico? Las dos señoras casi agonizantes que circulan por la primera de estas tres novelas recordando su paraíso perdido así podrían hacerlo suponer, pero sigo sin estar seguro de ello. Surgen en pie, y con un relieve excepcional, del mundo tradicional del escritor, del más originario, el de *Julius*, componiendo una fábula tan divertida y satírica como nostálgica y poética. Quizá es la mejor de estas tres historias, la más unitaria y ceñida, la más certera en suma. Aquí el escritor se mueve como pez en el agua, como en su líquido amniótico, y las vivencias personales no deben estar demasiado lejos, a pesar de la aparente e implacable objetividad del relato. *Un sapo en el desierto*, la segunda de estas historias, viene contada por uno de sus personajes mismos, en un alarde de esa «oralidad» que tiñe desde siempre toda la literatura -habría que decir la escritura, aunque suene raro esa expresión de «escritura oral» que titula esta página- de Alfredo Bryce Echenique. El relato es tremendamente divertido una vez más, hasta explosivo, como sucede en este autor, pero acaso el retrato del ingeniero norteamericano perdido en las altas sierras peruanas -extraviado más bien, según la pedagogía implícita de ese escritor de tan insólito y personal izquierdismo que es Bryce- resulte levemente desvaído: sólo conocerá el infierno, o acaso algo que es peor, el limbo, en su final retiro estadounidense. Aunque no hay que olvidar que el centro de la historia reside en quien la cuenta, no en lo que cuenta, y que así es otra vez un relato de iniciación pues si no estamos perdidos.

Estas tres novelas de casi un centenar de páginas cada una han sido escritas en tres meses consecutivos de esta misma primavera. La tercera es la más terrible, la más inverosímil también, y aunque no está exenta de ambigüedades -pues podría ser una nueva historia, puesta en solfa, del fallido *Mayta* de su colega Vargas Llosa-, Bryce Echenique lo salva todo con su especial ternura que nunca quiere decir su nombre, un sentimiento que se filtra a través del absurdo y del exceso, de la exageración, pero que niega todo sentimentalismo al uso. *Los grandes hombres son así. Y también asá* es un retrato terrible de un paródico revolucionario peruano donde se advierte a posibles tentadores que todos los ídolos no solamente no crecen nunca, sino que no dejan que nada crezca a su alrededor. Un aviso para navegantes, con la risa en el estómago -eso que no se puede reprimir- y la ternura en las formas. Una ternura que se derrama por todas partes, en la habilidad de una palabra hablada que parece surgir de todos los rincones, que aborda múltiples puntos de vista en la misma frase y que hace sospechar que el escritor cuida su texto con tanto mayor rigor cuanto más espontáneo parece. Esta trilogía, menos dispar de lo que aparenta, desemboca en un placer que tampoco oculta el pensamiento, como debe ser para no poder resistirse a su lectura.

[«Los Libros» de *El Sol*, Madrid, 21 de diciembre de 1990: 3]

ALFREDO BRYCE: TRES HISTORIAS NOSTÁLGICAS

Ricardo González Vigil
Pontificia Universidad Católica del Perú

Luego de dominar el cuento (*Huerto cerrado, La felicidad, ja, ja* y *Magadalena peruana*) y la novela (*Un mundo para Julius, Tantas veces Pedro, La vida exagerada de Martín Romaña, El hombre que hablaba de Octavia de Cádiz* y *La última mudanza de Felipe Carrillo*), Alfredo Bryce Echenique nos entrega un notable tríptico de novelas breves, bajo el título de la primera de ellas: *Dos señoras conversan* (Barcelona, Plaza y Janés, 1990).

A medio camino entre el cuento y la novela (la extensa, la que en francés se denomina *roman*), la novela breve (en francés *nouvelle*) no ha sido muy frecuentada en las literaturas occidentales, en comparación con las formas polares con las que colinda.

El tríptico de Bryce, a pesar del exceso grotesco en que cae el temor a las arañas en «Los hombres son así...», ha sido resuelto con maestría artística, especialmente esa joya titulada «Un sapo en el desierto». *Dos señoras conversan* puede reclamar un sitio al lado de las novelas breves de José Donoso, Carlos Fuentes, Gabriel García Márquez, Adolfo Bioy Casares, Manuel Mujica Láinez, Marco Denevi, Ernesto Sábato, Juan Carlos Onetti, Ciro Alegría y Mario Vargas Llosa.

Lo bueno de la novela breve es permitir que Bryce emplee su aliento de novelista (más acorde a su sensibilidad que el aliento contenido del cuentista), pero lo obliga a la concisión. La mesura beneficia a su estilo desmesurado; lo torna más sólido y sugerente, respetando siempre (Bryce no puede escribir sino *como* Bryce) su ritmo envolvente y obsesivo. Aclaremos que la conciencia creadora de Bryce nos parece muy alta. Lo era desde un comienzo, y llegó a la madurez con el díptico *Cuaderno de navegación en un sillón Voltaire*. A continuación veremos algo de esa conciencia creadora en el tríptico *Dos señoras conversan*.

Expliquemos por qué *Dos señoras conversan* es un tríptico, y no una mera reunión de tres novelas sin vasos comunicantes entre sí. Se yergue como una construcción verbal meditada en tanto conjunto:

1. Abarca las tres grandes regiones del Perú, conforme la división tradicional: La Costa, en «Dos señoras conversan»; La Sierra en «Un sapo en el desierto»; y la Selva en «Los hombres son así...». Todo lo cual nos remite al gran precedente de las «Tres historias sublevantes» de Ribeyro, siendo muchas las diferencias: a) Unicamente la historia que dedica Bryce a la Costa transcurre en esa región de principio a fin; las otras dos muestran a los protagonistas en Lima y fuera del Perú también. Obviamente, Bryce escribe desde una mirada urbana, capitalina o cosmopolita. b) Ribeyro retrata personajes del pueblo, mientras que Bryce se mueve con los que conoce muy bien: la clase alta y la clase media o baja en tratas con la alta. c) Ribeyro no usa el humor en «Tres historias sublevantes», sino un realismo (casi un neo-realismo) sobrio pero agobiante. d) Bryce menciona las tres regiones, pero no describe el paisaje respectivo, como hace Ribeyro. Hermosamente Bryce reconoce que sólo le afecta el paisaje humano: «el paisaje era humano, antes humano que nada, proyección de sí mismo (...) sería el espacio en que él y todos aquellos amigos se habían movido, la zona en que se habían escuchado y mirado, en que habían actuado y habido, una irradiación de sus propias personas, convertida en geografía de recuerdos»

2. En las tres novelas Bryce incide en la dependencia que padece la sociedad peruana respecto de Estados Unidos (y, en menor medida, Europa occidental). Frente a ello, el no entender y el despreciar a la masa indígena y a la ebullición popular a lo largo y a lo ancho del país. En verdad, Miami parece la única región habitable

para los burgueses peruanos de las últimas décadas; o, si no, Austin o París. Y el Perú que se hunda...; basta añorarlo bajo el sabor de un cebiche o al ritmo de una marinera.

3. Si la denuncia, ubicada en el presente, era medular en «Tres historias sublevantes» de Ribeyro, en el caso de Bryce estamos ante tres historias nostálgicas, recreadas en torno de una conversación («Dos señoras conversan»), un relato a amigos («Un sapo en el desierto») o varias conversaciones con el apoyo de diarios íntimos («Los hombres son así... «). Se zarpa tras una Lima que ya se fue («Dos señoras conversan»), un «héroe de adolescencia» asumido como figura paterna («Un sapo en el desierto») y la pareja formada por un «ídolo» y una mujer «inaccesiblemente bella» («Los hombres son así...»). Además, soterradamente las dos señoras quieren aniquilarse entre ellas, una en forma física y la otra con sutileza sardónica («Dos señoras conversan»)mientras que, en las otras dos novelas Mañuco y Santiago quieren arreglar cuentas con su falta de compromiso con la realidad peruana.

4. La nostalgia culmina en la tristeza y la frustración, en la inutilidad de la ilusión, la ternura (se habla de una «herida de la ternura»)y el amor para restañar los «heraldos negros» de la existencia.

5. Lo psicológico y la esfera privada de la familia y la amistad priman sobre lo social e histórico, a diferencia de «Tres historias sublevantes». Empero, no se omite claras menciones de los cambios experimentados por el Perú, desde las reformas implementadas por el general Velasco hasta el terrorismo actual. Se condena sutilmente la injusticia del sistema capitalista, así como la marginación cultural y racial, conforme ocurre en todos los libros de Bryce. Al narrar el levantamiento contra la Cerro de Pasco inclusive se alude a la saga novelesca de Manuel Scorza (pp. 137-138). Recordemos que Ribeyro escribió sus historias sublevantes al calor del sueño revolucionario de fines de los años 50 y comienzos de los años 60 (luego Ribeyro abandonaría ese tono); Bryce ha escrito las suyas a más de veinte años del Che Guevara y el mayo parisino, en plena perestroika y poco después de la caída del muro de Berlín.

[Suplemento Dominical de *El Comercio*, Lima, enero de 1991]

VIII

A VUELO DE BUEN CUBERO Y OTRAS CRÓNICAS, CRÓNICAS PERSONALES Y PERMISO PARA VIVIR (ANTIMEMORIAS)

BRYCE, CRONISTA

César Ferreira
University of North Texas

Alfredo Bryce Echenique tiene ya un lugar bien merecido en la literatura hispanoamericana contemporánea con sus novelas y sus cuentos. Pero, paralelamente a su producción ficcional, su labor periodística también ha sido prolífica y, sin duda, no menos interesante. *Crónicas personales* (Barcelona, Anagrama, 1988) da cuenta de la intensa labor que el autor de *Un mundo para Julius* ha desarrollado a lo largo de más de veinte años en el periodismo. Los 26 textos que componen el volumen de *Crónicas personales* son, en realidad, una versión corregida y aumentada de un primer libro, que apareció en 1977 con el título de *A vuelo de buen cubero*. Con una escritura siempre amena, plena de oralidad, ternura y desenfadado humor, Bryce confiesa, desde un principio, que «sólo puede llegarse a una objetividad total mediante una subjetividad bien intencionada.» Y es esa subjetividad la que aprovecha el autor para introducirnos en un mundo rico en anécdotas y peripecias verbales, donde el afán ficcional a ratos parece querer imponerse sobre la realidad que se describe.

Dividido en cinco secciones, el libro se abre con cinco crónicas, producto de un viaje que el escritor realizara por el «deep south» de los Estados Unidos a mediados de la década de los setenta. Su extenso anecdotario confirma la presencia de un curioso *voyeur* de la realidad norteamericana que deambula por ciudades teñidas de imágenes bellas y novedosas, en las que la literatura y el azar comparten siempre un espacio común. Pero son tantas las imágenes que nos regala Bryce entre Virginia y Nueva Orleans, que en determinado momento él mismo se pregunta «¿Cuántos Estados Unidos hay?» La pregunta no es gratuita, pues si la imagen tradicional del país del norte es la de la opulencia y de las historias con finales felices, según los grandes mitos del cine norteamericano, Bryce nos hace saber que esos mitos también tienen su contraparte en la realidad cotidiana. Si no, que le pregunten a William Faulkner.

En «Semblanzas, recuerdos y retratos», Bryce comparte sus personalísimas versiones de cinco escritores latinoamericanos contemporáneos: Cortázar, «un escritor que sabía despertarle vida propia a las palabras»; Borges, «Nuestro Homero»; Ribeyro, con quien compartió tantos años de literatura y buena charla en París; García Márquez y la celebración de su premio Nobel; y una singular semblanza de Vargas Llosa, donde Bryce -dizque «artista adolescente»- no puede más con su genio y acaba también por retratarse al lado del gran novelista peruano. Y es que si hay una constante en la escritura de este libro, es la marcada presencia de un «yo» autorial que siempre busca añadirle a lo narrado una pequeña dosis de complicidad para acercarse cada vez más al lector.

París y la experiencia francesa tampoco podían faltar en un volumen como éste. Para Bryce, París es una y muchas ciudades a la vez: es el París de mayo del 68 que le tocó vivir; es el París felliniano de sus restaurantes; el París apático de los domingos, pero, sobre todo, es el París hemingwayano, lleno de bohemia y de buena literatura. «De que París es la ciudad más bella del mundo, ¿a quién le podría caber duda alguna?», dice el escritor. Y aunque a ratos también es consciente de que existe un París pequeñoburgués detestable, lleno de perritos y de porteras chismosas, tampoco olvida Bryce, en «El París que yo viví» -uno de los textos más bellos del volumen-, que París es «la ciudad que le enseñó a escribir.» Para ello, basta abrir las memorables páginas de *La vida exagerada de Martín Romaña* para confirmar que, en París, la lección fue bien aprendida.

El libro se cierra con ocho crónicas variopintas más, donde, entre anécdotas con mucho vino y ese vitalismo tan suyo, el novelista revela su enorme admiración -en el cine y en persona- por Orson Welles y F. Scott Fitzgerald, por el nuevo periodismo de Tom Wolfe (que él mismo no deja de practicar) y, claro está, por Ernest Hemingway, su primer maestro literario. Bryce, autor de una tesis sobre el legendario escritor en sus años de estudiante en la Universidad de San Marcos en Lima, se confiesa admirador incondicional del «último Hemingway», el de *Al otro lado del río y entre los árboles,* una novela más bien olvidada por la crítica. Luego, evoca con nostalgia a ese «Hemingway maduro, asaltado por heridas del tiempo y viejas cicatrices», incapaz ya de continuar viviendo su propio mito, y que, con su salud ya quebrantada, visita por última vez la fiesta de los Sanfermines Pero si, como Hemingway, Bryce también entendió, desde sus inicios como escritor, que había que vivir intensamente para poder escribir intensamente, no podía faltar un texto, para cerrar el volumen, como «¿Por qué siempre regreso a España?» ¿Y por qué vuelve siempre Bryce? Porque «tenemos que aprender a vivir nuestros sueños. No sólo a contarlos», nos confiesa. Y, en España, «el último buen país», como lo llamó Hemingway, Bryce sabe que puede seguir viviéndolos.

Libro lleno de vitalidad y de humor, escrito por quien sabe ser un lúcido observador de la realidad y un agudo crítco de ella, *Crónicas personale*s sirve también para conocer mejor las preferencias e intereses de este importante narrador, por lo que se constituye en un texto de consulta imprescindible para los estudiosos de su obra narrativa. Pero, sobre todo, es una buena oportunidad para leer nuevamente a ese fino cronista y a ese fino escritor que es Alfredo Bryce Echenique.

PERMISO PARA VIVIR (ANTIMEMORIAS)

Joaquín Marco
Universidad de Barcelona

Buena parte de la obra del escritor peruano Alfredo Bryce Echenique (Lima, 1939) puede entenderse como autobiográfica, aunque en ella figuren elementos imaginativos. Bryce Echenique se ha servido con frecuencia del punto de vista de un «yo» que invade el texto y lo define con rasgos que lo caracterizan. Principalmente, su sentido irónico, en algunas páginas, se convierte en puro humor y, en otras, en una reflexión crítica sobre lo que describe. Ese «yo» protagonista permite el fácil trasvase de lo vivido a lo relatado y configura un personaje que resulta víctima de las circunstancias: en una ocasión serán unas llaves equivocadas en la recepción del hotel, lo que le obligará a atravesar largos pasillos cargado con unas maletas que pesan setenta kilos, y, en otra, será el amor por Claude X. El mecanismo narrativo es válido, por consiguiente, tanto para lo minúsculo (que se convierte en decisivo y ocupa el primer plano del relato), como para lo trascendental. Bryce Echenique dice narrar desde el sentimiento (y así es por lo general), aunque desde una lucidez intelectual crítica que lo matiza.

Aunque tan sólo es tres años más joven que Mario Vargas Llosa, éste llegá a ser su profesor en San Marcos. Su obra no fue considerada como parte del «boom», aunque José Donoso lo sitúa en el «boom junior». En estas anti-memorias se ubica gráficamente: «Ni fui de un 'boom' ni puedo ser del otro. En fin, como dicen los franceses: 'Siempre entre dos sillas con el culo en el suelo'». Por

sus experiencias vitales, sin embargo, se ha integrado progresiva-
mente entre los novelistas de mayor audiencia. No deja, por ejemplo, de resultar significativa la coincidencia en la publicación de las
memorias de Vargas Llosa, *El pez en el agua*, y *Permiso para vivir*.
Los sistemas literarios de ambos escritores peruanos manifiestan menos coincidencias de lo que cabría esperar. Bryce Echenique nace en
el seno de una de las familias de la oligarquía peruana (su abuelo
fue ya presidente de la República) y recibe una educación británica.
Pese a declaraciones como la que sigue: «Poco tiempo antes, ilustres
escritores, poetas, artistas e intelectuales peruanos como Julio Ramón Ribeyro, Germán Carnero, Federico Camino, Alfredo Ruiz Rosas y Pablo Paredes habían firmado en París un manifiesto en favor
de las guerrillas, muy probablemente mientras yo me emborrachaba
en el Harry's Bar con mi amigo Martin Hancock y discutía de rugby
y carreras de caballos en el idioma ya no de Shakespeare, sino del
imperialismo yanqui. Y estudiaba demasiada literatura y leía demasiado a Proust y me pasaba demasiadas horas en la cinemateca o en
el teatro, todas estas cosas sospechosas y aristocratizantes y deca-
dentes», su vocación literaria -y ello puede percibirse en sus relatos,
sus novelas y su producción periodística- resulta coherente.

Ya en el primer capítulo precisa la intencionalidad de unas
«antimemorias» (término que tomará prestado de Malraux). Afirma
con rotundidad que «las únicas autobiografías que existen son las
que uno se inventa». Considera, además, que su libro «no responde
para nada a las cuestiones que normalmente plantean las memorias,
llámense éstas 'realización de un gran designio' o 'auntointrospec-
ción'. Sólo quiero preguntarme por mi condición humana, y responder a ello con algunos perdurables hallazgos que, por contener aún
una carga latente de vida, revelen una relación particular con el
mundo». La ambición, según ello, no es poca.

El libro ha sido dividido en dos partes: «Por orden de azar» y
«Cuba a mi manera». Los capítulos de la primera parte mezclan la
infancia, la adolescencia y la juventud del escritor. El núcleo que in-
tegra esta zona corresponde a los complejos y atormentados amores
con Claude X, en la frontera de la pasión con la piedad. En esta primera parte, sin embargo, hallaremos las páginas más deslumbrantes
en el autoanálisis, de una sentenciosidad que revela su hondo cono-

cimiento de la literatura francesa del siglo XVII: «He llegado siempre tarde a todas las edades de la vida, y hasta hoy, cuando me preguntan por mi edad, tiendo a decir que me encuentro entre los veinticinco años y la muerte». Su capacidad para trascender y elevar a categoría las minúsculas experiencias puede advertirse en el mismo capítulo, cuando relata sus primeras aventuras escolares, a los tres años en un colegio de monjas francesas y rodeado de niñas mucho más altas. «Y ahí, creo, se origina este problema mío que no sé si es una falta total de madurez, y que consiste en que hasta hoy no me he acostumbrado a la existencia de las mujeres, a su presencia en este mundo, y sigo, sí, y creo que siempre seguiré mirándolas desde abajo, desde muy abajo, con profunda admiración e interminable, eterna sorpresa».

Figuran ya aquí algunos retratos de los escritores que van a ser referencia obligada: Julio Ramón Ribeyro, Tito Monterroso, Gabriel García Márquez. El deliberado desorden narrativo nos lleva desde Lima a París, a Barcelona, a Montpellier, a Puerto Rico. El retrato de Carlos Barral, su editor primero, revela la eficacia de sus análisis, así como una actitud liberal y comprensiva, como hacia la mayoría de los personajes citados. Sin embargo, la mezcla de tiempos y el origen de los textos no pueden evitar alguna reiteración innecesaria. No resulta fácil ironizar sobre uno mismo. Pero Bryce Echenique carece de pudor al respecto. Sus anécdotas son brillantes, divertidas, jocosas. No siempre las anécdotas son propias. Bryce destaca el sentido del humor del mexicano Juan Rulfo.

«Cuba a mi manera», la segunda parte, por su carácter unitario, resulta en su conjunto del todo excelente. Bryce llega por primera vez a Cuba cuando buena parte de los escritores que manifestaron su entusiasta adhesión al proceso revolucionario mantienen ya sus distancias. Pero Bryce -Woody Allen en La Habana- expone sus intereses (claramente literarios o personales) con nitidez. Los amantes de los chismes y de las revelaciones pueden descubrir entre sus páginas no pocas perlas: sus variados y confusos encuentros con el propio Fidel Castro, las jornadas de pesca en el Caribe, tras su operación de vesícula, en las que participa, junto a Fidel, Felipe González y algunos prohombres del séquito español, la feroz anécdota de Ernesto Cardenal, quien pretende colarse en la larga fila del autoservicio del hotel. Otra figura femenina, Trini, un alto cargo de Casa de las Américas, aparece como decisiva figura sentimental, contrapunto de una isla donde los escritores gozan de tantos privilegios y censura como de buen alcohol. La caballerosidad, no sin reticencias, del escritor hacia las figuras femeninas que desfilan por sus páginas queda aquí de nuevo patente.

En su conjunto, *Permiso para vivir* (título que parece remedo de *Confieso que he vivido*, de Neruda) es un libro excelente, divertido, jugoso, serio en el fondo y hasta, en ocasiones, dramático, pero pleno de ironía en la forma. Descubrimos en esas antimemorias algunas de las claves biográficas de sus novelas, y en la trashumancia del escritor, su fidelidad a un peruanismo practicado de corazón. Su no saber estar en el mundo, esencia del personje, coincide con el «ingenuo» volteriano. Es una actitud literaria, una forma retórica que implica sabiduría, tan oportuna como la Embajada de Venecia que, con ironía, le promete el general dictador y presidente Velasco Alvarado a ese «escritor escéptico».

[*Oiga*, Lima, 19 de abril de 1993: 55-56]

...Y LO HIZO A SU MANERA: LAS ANTIMEMORIAS DE ALFREDO BRYCE ECHENIQUE

Ismael P. Márquez
University of Oklahoma

Quiere y no quiere su color mi pecho,
por cuyas bruscas vías voy, lloro con palo,
trato de ser feliz, lloro en mi mano,
recuerdo, escribo
y remacho una lágrima en mi pómulo.
                                    −Vallejo

L'homme ne se construit pas chronologiquement; les moments
de la vie ne s'additionnent pas les uns aux autres dans une
accumulation ordennée. Les biographies qui vont de l'âge de
cinq ans à l'âge de cinquante ans sont de fausses confessions.
Ce sont les expériences qui situent l'homme.
                                    −Malraux

La publicación de *Permiso para vivir (Antimemorias)* (1993)
de Alfredo Bryce Echenique (1939), a escasos meses de la aparición
de la exitosa traducción al inglés de *Un mundo para Julius* (1970)[1],
es sólo el más reciente capítulo en una larga y fructífera carrera que
lo ha situado en un lugar preferencial dentro del concierto de escri-

---

1 Alfredo Bryce Echenique. *A World for Julius.* 1970. Trad. Dick Gerdes. Austin: U
of Texas P, 1993.

tores hispanoamericanos. A juzgar por el número de ediciones -cuatro en sólo tres meses- el público lector ha respondido con entusiasmo inusitado, aun tomando en cuenta que casi simultáneamente aparecían *El pez en el agua*, las esperadas y controvertidas memorias de Mario Vargas Llosa (1936), y *La tentación del fracaso*, el diario personal de Julio Ramón Ribeyro (1929). Lo insólito de esta coyuntura editorial es el tono eminentemente confesional de las tres obras, elemento que sin duda ha contribuido en gran medida al interés sin precedente que han generado. En el caso de Vargas Llosa, es entendible que su libro despertara una desmedida curiosidad-azuzada por los medios de comunicación- por el sensacionalismo que acompañó a sus descarnadas caracterizaciones de personas y situaciones relacionadas con su fallida candidatura a la presidencia del Perú. Sin embargo, ¿a qué atribuir el caluroso entusiasmo por las antimemorias de Bryce en las que el autor declara casi tímidamente, como si pidiera permiso para escribir, que «sólo quiero preguntarme por mi condición humana, y responder a ello con algunos perdurables hallazgos, que... revelen una relación particular con la vida»?[2] A lo que cabe también preguntarse, ¿qué mejor razón que ésta? En sociedades hastiadas del escándalo, de la injuria gratuita, de las poses moralizantes, de las máscaras ideológicas, es refrescante y saludable escuchar (sí, escuchar) una voz genuina, sincera, que nos confía sus más íntimas emociones, no como confidencia, sino como lo hiciera Neruda, confesando que ha vivido.[3]

Que los tres escritores peruanos contemporáneos más reconocidos internacionalmente hayan incursionado al mismo tiempo en el género autobiográfico es más que coincidental. Los tres han llegado, por muy diferentes caminos por cierto, a una plena madurez en su

---

2 En adelante todas las referencias al texto se harán dando el número de página en forma parentética después de la cita.

3 En *El hilo del habla. La narrativa de Alfredo Bryce Echenique* de Julio Ortega, Bryce comenta sobre la naturaleza confesional de su narrativa en los siguientes términos: «... Por ahí fácilmente se cae nuevamente en esta confesión: de que la novela se detiene en lo autobiográfico para inventar historias. Pero porque creo que soy enemigo acérrimo de la confidencia y un fanático de la confesión... prefiero la enorme pirámide que es una confesión a ese montezuelo de secretos de los cuales estamos hechos los seres humanos.» (85)

quehacer literario que ya justificaba, y quizás demandaba, una pausa en el camino para volver la mirada y deslindar posiciones de índole vital y vocacional. Característicamente, Bryce intenta restarle trascendencia a toda motivación medianamente seria de su obra. Apelando a un conocido bolero explica con tibieza que «Yo sólo me propongo narrar hechos, personas, lugares que le dieron luz a mi vida, antes de apagarla después... Este *Permiso para vivir* no responde para nada a las cuestiones que normalmente plantean las memorias, llámense éstas 'realización de un gran designio' o 'autointrospección'.(16-17). No se necesita avanzar demasiado en la lectura de estas páginas autobiográficas para constatar que hay mucho más fondo autointrospectivo de lo que su autor pretende que creamos y de lo que parte de la crítica ha querido encontrar.[4]

El término «autobiografía», probablemente usado por primera vez por Robert Southy en 1805 (Pilling, *Autobiography* 1), tiende a aplicarse libremente a cualquier tipo de escritura personal que tiene que ver con hechos de la vida del autor, independientemente de que el autor haya tenido la intención de crear una obra de autoretrato continua y determinada. Como resultado, se acostumbra incluir muchos subgéneros bajo una rúbrica de elasticidad casi ideal, entre los cuales están las memorias, las confesiones, la apología y el diario personal. Desde las *Confesiones* de San Agustín a las *Confesiones* de Rousseau a las *Antimemorias* de André Malraux, el estudio de la naturaleza de la autobiografía ha presentado problemas conceptuales que derivan de su estatuto ambiguo y ambivalente entre realidad y ficción. Silvia Molloy señala que la autobiografía, filtrada a través del discurso hegemónico del momento, ha sido considerada como historia o como ficción, pero raramente ha ocupado un espacio propio. (*Face* 2). El debate se da principalmente en el plano de la acep-

---

4 El periodista peruano César Hildebrandt critica en forma particularmente mordaz el libro de Bryce por lo que él percibe ser una evasión del autor de desnudar su alma públicamente: «Se trata de un ejercicio de la elusión, una manera virtuosa de decir lo menos... Abundan los otros, las trivialidades, el gordo anecdotario de viajes y mujeres, pero escasean los escalofríos, las admisiones que cuestan... y las hilachas del remordimiento... Nada de sus pesadillas de hipocondriaco, de su bitácora de navegante en el Mediterráneo del martini doble, de sus manos tembladas, de su oficio de suicida, de sus largos miedos de militante del insomnio.» (52)

tación de la autobiografía como actividad literaria y no como actividad histórica, además de que existe una presuposición ideológica generalizada que norma la autobiografía como ontológicamente diferente de la ficción. Sobre esta premisa se plantea la hipótesis ortodoxa que la autobiografía representaría una «verdad» acerca de una realidad dada (a través de su duplicación), mientras que la ficción no cumpliría esta función.

En su seminal estudio titulado «Le Pacte autobiographique» Philippe Lejeune propone una definición de la autobiografía en los siguientes términos:

> Prosa narrativa retrospectiva escrita por una persona verdadera acerca de su propia existencia, donde el foco es su vida individual, en particular la historia de su personalidad. (Traducción mía) (4)

Esta definición propone que la autobiografía es una forma narrativa igual a cualquier otra al desenvolverse linealmente entre dos puntos temporales, siguiendo una secuencia cuya lógica es retrospectiva. El autor narra eventos de un pasado, y dentro de ese pasado, el desarrollo lineal de «su propia existencia». Asume también que el recuento de la intimidad del autor, «su vida individual» se traduce en «la historia de su personalidad» -una entidad central que se mantiene incólume a través de la historia. Es evidente que la definición de Lejeune presupone la existencia de una realidad empírica conocida, además de asegurarnos que el autor tiene una posición de autoridad vis-à-vis un segmento específico de esa realidad: su propia vida. Más aún, los detalles de esta vida se generan como si tuvieran una existencia autónoma y diferente de otras vidas dentro de un ambiente social dado.

Bryce transgrede los preceptos básicos del texto autobiográfico como lo define Lejeune y, apoyándose en las *Antimemorias* (1965) de Malraux, propone una redefinición del sujeto yo que niega los conceptos de verdad y veracidad al abolir la distinción entre realidad y ficción, lo que promueve una dimensión ficcional de sí mismo. Pero el ejercicio autobiográfico de Bryce cobra sentido solamente si se le inscribe dentro del texto completo de su ficción. Su coherencia depende del rechazo de la diferenciación entre ficción y no-ficción ya que cada texto, autobiográfico o no, constituye una narrativa, una historia, y el significado de esta narrativa se sitúa entre historia y «La Historia». A través de sendos procesos de mediación (por realidad lingüística) y suspensión (por lo inconcluso del texto), el texto que Bryce nos presenta sería esencialmente ficción al constituir un re-ordenamiento narrativo de la realidad (Gunn, *Autobiography* 38). El irrefrenable afán de Bryce de contar, de convertir la realidad en anécdota, hace que cualquier significado que se derive de su texto sea una metaforización de «La Historia» por la historia.

> Lo que hace falta es, tal vez, una memoria que invente, que invente o re-invente situaciones... en esa fiesta grave que es la escritura. He comprobado que me es imposible volver a contar una anécdota en un libro. Tengo que crearla de nuevo, con personajes... Partir de la realidad no es nada más que eso; un punto de partida. Todo lo demás, lo más difícil, viene después, y es fruto única y exclusivamente del trabajo inventivo, tan distinto del trabajo de inventario. (Ortega 121)

La memoria por lo tanto se convierte para Bryce en un proceso secundario -un simple acto de sumar episodios del pasado a las experiencias básicas que definen el yo- ya que no constituye el elemento organizador fundamental de la experiencia. El elemento organizador es el núcleo de experiencias alrededor del cual todas las demás giran y hacia cuyo centro gravitan. Para Bryce sólo «Existe el amor, la amistad, el trabajo (la literatura, en mi caso). La idea que me he hecho de ellos me ha permitido soportar una realidad siempre demasiado chata» (73). Todo lo demás es periférico e inconsecuente. Los pequeños episodios biográficos, la chata realidad, sólo cobran relevancia en la medida en que contribuyen a la relación que Bryce quiere establecer con el mundo. Pero su memoria no actúa en contraposición a su imaginación; más bien se le subordina, ya que ciertas funciones de la memoria se hacen necesarias en la creación de relaciones y yuxtaposiciones. Bryce deja en claro que no se puede planificar una autobiografía, no porque uno no pueda planificar, sino porque no hay nada que planificar, que ordenar. («Empecé, sin querer queriéndolo casi, a escribir estas 'antimemorias' en Barcelona, en 1986"). El yo es por lo tanto una dimensión de la imaginación y no de la memoria, una entidad que debe ser renovada continuamente.

Malraux *dixit* que las memorias ya han muerto del todo, puesto que las confesiones del memorialista más audaz o las del chismoso más amarillo son pueriles si se les compara con los monstruos que exhibe la exploración psicoanalítica. Y esto sólo da al traste con las memorias sino también con los diarios íntimos y las autobiografías. Las únicas autobiografías que existen son las que uno se inventa, además. (16-17)

Si se toma este pasaje en relación con el dictamen de Malraux en el epígrafe que ofreciéramos, se aclaran algunas de las ideas motivadoras en la aventura autobiográfica de Bryce ya que ambos informan una visión del mundo, pero también dan un atisbo de una estrategia narrativa. En términos de estructura[5] Bryce ofrece «esta sarta de capítulos totalmente desabrochados en su orden cronológico y realmente escritos 'por orden de azar' y 'a mi manera'» (16), en oposición al proceso acumulativo tradicional en que un evento sigue a otro como si las cosas sucedieran en secuencia lineal, concepto que para el autor pareciera ser un esquema artificial totalmente divorciado del evento mismo. Al leer estas antimemorias, sin embargo, nos percatamos que la intencionalidad del caos es condición sine qua non al significado del texto y que lo autobiográfico, la historia del yo, es la relación e interacción de un número de desórdenes vitales. La actitud de Bryce nos sugiere que el yo no es ni puede ser definido, y que por lo tanto no puede ser circunscrito por la narrativa; el yo constituiría el resultado de un proceso dinámico de redefinición que dependería de los fenómenos histórico-trascendentales que lo moldean. El acto autobiográfico, entonces, tendría que ser la historia de los fenómenos que le dan forma al yo: los «hechos, personas, lugares que le dieron luz a mi vida...»

---

5 Abelardo Sánchez León hace un comentario significativo sobre la actitud del autor sobre los aspectos estructurales: «La estructura del libro, por esta palabra Alfredo Bryce es capaz de matarme, radica en su capacidad de recordar, como si estuviera conversando, más bien contando...» (69)

Pero si Bryce pretende crear deliberadamente un caos narrativo, al menos en la parte sugestivamente titulada «Por orden de azar», en realidad el supuesto caos no se materializa. Lo que se percibe en esta obra en cambio es un efecto de dispersión que se contrapone a la idea de unidad tradicional; más aún, la dispersión substituye un concepto particular de unidad por otro. Para Bryce, unidad significa ser parte integral y legítima del mundo, estar en relación íntima con el mundo. De allí su consabida explicación de que «Escribo para que mis amigos me quieran más», pero quizás más elocuente sea su testimonio que «Es el paisaje humano el que ahora me lleva a atravesar tantas veces el charco, el que me obliga a ir de ser humano en ser humano, como un náufrago de boya en boya» (73). Bryce evidencia preocupaciones que trascienden lo inmediato y que se extienden en todas direcciones, en múltiples niveles espaciales y temporales, haciendo que cada relación, cada experiencia, se multiplique en una infinidad de relaciones. El único elemento aglutinador (y catalizador) es la capacidad autorial de relacionar, de asociar libremente, no en la ordenación artificial de sucesos -«trabajo de inventario»-, sino en el pleno ejercicio de una viva voluntad, de una conciencia que se objetiva en la digresión como estrategia narrativa.

> Siempre creí mucho en las digresiones... hasta el punto de que creo estar escribiendo ahora una novela en base a digresiones revalorizadas, al adquirir la forma de capítulos que son, a su vez, como cuentos que se van... con gran peligro de que luego se señale una ausencia de nexos lógicos, una falta de orden. Pero ese es el desorden vital que trato de incorporar a lo que escribo. (Ortega 122)

Bryce sigue muy de cerca a Malraux al re-crear un enjambre de experiencias alrededor de las cuales se ubica y funciona el yo protagónico, pero se aleja del novelista francés en cuanto éste confiesa que «Je raconte les faits et décris le personnage comme s'il ne s'agissait pas de moi» («Yo cuento los hechos y describo los personajes como si no se tratara de mí». Traducción mía. Citado en Brée, *Antimémoires* 93). La intención implícita de Bryce de establecer una distancia que elimine todo efecto de subjetividad fracasa simplemente porque Bryce no es Malraux, y debemos dar gracias por ello. De otra manera, ¿cómo seríamos los partícipes privilegiados de un acto confesional tan humano y conmovedor -y antitético a malraux- como el que expresa el autor?:

> Y así, a menudo, para tener amigos y ser querido, no me queda más remedio que representar un papel... Un papel que, además, me resulta muy triste, porque todos sabemos que el placer de la verdadera amistad, como el del amor verdadero, consiste en mostrarse tal como uno es. Pero en mi caso, muy a menudo, todo sale patas arriba. No bien un amigo o una mujer me conocen como realmente soy, los pierdo. «Alfredo, al rincón.» (76)

Bryce nos ofrece aquí un yo integrado, un yo que es pura exterioridad. Para Bryce el autoconocimiento, el autodescubrimiento, pareciera ser una ilusión. El yo no puede ser descubierto porque no está allí; es un vacío que tiene que llenarse desde fuera-en suma, crearse. De allí la necesidad de acudir a la ficción: no hay verdades en la historia de una vida, en consecuencia, la verdad debe ser creada. Y si Bryce no puede encontrar su yo central (porque no existe) debe buscar su identidad en los personajes y hechos ficticios que crea. Este acto creativo se imbrica con el recuerdo de un acto imaginativo que es, en efecto, un acto autobiográfico. Así, la crítica que cree detectar en el autor una incapacidad de crear personajes que no sean meras extensiones de sí mismo -desde Julius y Pedro Balbuena hasta Martín Romaña y Felipe Carrillo- no entienden esta relación crucial. En este sentido, Julio Ortega acierta cuando señala que

> A diferencia del yo proustiano, cuyo lugar favorable es un consenso que lo perpetúa; y, asimismo del yo stendhaliano, que discurre entre «accidentes del amor propio» y exaltaciones del amor compartido -por citar sólo dos grandes modelos de la subjetividad heroica-, el yo de las novelas de Bryce, que proviene de ese linaje memorioso, se observa no como el centro de la realidad sino como el descentramiento de lo real. (17)

«Cuba a mi manera», la segunda parte del libro, difiere en gran medida de la primera tanto por su estructura como por la naturaleza de su contenido. En una breve «Nota del autor» Bryce advierte al lector de la espontaneidad de la escritura, de la falta de planificación, «pues también fue recordada e iniciada 'por orden de azar'... Yo quise escribir cinco capítulos basados en los cinco viajes que hice a Cuba... Y me salieron todos estos capítulos» (293). A pesar de la admonición autorial que nos prepara para un segundo *tour de force* formalístico, el resto del libro (32 capítulos) exhibe una rigurosa unidad temática y un desarrollo lineal que comienza en los patios de la Universidad de San Marcos a fines de la década de los 50 y termina con el último viaje a «*Castro's Cuba*» en agosto de 1990. En San Marcos, «el pulmón del Perú», el joven Bryce se da cara a cara con una realidad para él desconocida, incomprensible. Descubre para su sorpresa que también había negros en la universidad, que sus amigos «blanquiñosos» como él pertenecían al «partido del pueblo», que el joven poeta Javier Heraud, «de buena familia», era «*un* comunista» (304). Años después, ya convertido en autor de nota y deseoso de participar en la mística revolucionaria cubana, llega a La Habana, vía el *Harry's bar* y París '68, pero llega tarde. El fervor de la revolución se ha enfriado y los escritores hispanoamericanos que le habían brindado entusiasta adhesión se habían ya alejado cautelosamente. Pero la fiesta no había acabado, y Bryce todavía alcanza a gozar, «a su manera», de experiencias que van de lo ridículo a lo sublime, instancias que recoge y transmite con fina sensibilidad, agudo humor, pero sobre todo con un profundo respeto. Testigo privilegiado por su status de artista internacional y huesped del gobierno, Bryce nos ofrece una visión personalísima de ciertos aspectos de la sociedad cubana, de la política, de la vida intelectual, sin dejar de lado la minucia chismográfica sobre Fidel Castro, Gabriel García Márquez y Ernesto Cardenal. Pero las líneas más sobrecogedoras no son las dedicadas a estos míticos personajes, sino a los amigos de rango más modesto, gente de carne y hueso, con quienes establece una relación más humana y genuina.

El acercamiento al acto autobiográfico en este complejo libro denota obvias diferencias conceptuales entre sus dos partes. Pero el componente invariable en su devenir sigue siendo esa actitud ante la vida, bryceana por antono-masia, que se resume en la confesión de un secreto que el lector ya intuía y compartía: «Siempre me ha importado un repepino Descartes y su cartesianísimo 'Pienso, luego existo'». Modestamente, a esa frase opongo otra que ha dominado toda mi humilde existencia: 'Siento, luego existo'» (425). El recuento de anécdota tras anécdota, desde las primeras experiencias sanmarquinas («No era que me sintiera solo. Era que estaba solo») (304) hasta las surrealistas experiencias con la burocracia cubana («Cual Woody Allen en La Habana»)(354), está sazonado por ese inconfundible tono de conversación entre amigos con el que Bryce tan eficazmente nos ha acostumbrado a ser partícipes -¿cómplices?- de su exagerada vida. Y es que Bryce logra establecer con el lector lo que Lejeune ha llamado un «pacto autobiográfico» en el que la realidad representada por el autor sólo cobra validez y legitimidad mediante la participación activa del lector. Como nos lo recuerda Molloy, la autobiografía es tanto una forma de leer como una forma de escribir (2).

El universo en el que se genera y desarrolla *Permiso para vivir. (Antimemorias)* es, desde el punto de vista literario, un crucible en el que se funden y amalgaman los hechos y la ficción, el presente y el pasado, la imaginación y la memoria, América y Europa. En continua competencia con su propia vida, Bryce logra crear un mundo coherente a través de una serie de permutaciones del mundo material, no como una reconstrucción histórica, sino como un acto de ficción que es en sí biográfico. La literatura sería para Bryce, entonces, la biografía de aquellas vivencias que informan la condición humana, pero más aún, que moldean *su* condición humana. Si Malraux ya exploró magistralmente este elusivo concepto, Bryce le da una vigencia y un giro muy particular. La infinidad de situaciones anecdóticas que fluyen de las páginas de estas antimemorias encuentran su verdadera dimensión en la concesión generosa a «Los Otros» de una posición preferencial y no en la exaltación de la «persona» del sujeto autobiográfico: «Toda una vida de soledad en excelente compañía» (73).

El ambiente cosmopolita que es el vasto escenario de la vida de Bryce es también el marco adecuado para hacer resaltar una raigambre que añora con particular nostalgia:

Que a Garcilaso de la Vega Chimpu Occllo y a Bryce
Echenique les serruchó el piso la historia hasta hacerlo

desaparecer bajo sus pies, qué duda cabe. Al Inca se le acabaron el Imperio Incaico y la estirpe de conquistadores como su padre. Y a mí se me acabó la Lima de Chabuca Granda y *La flor de la canela* llamada también *Lima la horrible*, por otro ilustre limeño, Sebastián Salazar Bondy, y esto no es poca cosa. (22)

En el continuo transitar afectivo entre dos mundos que se atraen y se repelen, Alfredo Bryce Echenique, al igual que Garcilaso Inca, aquel «primer peruano espiritual» (Sánchez León 68), ha encontrado el espacio propicio para meditar sobre una vida plenamente gozada, sufrida, y compartida, a su muy singular manera.

Obras citadas

Brée, Germaine. «The *Antimémoires* of André Malraux». *Contemporary Quarterly*. 11 (1970): 237.

Bryce Echenique, Alfredo. *Permiso para vivir. (Antimemorias)*. Barcelona: Anagrama, 1993.

-. *A World for Julius*. 1970. Trad. Dick Gerdes. Austin: U of Texas P, 1993.

Gunn, Janet Varner. *Autobiography. Toward a Poetic of Experience*. Philadelphia: U of Pennsylvania P, 1982.

Hildebrandt, César. «Bryce y el juego de las escondidas». *Oiga*. 22 de marzo de1993: 52-58.

Lejeune, Philippe. «The Autobiographical Pact», *On Autobiography*. 1975. Trad. Katherine Leary. Minneapolis: U of Minnesota P, 1989.

Malraux, André. «Antimémoires». *Le Miroir des limbes*. Paris: Gallimard, 1976.

Molloy, Sylvia. *At Face Value: Autobiographical Writing in Spanish America*. Cambridge: Cambridge UP, 1991.

Ortega, Julio. *El hilo del habla. La narrativa de Alfredo Bryce Echenique*. Guadalajara: U de Guadalajara, 1994.

Pilling, John. *Autobiography and Imagination. Studies in Self-Scrutiny*. London: Routledge & Kegan Paul, 1981.

Ribeyro, Julio Ramón. *La tentación del fracaso I. Diario personal 1950-1960*. Lima: Jaime Campodónico, 1992.

Sánchez León, Abelardo. «Permiso para decir». *Caretas*. 10 de junio de 1993: 69,88.

Vargas Llosa, Mario. *El pez en el agua*. Barcelona: Seix Barral, 1993.

LOS MUNDOS DE
ALFREDO BRYCE ECHENIQUE
(Textos críticos)
se terminó de imprimir en el mes de
setiembre de 1994, en los talleres de
Editorial e Imprenta Desa (Reg. Ind.
16521), General Varela 1577,
Lima 5, Perú